「アロウの一般不可能性定理」批判と「複雑系」

大谷 和 著

時潮社

まえがき

　この著作は著者が1996年に上梓した「『アロウの一般不可能性定理』の分析と批判」（時潮社、1996年3月）を、一部修正、加筆し、一部書き下した著作である。

　「アロウの定理」と取り組みは、大阪市立大学大学院時代の指導教官であった柴山幸治先生からの「アロウの定理」は重要な内容を持つ研究分野であるとの示唆、鈴村興太郎氏の「経済計画論」、Feldman, A.M の Welfare Economics and Social Choice Theory との出会い、さらに、高校時代からのルソーの「社会契約論」、モンテスキューの「法の精神」、アメリカ独立戦争時代のアメリカ人の著作などの社会全体の統治形態についての著作への著者自身の興味とが原因として重なりあっていると思う。さらに「パラドックス」といわれる議論に強い興味を持つ、著者自身の傾向にあると思われる。たとえば、数学での「亀とアキレスのパラドックス」、マクロ経済学での「貯蓄のパラドックス」、そして、この著作のテーマであるアロウの一般不可能性定理の成立を示す一例である、コンドルセーの「投票のパラドックス」等のおもしろいパラドックスに強い興味を持った。

　この著作は、アロウの一般不可能性定理を構成する4つの条件、2つの公理を分析し、定理の内在的批判を目的としている。第1章は、分析の対象となるアロウの一般不可能性定理を述べ、これの証明を行っている。第2章は、公理のうちの推移性公理を分析し、その検討から生じた、新しい寡頭支配制定理、拒否権者存在制定理を示し、これらの証明をおこなっている。第3章は、定義域の無制約性（非限定性ともいわれる）という条件1を分析・検討し、アロウの定理の現実的適用の可能性を探っている。第4章は、アメリカ留学前後から集中的に読んだ、多数のアメリカ社会論か

ら大きな影響を受けて書き下した章である。具体的なアメリカ社会論と政治学理論から、第1節でパレート原理の検討と批判をおこない、また、第2節は、問題が多いパレート原理という条件2を、それでは排除した場合の定理はどうなるかという問題に解を与えたとされる3つの定理（特に、独裁制定理、寡頭支配制定理）は証明としてはおかしいのではないかという見地から、それらの証明を示しながら書いた節である。第5章は、センがアロウの定理の問題点から導き出した、リベラル・パラドックスを説明しながら、批判点を述べる。第6章では、各個人が、公共的なものについての選好を正直には表現しない状況での、アロウの定理を述べる。第7章は、アロウの定理や第6章でのギバート＝サースウェイト定理にゲーム論的分析を行い、またアロウの定理の位相空間的分析と確率論的分析を行っている。第8章は、今までのアロウの定理への内在的批判を要約しながら著者自身の考えも述べている。第9章は、この著作の新しい内容で、著者自身の現在の研究テーマである「複雑系」と社会選択論との関連を問おうとした章である。前著とこの著作とのちがいは第5章、第7章について新しく証明部分を加えたこと、第6章について内容を一部書き改めたこと、補論3、4を本文中に取り入れたこと、補論1を削除したこと、第9章を新しく書き下したことである。著者としては「複雑系」についての著作を新たに上梓したいと考えていたが、残念ながら第9章の形になってしまった。2011年3月に河内国昭先生が、2012年9月に大川勉先生が亡くなられた。両氏が亡くなられたことにより、著者の、高校、大学、大学院、就職先での、学問上の恩師がすべて亡くなられたことになる。この出版の労をとっていただいた時潮社の相良景行、相良智毅両氏に感謝します。最後に、大谷美鈴の定年退職、大谷（倉田）裕美、大谷洋一郎の親からの自立を記念して。

浪華天保山山頂にて
2012年10月
大谷　和

目　次

まえがき …………………………………………………………… 3

第1章　アロウの一般不可能性定理 ………………………………… 9
第1節　センによるアロウの一般不可能性定理の証明 ………… 9
第2節　フェルドマンの表によるアロウの一般不可能性定理の証明 ……… 19

第2章　アロウの推移性公理と非独裁制条件 ……………………… 29
第1節　準推移性概念の利用によるアロウの定理の回避 ……… 29
第2節　独裁制・寡頭支配制・拒否権者存在制 ………………… 37
第3節　寡頭支配制定理の表による証明 ………………………… 45
第4節　拒否権者存在制定理の表による証明 …………………… 49

第3章　アロウの定理の条件1（定義域の無制約性）の検討 …… 57
第1節　定義域への3つの制約 …………………………………… 58
第2節　定義域に制約を加えた場合のアロウの定理 …………… 66
第3節　[修正定理]（定義域を制約することによるアロウの修正定理）の
　　　　表による証明 ……………………………………………… 78

第4章　条件2（パレート原理）への批判と検討 ………………… 85
第1節　パレート原理について …………………………………… 86
第2節　パレート原理をはずした場合のアロウの定理 ………… 92
第3節　公平性とパレート原理 …………………………………… 104

第5章　アロウの定理と自由主義 …………………………………… 111
第1節　センのリベラル・パラドックス ………………………… 111
第2節　センのリベラル・パラドックスが生じる確率について …… 130

第 6 章　アロウの定理と個々人の不正操作可能性問題 …………………137
　第 1 節　ギバート＝サタースウェイト定理 ……………………………137
　第 2 節　ギバート＝サタースウェイト定理の表による証明 …………148
　第 3 節　不正操作可能性の回避について ………………………………155

第 7 章　アロウの定理とゲーム理論・数学理論 ……………………………161
　第 1 節　アロウの定理とゲーム理論 ……………………………………161
　第 2 節　不正操作可能性問題とゲーム理論 ……………………………175
　第 3 節　アロウの定理と位相空間論 ……………………………………187
　第 4 節　アロウの定理と確率論 …………………………………………193

第 8 章　アロウの定理の問題点 ………………………………………………197
　第 1 節　厚生経済学にしめる「アロウの定理」の位置について ……197
　第 2 節　「アロウの定理」批判の検討─ 2 つの公理について─ ……201
　第 3 節　「アロウの定理」批判の検討─諸条件について─ …………209

第 9 章　「複雑系」と「アロウの一般不可能性定理」批判 ………………223
　第 1 節　相転移現象と「アロウの定理」批判 …………………………223
　第 2 節　自己組織化現象と「アロウの定理」批判 ……………………225
　第 3 節　「複雑系」概念を「アロウの定理」に適用することから得られる
　　　　　 2 つの結論 ……………………………………………………226

補　　論　書評：Collected Papers of Kenneth J. Arrow Vol. 1 & 2 …229

参考文献 …………………………………………………………………………237

あとがき …………………………………………………………………………257

記号の説明

　以下の記号は、この著作で使われる標準的記号である。これと違う意味で使う時には、その箇所で説明する。一応、本文に出ている順序になっている。

　　x, y, z, u, v, w……個々の選択対象（＝社会状態）、$x_1 \cdots x_n$と書くこともある。
　　i……個人iをさす。i∈N。
　　R_i……iという個人の選好順序で無差別かより選好するかを示す選好順序。
　　R……社会的選好順序。
　　F……社会的選択関数（ルール）。
　　N……個人集合。
　　D……決定力のある集合、Vと書くこともある。D⊂N。
　　P_i……より選好することを示す、個人ｉの強意の選好順序、$xP_i y$と書くとxをyより選好しているということを示す。
　　P……強意の社会的選好順序。
　　→……論理的帰結を示す。たとえばA→Bは「AならばBになる」ということを示す。
　　∈……その集合に属することを示す。属さない時には∉で示す。
　　∃……「ある性質を持つ特定の」ということを示す。
　　∀……「すべての」ということを示す。
　　－……ある集合から別の集合を引いたものを示す。「A－B」はAという集合からBを引いた残りの集合を示す。A／Bと書くこともある。

ϕ……空集合を示す。

Ｉ……無差別な社会的選好序列を示す。どちらでもよいと考える選好である。

$\leftrightarrow$……同値関係を示す。

Ｘ……その社会において論理的に可能な、全ての選択対象（＝社会状態）を示す。x，y，z，u，w$\in$X。

I_i……無差別な選好をiという個人が示すことを意味する。

Ｓ……Ｘの部分集合である。S$\subset$Xとなる。Ｘの部分集合の族（family）ともいわれる。

x_i……Ｘの要素で、数多い選択対象を示す時には使われる。x_1，x_2…$x_m$$\in$Xとなる。

＆……「かつ、そして」を意味する。

v……「あるいは、どちらか」を意味する。また、大文字の時は、決定力のある集合を意味する。

＃……集合の要素の数を示す。濃度ともいわれる。

～……「ではない」と否定する場合に使う。

n……社会で個人の総数を示す。こうして＃N＝n。

$\cap$……積集合もしくは共通集合を示す。

$\cup$……和集合を示す。

(x, y)$\in$R……xRyということを意味する。個所に応じて両方を使う。

A×B……集合Aと集合Bとのカルテシアン積、いいかえると順序対 (x, y)、x$\in$A、y$\in$B、の全体集合をさす。

R^a……aという特徴を持つ個人的選好順序体系のことで具体的にはR^a＝(R^a_1, R^a_2…R^a_n) と書ける。鈴村はプロフィールと呼んでいる。

Z*……選好集合対象（X）の非空の有限部分集合の集合族（family）であり、S$\subset$Z*となる。こうしてS$\subset$Z*$\subset$X。

Z……考えられる全選択対象の集合。S$\subset$Z*$\subset$X$\subset$Zという関係がある。

第1章　アロウの一般不可能性定理

　パラドックスという言葉には人をひきつける何かがある。この著作の主題である「アロウの一般不可能性定理」は「投票のパラドックス」を抽象化、一般化した定理である。このアロウの一般不可能性定理は Arrow［7］ではじめて論文の形で表され、次に、Arrow［8］で著作の形で出版され、［8］の第2版として Arrow［1］で完成した形となった。

　アロウのいう「一般不可能性定理」とは、どんな社会的選択ルールの中の、どのようなルールも、妥当することはありえないという意味であり、いいかえれば、ある社会的選択ルールを考えた場合で、ただ1例でもこの定理が成立することを示せば、この一般不可能性定理が証明できたということになる。

　アロウの一般不可能性定理の証明は、もちろん Arrow［1］によるものが最初のものでもあるが、他に全く新しい見方からの Feldman［2］［9］による表によるものもある。この章では、まず、Arrow［1］をよりわかりやすくした Sen［4］による証明法を示し、次に、Feldman［2］［9］による証明法を述べる。この Feldman［2］［9］による方法は、第6章の、個々人の不正操作可能性問題にも応用でき、フェルドマンは、Feldman［10］という別の論文で、この問題に応用した場合の論文を発表している。我々も、第2章、第3章、第5章で、このフェルドマンの証明法を利用している。

第1節　センによるアロウの一般不可能性定理の証明

　Sen［4］は、アロウの一般不可能性定理を構成している、4つの条件、

2つの公理、社会的選択関数を次のように定義する。

4つの条件：

(1) 定義域の無制約性条件（これからは条件1と呼ぶことにする）

社会的選択関数を導くための基礎となる個々人の選好がこの関数の定義域を形成していくのであるが、この個々人の選好には、どんな制約も設けないということを意味する。第3章で議論する単峰性、2つのグループに分離される選好性、対立的な選好性、タブー型選好性などという諸性質を満たす個々人の選好を考える形で、この無制約性を緩和すると、アロウの定理の1変形であるセンのリベラル・パラドックスの問題が生じる。Feldman［9］では、この条件がおかれる理由として①許容できる個人選好と、許容できない個人選好との違いを明確に区別することの困難なこと、②この条件をかなり緩和しても、やはりアロウの定理が成立すること、を挙げている。フェルドマンの挙げる理由は、①については第5章、②については第3章に関連している。

(2) パレート原理条件（条件2と呼ぶ）

その社会の全ての人々が、全員一致で、ある社会状態（選択対象）xは社会状態yよりもよりよいと選好するならば、社会的順序においても、xをyよりもよりよいとしなければならないということを意味する。民主主義を是認する立場からは当然成立しなければならない条件であるが、他人との微妙な差異を当然のこととする自由主義の立場からは、全員一致ほど極端ではないにしても、これに近い社会状況は、少数派の意見の軽視、無視を生じさせることになりやすく、必ずしも承認できない条件であるし、成熟した人間社会の現実を無視する条件でもある。このような社会的な意味合いを持つこのパレート原理条件は、自由主義の条件を示して議論しようとする第5章のセンのリベラル・パラドックス問題と関連してくる。また、個人の選好を制約しようとする点では、第3章とも関連してくる条件である。この条件2は、「多数派の圧制」を招く可能性がある条件であるため、以下の「非独裁制

条件」とを両立させて考えること自体、矛盾がある条件である。この点は第4章で議論する。

(3)無関係な選択対象（＝社会状態）からの独立性条件（条件3と呼ぶ）

ある一部の選択対象の間での社会的選択が問題になっている時には、その選択は、それ以外の選択対象の存在によって影響されてはならないという条件である。より具体的には、その選択は、社会状態x，y，z…のうち、xとyのいずれがよりよいか悪いかを社会的に決定しようとしている時、それは各個人の、x，y間の選好のみにもとづいて決定されねばならないということを意味する。Feldman［9］は、アロウの定理を構成している4つの条件、2つの公理のうちで、この条件3は最も批判されるべき点があるものとしている。社会的選択の決定というからには、他人の意向の考慮をしながら、個々人が自らの選好を表現することが多いわけで、アロウの一般不可能性定理の数学的証明には、この章の第2節でわかるが強力な役割を果たす条件になっている反面、アロウの定理を現実問題に適用する時には障害となりやすい条件である。また、この条件からは、他人の意向を考慮して、自己の選好を不正直に表現することにより、社会的決定を自己に有利なようにしようとする第6章の個々人の不正操作可能性問題が関連してくる。またアロウの定理の現実的適用として多数決による社会的決定方法を考え、その投票方法としてWeight Voing（第1位の選択対象にはm点、第2位の選択対象にはm－1点…という形で重みをつけて、順位を決める方法）を採用した時、この独立性条件はいとも簡単に破壊されてしまうことが証明されている。

(4)非独裁制条件（条件4と呼ぶ）

社会的選択の決定は、ただ一人の個人による選好によって決定されてはならないという条件である。すなわち、その独裁者以外の個々人の選好にかかわりなく、独裁者が社会状態xを、他の社会状態yよりもよりよいとすれば、社会的順序もxをyよりよいとなるような独裁者

の存在を排除するという条件である。国民主権を正しいとする民主主義の政治理論からは当然の条件と考えられている。Feldman［9］は、この条件がおかれる理由として、①各個人のとって最悪の敵が独裁者ならば、耐え難い政治体制になること、②独裁者のみの選好は、そもそも社会的選択の決定ではなく、個人的選好であること、の2点を挙げている。アロウの定理を回避するために、次にあげる、2つの公理のうちの推移性を緩和すると、第2章で述べるように、アロウの定理にでてくる、独裁者の存在は、寡頭支配グループの存在、拒否権所有者の存在（ともに、一種の貴族制）に変形される一般不可能性定理に変わる。しかし、全く独裁制の要素がない社会的決定が常に現実に存在するかどうか疑問は残る。さらに、第4章で述べるが、前述のパレート原理条件とこの非独裁制条件との両立性には、はじめから矛盾を含んでいると我々は考える。

　次に、先の4条件とともに、各個人の選好順序と社会的順序の両方について連結性、推移性という2つの公理を満たさねばならないとする。
　2つの公理：
連結性（＝完全性）の公理：
どんな選択対象（社会状態）についても、必ず、どちらかを、より選好する（無差別を含めて）ということを示す性質、すなわち、選好する能力がないとか、全く無視して選好しないということはないという性質である。記号で書けば $\forall i \in N$、$\forall x, y \in X : xRy \lor yRx$。

推移性の公理：
どんな選択対象についても、xをyより望ましいとし、yをzより望ましいとする時には、必ず、xはzよりも望ましくなるという性質、$\forall i \in N$、$\forall x, y, z \in X : xRy \& yRz \rightarrow xRz$。
　最後に、社会的選択関数（ルール）を定義すると

社会的選択関数（ルール）(Social Choice Function, SCFと略す)：各個人の、いろいろな個人的選好順序を、社会的順序に変換する関数（ルール）を社会的選択関数（ルール）とする。
数式で示すと、
　R＝F（R$_1$, R$_2$……R$_n$）但し、R：社会的順序、R$_i$：i という個人の選好順序、F：社会的選択関数（ルール）
ここでの社会的選択関数は、Arrow［1］でいう社会的厚生関数（Social Welfare Function）と同義であるが、ArrowとBergsonとの間には「社会的厚生関数論争」という、内容より言葉の定義の論争があることから、こうした言葉の定義論争という不毛な論争の枠外にいるために、以後、第8章、補論を除いては、社会的選択関数という表現のみを使う。なお、特に、ことわらないかぎり、この社会的選択関数は、社会的にbestのみを決定するものになる。アロウの本来の社会的選択関数では、全ての選択対象について、この関数によって、一度に完全に順序づけることを狙っているが、現実には、bestの選択対象は何かということを知りたいことが多いので、こうした社会的選択関数で十分であると考える。

次に、「アロウの一般不可能性定理」を述べる。

[アロウの一般不可能性定理]
　上記4つの条件、2つの公理を全て同時に満足するような社会的選択関数（ルール）は一般的には存在しない（存在するどんな1例もありえないという意味で）。

　この第1節では、この［アロウの一般不可能性定理］を主としてSen［4］による証明法によって証明する。

　われわれは、まずこのアロウの定理を、以下の2つの定義と、1つの補

助的定理を使って証明する（Sen［4］第3*章）。

（定義1）
Vにおける、全ての個人iに対してはxP$_i$yが成立し、Vにない、全ての個人iに対してはyP$_i$xが成立する場合に、常にxPyという社会的順序になるならば、そうした個々人の集合Vは、yよりもxとするように、ほとんど決定する力を持つと定義する。

（定義2）
Vにおける、全ての個人iに対してxP$_i$yが成立する場合に常に社会的順序はxPyになるならば、そうした個々人の集合Vは、yよりもxとするように決定する力を持つと定義する。

ここで、ある個人集合Jが、yよりもxとするように、ほとんど決定する力を持つ時、D(x, y)と記し、Jがyよりもxとするように決定する力を持つ時、$\bar{D}$(x, y)と記す。こうして、当然、$\bar{D}$(x, y)ならば、D(x, y)がいえる。

［補助定理］
もし、選択対象（＝社会状態）の2個づつの全ての組み合わせに対し、ほとんど決定する力を、ある個人Jが持つならば、条件1、2、3と2つの公理を満足する社会的選択関数（ルール）では、Jが独裁者でなければならないことを意味する。

この補助定理の証明は、やや長くなるが、この補助定理を使えばアロウの一般不可能性定理は、簡単に証明できるので、以下では、まず補助定理の証明をおこなう。

第1章　アロウの一般不可能性定理

［補助定理の証明］

Jという個人が、あるyよりも、あるxとするようにほとんど決定する力を持つと仮定する。すなわち、∃x, y∈XについてD (x, y) と仮定するわけである。zを、もう1つ別の選択対象とし、iをJに属さない、全ての個々人をさす個人の集合とする。

まず、xP_JyかつyP_iz、yP_ixかつyP_iz、という個人的選好順序体系（状況）を仮定する。この選好状況では、xとzについては、JはxP_Jzということになるが、J以外のiについては、どんな選好も記述されていないということに注意をはらう必要がある。さて、［D (x, y) & xP_Jy & yP_ix］→xPy、さらに［yP_iz & yP_Jz］→yPz。このyPzは条件2（パレート原理条件）からいえる。また、強意の社会的順序Pの推移性の公理から［xPy & yPz］→xPzがいえる。このxPzという結果は、xとzについてJ以外のどんな人の選好について、どのような仮定をおくことなく導き出せた。yP_ixとyP_izということは上記で仮定している。さて、xとy、yとz、についての個々人の選好順序が、xとzとの社会的順序になんらかの影響を及ぼすならば、条件3（無関係な選択対象からの独立性）に反する。このことから、xPzという社会的順序は、yP_ixとyP_izという仮定からは無関係でなければならない。こうして、xとy、yとzとの選好順序についての仮定がどうであれ、xP_Jzという結果でなければならない。このことから、個人Jが、zよりもxがよりよいと決定する力を持っていることを意味する。記号で示すと

(1)　D (x, y)→$\bar{D}$ (x, z)

となる。

こんどは、zP_ixかつyP_ixの場合、zP_JxでかつxP_Jyが成立すると仮定しよう。「パレート原理条件」からzPxがいえ、［D (x, y) & xP_Jy & yP_ix］→xPyがいえ、このxPyとzPxとに、社会的順序の推移性の公理を適用すれば、zPyがいえる。こうして、この場合も、yとzについて、個人J以外のどんな人の選好について、どのような仮定をおくことなくzPyがいえることを意味している。こうして、個人Jは、yよりもzの方がよりよ

15

いと決定する力を持っていることになる。このことを、前述の(1)と同様の表現をすれば

(2) D (x, y)→$\bar{D}$ (z, y)

となる。

(2)で、yとzを互いに入れ換えれば、次のような表現を得る。

(3) D (x, z)→$\bar{D}$ (y, z)

(1)で、zのところをxとおき、yのところをzとおき、xのところをyとおくと、次の様な(4)を得る。

(4) D (y, z)→$\bar{D}$ (y, x)

こうして、

D (x, y)→$\bar{D}$ (x, z)　　　［(1)より］
　　　　→D (x, z)　　　　　［定義1、定義2より］
　　　　→$\bar{D}$ (y, z)　　　　　［(3)より］
　　　　→D (y, z)　　　　　［定義1、定義2より］
　　　　→$\bar{D}$ (y, x)　　　　　［(4)より］

このことから

(5) D (x, y)→$\bar{D}$ (y, x)

次に、(1)、(2)、(5)でのxとyを入れ換えると

(6) D (y, x)→［$\bar{D}$ (y, z) & $\bar{D}$ (z, x) & $\bar{D}$ (x, y)］

また

D (x, y)→$\bar{D}$ (y, x)　　　［(5)より］
　　　　→D (y, x)　　　　　［定義1、定義2より］

こうして、(6)より、

(7) D (x, y)→［$\bar{D}$ (y, z) & $\bar{D}$ (z, x) & $\bar{D}$ (x, y)］

(1)、(2)、(5)、(7)を組合わせると、D (x, y) は条件1、条件2、条件3のもとで、3つの選択対象から、2つの選択対象を組み合わせる、全ての組合わせ（6つの場合になるが）に対して、個人Jが決定力を持つことがわかる。次に、選択対象をより多くしよう。全選択対象から、2つの

第1章　アロウの一般不可能性定理

選択対象u、vを取り出す。最初にもし、u、vが同じものならば、u、vと、別の選択対象zという3つの選択対象の組合わせは、上で述べたことによって示されるように$\bar{D}$ (u, v) が成立する。次に、u、vの中の1つだけがxかyかと同じならば、たとえば、u＝xでv≠yの場合には、x（あるいはuでもよい）、y、vからなる3つの選択対象の組合わせを考えることになる。この時、D (x, y) が成立しているので、$\bar{D}$ (u, v) と$\bar{D}$ (v, u) が成立することになる。最後に、u、vとx、yは全く異なる場合を考える。(x, y, u) の場合には、$\bar{D}$ (x, u) となり、定義1、定義2よりD (x, u) となる。次に (x, u, v) の場合、D (x, u) となり、前の、u＝x、v≠yの場合と同様にして、$\bar{D}$ (u, v)、$\bar{D}$ (v, u) が成立する。こうして、結論として、あるx、yに対して、D (x, y) がいえることから$\bar{D}$ (u, v) が、全て順序づけられた組合わせ (u, v) に対して成立することになり、この個人Jは独裁者になっており、この補助定理は証明されたことになる。強意の選好順序Pに代えて選好順序Rで考えても同様に証明できる。

(補助定理の証明終了)

アロウの一般不可能性定理は、この補助定理を利用することにより、次のように証明される。

［アロウの定理の証明］

我々は、条件1、2、3と2つの公理とのもとでは、いくつかの選択対象からの、ある順序対に対して、ほとんど決定力を持つ個人が存在しなければならないことを示す。証明法としては、背理法を使う。すなわち、ほとんど決定力を持つ個人は存在しないと仮定し、これから矛盾することを導き出す方法をとる。

どのような選択対象の2個づつの組合わせに対しても、条件2によって、少なくとも1つの決定力集合、すなわち、全ての個人からなる集合が、必ず存在するわけである。こうして、$\bar{D}$ (x, y) →D (x, y) が成立することから、少なくとも1つの、ほとんど決定力のある集合が存在する。次に、

ある2つづつの選択（必ずしも、同じ1対のものである必要はない）についてほとんど決定力のある個人からなる全ての集合の中で最も小さい集合を選ぶ。この最小集合をV*とし、このV*を、yよりもxがよりよいとする決定力のある集合とする。もし、このV*がたった1人からなるならば、我々は、これ以上、述べる必要はない。このため、V*が2人もしくはそれ以上の個人からなる最小決定集合であるとすれば、このV*を2つの部分集合に分割してみよう。V^*_1をたった1人の個人からなる集合からなる場合、V^*_2をV*からV^*_1を除いた集合（$V^* - V^*_1$）とする。V*に含まれない、他の全ての個人からなる集合をV^*_3とする。

条件1により、あらゆる論理的に可能な個人的順序の組合わせを考えてもいいわけだから、我々は、次のような個人的順序の組合わせ（体系）を考えることができる。

(a) V^*_1のiという1個人について　　　xP_iyかつyP_iz
(b) V^*_2の全てのjについて　　　　　zP_jxかつxP_jy
(c) V^*_3の全てのkについて　　　　　yP_kzかつzP_kx

これらの(a)(b)(c)からV*（$V^*_1 + V^*_2$）が、yよりもxがよりよいとほとんど決定する力を持ち、こうしてV*での全ての個人がyよりもxを選好しているのに対し、V*に属さない（V^*_3のこと）全ての個人は、xよりもyを選好するという反対の選好を示しているが、V*がxとyとについて決定力を持つという仮定により、社会的順序はxPyとなる。yとzについては、V^*_2での個々人のみがyよりもzを選好し、残りのV^*_1とV^*_3はzよりもyを選好しているこの選好状況において、社会的順序としてzPyが成立するならば、V^*_2が、ほとんど決定力のある集合となってしまう。このことは、本来V*が最小の決定力集合であるという仮定に反することである。こうして、〜（zPy）になる。このことから、条件1を考慮すれば、yRzが成立しなければならない。以上の2つの関係と推移性の公理により［xPy＆yRz］→xPz。V^*_1の個人だけがzよりxを選好し、V^*_2、V^*_3はxよりzを選好する状況では、xPzという社会順序は、V^*_1の、ある特定の1個人だけが、ほとんど決定力を

持つことを意味する。この証明はV*が全ての個人からなる場合（この時、V*₃ = φである）にも成立する。こうして、前の補助定理により、ある特定の選択対象の順序対について、ほとんど決定力を持つ個人は、全ての場合について独裁者であることになり、アロウの定理は証明されたことになる。V*₁は独裁者集合になっており、アロウの定理での条件4の非独裁制条件に反するためである。この証明過程では、どんな特定の型の社会的選択関数（ルール）を使っておらず、単に、4つの条件と2つの公理とだけから証明されているので、どんないろいろな特定の社会的選択ルールを使っても、結局、同じことになる。こうして一般的に証明されたことになる。

（アロウの一般不可能性定理のセンによる証明終了）

第2節　フェルドマンの表によるアロウの一般不可能性定理の証明

　Feldman［2］［9］は、アロウの一般不可能性定理を表に使うことにより、2個人、3選択対象の場合について明快に証明した。この表による証明は、アロウの一般不可能性定理自体の意味、4つの条件、2つの公理のそれぞれの意味合いを、具体的に表により表現することにより、明快な形にするというプラス面がある。また、この方法がこの著作の第6章の第2節での個々人の不正操作可能性問題には Feldman［10］によって、第5章第2節のセンのリベラル・パラドックス問題、第2章第1節のセンの肯定的定理、第3節の寡頭支配制定理、第4節の拒否権者存在制定理、第3章第3節のアロウの修正定理には我々によって適用され、これらの問題がより明快な形にすることができたように、他の議論にも簡単に応用できるというプラス面を持っている。次に表による証明をおこなう。

　最も簡単な場合、2個人、3選択対象 (x, y, z) で考え、4つの条件、2つの公理を仮定する。ただし、この第2節では、無差別な選好の可能性を排除し、たとえば $xP_i y$ のように、強意の順序の場合だけで考えている。この時、ある個人の選好の可能性は、次のように6通りになる（3！=6）。

$\begin{bmatrix} x \\ y \\ z \end{bmatrix} \begin{bmatrix} x \\ z \\ y \end{bmatrix} \begin{bmatrix} y \\ x \\ z \end{bmatrix} \begin{bmatrix} y \\ z \\ x \end{bmatrix} \begin{bmatrix} z \\ x \\ y \end{bmatrix} \begin{bmatrix} z \\ y \\ x \end{bmatrix}$

但し、上位のものがより選好されるとする。

また、2個人からなる社会を考えているので、この社会での全選好の可能性としては、次の表1のように、36通りが考えられる（3！×3！＝6×6＝36）。

この表1の、36通りからなる個々人の選好の組合わせを前述の6つの中のいずれかの社会的順序に変換するような、「適切な」社会的選好ルール（関数）は、第1節で述べた4つの条件、2つの公理のもとでは、存在で

個人 選択順位	1	2	1	2	1	2	1	2	1	2	1	2
第1位 第2位 第3位	x y z	x y z	x y z	x z y	x y z	y x z	x y z	y z x	x y z	z x y	x y z	z y x
第1位 第2位 第3位	x z y	x y z	x z y	x z y	x z y	y x z	x z y	y z x	x z y	z x y	x z y	z y x
第1位 第2位 第3位	y x z	x y z	y x z	x z y	y x z	y x z	y x z	y z x	y x z	z x y	y x z	z y x
第1位 第2位 第3位	y z x	x y z	y z x	x z y	y z x	y x z	y z x	y z x	y z x	z x y	y z x	z y x
第1位 第2位 第3位	z x y	x y z	z x y	x z y	z x y	y x z	z x y	y z x	z x y	z x y	z x y	z y x
第1位 第2位 第3位	z y x	x y z	z y x	x z y	z y x	y x z	z y x	y z x	z y x	z x y	z y x	z y x

表1

第1章　アロウの一般不可能性定理

きないというのが、表による「アロウの一般不可能性定理」の意味することである。

この表1から、第1節で述べた4つの条件を考えてみる。

条件1の定義域の無制約性条件とは、この36通りの全可能性を認めるということである。そして、この無制約性を制約性に変え、アロウの定理を否定するということは、第3章で定義する単峰性等に代表される制約性を、この36通りよりも少ない可能性にしぼりこむことになり、「適切な」社会的選好ルールの存在が可能になることを意味する。

条件2のパレート原理条件は、両人とも、例えばxP_iy（i＝1，2）という状況ならば、xは社会的にも、yより選好されなければならないというもので、表1にこの条件を適用すれば、次の表2のようなものが得られる。この表2からわかるように、表1の対角線上の選好は、全員一致状態を意味しており、全員一致制は、1つの社会的選択ルールとなりえることがわかる。この全員一致制（＝満場一致制）は、国民に対して強力な情報操作や圧力を加えることにより、独裁制を維持する政治体制が民主主義を装う制度として有効で、過去、現在を問わず利用されているものである。

条件3の無関係な選択対象からの独立性条件は、たとえば表1中の（xP_1y，yP_2x）の組合わせでは、他の同じ組合わせの個所では、同じx、y

xPy xPz yPz	xPy xPz	xPz yPz	yPz	xPy	
xPy xPz	xPy xPz zPy	xPz		xPy zPy	zPy
xPz yPz	xPz	xPz yPx yPz	yPx yPz		yPx
yPz		yPx yPz	yPz yPx zPx	zPx	yPx zPx
xPy	xPy zPy		zPx	xPy zPx zPy	zPx zPy
	zPy	yPx	yPx zPx	zPx zPy	yPx zPx zPy

表2

についての社会的順序に、必ずならなければならないことを意味する強力な条件である。こうして、この条件3は、個々人の、ある選好表については、同じ社会的順序を生み出す様に社会的選択ルールに強制を迫る条件といえる。証明過程では、必要性の高い条件だが、現実を考えると厳しすぎる条件であることは確かである。この条件3を表1に適用すれば、次の表3（3A、3B、3C）になる。条件4については証明の中で説明する。

独立性条件を入れると表1は

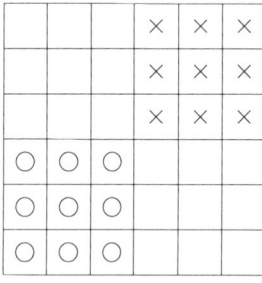

表3A

×印はy−zの社会的順序が同じになる。
○印はy−zの社会的順序が同じになる。

表3B

×印はx−zの社会的順序が同じになる。
○印はx−zの社会的順序が同じになる。

第1章 アロウの一般不可能性定理

表3C

×印はx－yの社会的順序が同じになる。
〇印はx－yの社会的順序が同じになる。

［アロウの定理の証明］

表1の第1行、第2列の選好個所 $\begin{bmatrix} x & x \\ y & z \\ z & y \end{bmatrix}$ から考えてみよう。条件2のパレート原理条件により、xPy、xPzとなる。このxPy、xPzを満足するのは、次の3つのケースに限定される（但し、連結性、推移性の2つの公理は仮定されている）。

① xPy、xPz、yPz……ケースⅠと呼ぶ
② xPy、xPz、zPy……ケースⅡと呼ぶ
③ xPy、xPz、yIz……ケースⅢと呼ぶ

無差別性（Ｉ）を考えないとしているのに、ケースⅢを考えるのは矛盾しているが、以下で証明するように、ケースⅢでは矛盾が生じ、もともと考えられないケースであることが判明する。

まず、ケースⅠについて検討する。

(a)ケースⅠ→yPz

上記の表2の空白のところを、表3で表した条件3の無関係な選択対象からの独立性条件を、何回も適用して、うめていくという方法をとる。

表3Aでの×印のところを、yPzとしてうめていくと次の表4Aになる。

23

	yPz		yPz	yPz
	yPz		yPz	yPz
	yPz		yPz	yPz

表4A

		xPz	xPz	xPz
		xPz	xPz	xPz
		xPz	xPz	xPz

表4B

	xPy	xPy		xPy
	xPy	xPy		xPy
	xPy	xPy		xPy

表4C

次に、表4Aの1行5列目のところを注目すると、パレート原理条件からxPy（表2）となっている。このxPyとyPzとから、推移性によりxPzとなる。表3Bの×印に、この1行5列目の個所はあたることにより、次の表4Bのように、うめられる。

この表4Bの2行6列目のところに注目すると、パレート原理条件からzPy（表2）となっている。表3Cの×印に、この個所があたることにより、表3Cのように、3Cの×印がうめられる。

表4Cの5行4列目のxPyに注目し、さらに、表2では、この個所ではzPxが成立しており、zPxとxPyに対して推移性を適用するとzPyとなる。表3Aでは、この5行4列目は○印にあたるところであるため、条件3により、表3Aの○印は全てzPyになる。こうして、次の表4Dができあがる。

第1章　アロウの一般不可能性定理

　表4Dの6行3列目のzPyに注目し、また表2では、この個所はyPxが成立している。zPyとyPxに対して推移性を適用するとzPxとなる。表3Bでは、この6行3列目は○印にあたり、こうして、条件3より、表3Bの○印は全てzPxになる。こうして、表4Eができあがる。

　表4Eの4行1列目のzPxに注目し、また表2では、この箇所でyPzが成立している。yPzとzPxに対して推移性を適用するとyPxとなる。3Cでは4行1列目は○印にあたり、こうして条件3より、表3Cの○印は全てyPxになり、次の表4Fになる。

　4Aから4Fまでの6つの表を、表2に書き込んでいけば、次の表5のようになる。

zPy		zPy	zPy		
zPy		zPy	zPy		
zPy		zPy	zPy		

表4 D

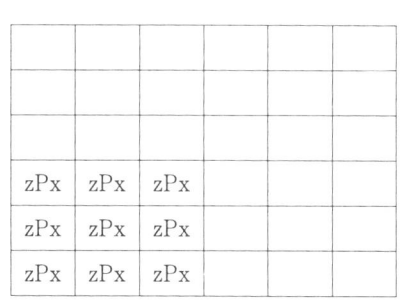

zPx	zPx	zPx			
zPx	zPx	zPx			
zPx	zPx	zPx			

表4 E

yPx	yPx			yPx	
yPx	yPx			yPx	
yPx	yPx			yPx	

表4 F

xPy	x	xPy	x	xPz	x	yPz	x	xPy	x	yPz	x
xPz	y	xPz	y	yPz	y	xPz	y	yPz	y	xPz	y
yPz	z	yPz	z	xPy	z	xPy	z	xPz	z	xPy	z
xPy	x	xPy	x	xPz	x	xPz	x	xPy	x	zPy	x
xPz	z	xPz	z	xPy	z	xPy	z	zPy	z	xPz	z
zPy	y	zPy	y	zPy	y	zPy	y	xPz	y	xPy	y
xPz	y	xPz	y	xPz	y	yPx	y	yPz	y	yPz	y
yPz	x	yPz	x	yPx	x	yPz	x	xPz	x	xPz	x
zPy	z	yPx	z	yPz	z	xPz	z	yPx	z	yPx	z
yPz	y	yPz	y	yPx	y	yPz	y	zPx	y	yPx	y
zPx	z	zPx	z	yPz	z	yPx	z	yPz	z	yPz	z
yPx	x	yPx	x	zPx	x	zPx	x	yPx	x	zPx	x
xPy	z	xPy	z	xPy	z	zPx	z	xPy	z	zPx	z
zPy	x	zPy	x	zPy	x	xPy	x	zPx	x	zPy	x
zPx	y	zPx	y	zPx	y	zPy	y	zPy	y	xPy	y
zPy	z	zPy	z	yPx	z	yPx	z	zPx	z	yPx	z
zPx	y	zPx	y	zPy	y	zPx	y	zPy	y	zPx	y
yPx	x	yPx	x	zPx	x	zPy	x	yPx	x	zPy	x

表５

　この表５と表１を比較すれば、個人１の選好が、全て、そのまま、社会的選好順序になっている。このことから、個人１が独裁者になっていることがわかる。表５の状態は、個人１が独裁者であることを示すが、表５のようにならないことが条件４である。

(b)ケースⅡ→zPy

　ケースⅠのように、表３Ａの１行２列目の個所をzPyとおいて、同じ様にやっていくと、表５の転置した表ができあがる。この場合は、個人２の選好が全て、そのまま社会的選好順序になっている。こうして、ケースⅡでは、個人２が独裁者になっている。

(c)ケースⅢ→yIz

　ケースⅠ、ケースⅡのように、表３Ａの１行２列目の個所をyIzとおいて３Ａの×印のところに入れてみる。そうすると、次の表６になる。

第1章　アロウの一般不可能性定理

表2と表6の3行2列目では、それぞれxPz、yIzであり、こうして推移性によりxPyとなるのに対して、同じく4行5列目ではそれぞれにzPx、yIzであることから推移性によりyPxとなり、全く逆の社会的選好順序になるという矛盾が生じている。このため、こ

	yIz		yIz	yIz
	yIz		yIz	yIz
	yIz		yIz	yIz

表6

のケースⅢは考えられないケースであることがわかる。

　結論として、ケースⅠ、Ⅱより、個人1が独裁者になるか、個人2が独裁者になるか以外には考えられず、条件4の非独裁制条件と、他の3つの条件、2つの公理と両立しないことがわかる。

　　　　　　　　　（アロウの一般不可能性定理の表による証明終了）

　こうして、「アロウの一般不可能性定理」の証明を、第1節では一般的に、第2節ではより特殊だが、表の利用により明快に証明した。一般不可能性という言葉の意味がわかりにくいが、この第1節、第2節では、①4つの条件と2つの公理だけによって、特定の社会的選択関数（ルール）を考えなくても、こうした条件と公理とを満足するルールは存在不可能であることが一般的に証明されたという意味である。別に、②ある社会的選択関数を考える場合の証明過程において、4つの条件と2つの公理のどれかに反する例があげられるという意味で証明されたという意味もある。

　次の第2章以下では、このアロウの定理を分析し、そして内在的に批判していく。

第2章　アロウの推移性公理と非独裁制条件

　第1章でのアロウの定理の証明をへて、この第2章から第4章までは、アロウの定理を構成する公理と諸条件の分析・検討にはいる。この第2章では、推移性公理を緩和することによって、準推移性公理に変えると、アロウの定理が否定されて、単純多数決制という社会的選択関数が存在しえることを第1節で示し、第2節では、アロウの定理の持つ「一般不可能性」を維持しながら推移性を準推移、非循環性に変えると独裁制の代わりに、寡頭支配制、拒否権者存在制、民主制という形に、アロウの定理が変形されることを示す。第3節は、第2節で、一般的に証明された寡頭支配制定理を、第1章第2節で使ったフェルドマンの表によって証明している。第4節は、拒否権者存在制定理の表による証明である。

第1節　準推移性概念の利用によるアロウの定理の回避

　アロウの一般不可能性定理は、第1章でみたように、4つの条件と、選好順序についての2つの公理を、前提にして証明されている。この6つの前提を検討することにより、一般不可能性定理を回避しようとするのも、社会的選択論の1つの研究方向である。第1節では、この6つの前提のうち、選好順序の中の推移性を検討しようとするものである。推移性の概念には、無差別な選好も含まれているが、社会状態x、y、z、でxとyとが優劣がきめられない無差別状態で、yとzとについても無差別状態の時、我々の経験では、xとzにわずかな差異があれば、xとzが必ずしも無差別状態とはいえないこともありうるという現実がある。この経験的事実から、推移性から無差別な選好を除外して、準推移性という新しい概念によって

アロウの一般不可能性定理を回避できないかというのが、センの研究の出発点である。一応の回避ができるが、やはりいろいろと以下でみるように問題が生じる。

a．推移性の検討

ここでは、社会的選択ルールである社会的選択関数は単純多数決原理という形をとった時、推移性を少し変え、準推移性という新しい概念を導入すると、アロウの一般不可能性定理を否定する、すなわち、最善の社会的状態が選択できるということを示そう。

まず準推移性（Quasi-Transitivity）という概念を定義する。前述したように推移性とは、社会状態x、y、zについて（xR_iy＆yR_iz）→xR_izが成立する性質をさすが、これをより分解してP、Iについて記すと、

（ⅰ）xP_iy＆yP_iz→xP_iz

（ⅱ）xP_iy＆yI_iz→xP_iz

（ⅲ）xI_iy＆yP_iz→xP_iz

（ⅳ）xI_iy＆yI_iz→xI_iz

ということになる。（ⅰ）～（ⅳ）まで、全て成立するのが推移性であるから、（ⅰ）～（ⅳ）のいずれかをとり除くと、推移性よりも緩和された性質が得られるが、（ⅰ）～（ⅳ）の間には論理的関連があり、（ⅰ）を取り除くか、（ⅱ）～（ⅳ）をまとめて取り除くかの、いずれかしかありえない。（ⅰ）を取り除くと、推移性の意味がなくなるため、（ⅱ）～（ⅳ）をまとめて取り除くより他にない。こうして、（ⅰ）だけの性質は、新しい推移性を意味し、これを準推移性と呼ぶ。定義としては、次のようになる（「準」というのは、集合論的には、包含するという意味であり、本来、強推移性と言った方がよりよいかも知れない）。

定義（準推移性）

P_iが準推移性をもつ↔∀（x，y，z）：[（xP_iy＆yP_iz）→xP_iz]

b．準推移性の導入による一般不可能性定理の回避

 aで準推移性という新しい概念を導入したが、このbでは、この概念を利用してアロウの一般不可能性定理を回避したセンの肯定的一般不可能性定理を述べる。

 センの肯定的定理では、社会的選択関数を次の単純多数決制に限定して議論する。

定義（単純多数決制）
単純多数決制が成立するための必要十分条件は、以下の通りである。
$$\forall x, y \in X : xRy \leftrightarrow [N(xPy) \geq N(yPx)]$$
 但し、Xに属する、全てのx、yについて、$N(xPy)$ は $xP_i y$ という選好を持つ個人の総数である。

 この単純多数決制を一種の社会的選択関数とすれば、次のようなセンの肯定的一般不可能性定理が導かれる。
 また、センの肯定的定理では、社会的選択関数に次のような選好順序を持つ性質を加えている。

定義（反射性）
　R_i が反射性を持つ $\leftrightarrow \forall x \in X : xR_i x$

［センの肯定的一般不可能性定理］（Sen［4］の定理4*1、Sen［19］の定理5、定理8）
　　アロウの条件2、3、4と、新しい条件1'、連結性、反射性、準推移性とを満たす単純多数決制の形をとる社会的選択関数は存在する。

但し、全ての投票者は無差別的な選好表示はしないものとし、また条件

1'とは、定義域に、以下の第3章第1節で定義する「価値制限性」という制約のみは認めるという条件である。

この定理を証明するためには、次の補助定理が必要になる。

[補助定理]（Sen［4］の補助定理1*k、Sen［19］の定理2）
　もし、Rが連結性、反射性、準推移性を持つならば、有限集合X上で定義された社会的選択関数F (S, R) は存在する。すなわち、Xが有限個の要素を持つとすれば、Xの、全ての部分集合Sに関する最善の選択対象が存在することになる。

[補助定理の証明]
　Sにn個の選択対象x_1, x_2……x_nが存在するとしよう。まずx_1, x_2の組合わせについて考える。Rが連結性と反射性を持つことから、[x_1, x_2]からの選択集合は、当然、非空となる。$a_1=x_1$という場合か、$a_1=x_2$という場合を考えると、このa_1は選択集合に属することになり、a_1Rx_i（i＝1、2）が成立する。次にa_1、x_3の組合わせについて考えよう。もしa_1Rx_3とすればa_1Rx_i（i＝1、2、3）となり、この場合には、a_1が[x_1, x_2, x_3]の選択集合に属することになる。逆に、もし、x_3Pa_1とすれば、x_1Px_3かx_2Px_3かの時にしか、x_3が[x_1, x_2, x_3]の選択集合に属することができないであろう。なぜならば、もし$a_1=x_1$が成立する時には、前者のx_1Px_3という状態は、x_3Px_1とx_1Px_3とが同時におきることはないために、生じないだろうし、後者のx_2Px_3という状態は、x_2Px_3とx_3Pa_1とから、準推移性によりx_2Pa_1が導かれ、これは、この証明のはじめの方のa_1Rx_2ということと矛盾し、成立しないはずである。同様なことは、もし$a_1=x_2$が成立する時にも言える。こうして、$x_3∈F$([x_1, x_2, x_3], R) になる。$a_1=x_1$, $a_1=x_2$という、いずれの場合にしろ、F ([x_1, x_2, x_3], R) は非空であり、この [x_1, x_2, x_3] の選択集合の要素としよう。こうしていくとa_{n-1}は非空であるべきF (S, R) の1

要素となる。　　　　　　　　　　　　　（補助定理の証明終了）

[センの肯定的一般不可能性定理の証明]（Sen[19]の定理8の証明）
　条件2、3、4が満たされることは明白である。また反射性、連結性もまた成立する。補助定理によって、証明されていないことで残っているのは準推移性が成立するかどうかだけである。背理法を使うので、準推移性が成立しないと仮定しよう。この時、3つの選択対象x、y、zのある組合わせについて、xPy、yPz、zRxが成立していることになる。今や、このことは、その3つの選択対象からの組合わせに対して価値制限性を含むという定義域の仮定（条件1'）に反することを示そう。まず、yPzでかつzRxの場合を考えよう。この時、次の2式が成立する。
　　yPz→N（y>z）>N（z>y）
　　zRx→N（z>x）≧N（x>z）
上式の左辺は左辺どおし、右辺は右辺どおしを加えて、整理すると、次の式になる。
　　[N（y>z）−N（x>z）]＋[N（z>x）−N（z>y）]＞0
この式より、yをbest、zをmidium、xをworstとする、少なくとも1人の投票者がいることになる。同様に、xPyでかつyPz、zRxでかつxPy、の場合を考えると、この3つの場合からは条件1'が成立しないという結果が導かれる。このため、全ての、3つの選択対象からの組合わせに対して、準推移性が成立していなければならないことになる。こうして、前の補助定理を使えば、この定理が成立することが言える。　　　　　　　　　　　　　　　　　（肯定的定理の証明終了）

c．準推移性概念利用の問題点

　bでセンの肯定的定理は、社会的選択関数＝単純多数決制と限定して、さらにアロウの定理での、公理の1つである推移性を準推移性という概念に変えることにより、1つの社会的選択ルールの存在も許さないというア

ロウのきびしい主張に対しても、単純多数決制という社会的選択関数が存在しうることを示している。アロウの一般不可能性定理の証明では、単純多数決制をも含む社会的選択関数についても、その存在が否定されていることを考えれば、アロウの定理の回避への1つの大きな貢献であろう。しかし、①当然にも、単純多数決制は社会的選択関数の1つにすぎないこと、②この章の、以下の第2節で示すように、条件1のもとで準推移性に緩和してみても、非独裁制条件に非寡頭グループ支配条件、非拒否権者存在条件を加えると、再び、社会的選択関数の一般的な不存在がいえるという問題が生じてくる。

選好の組合せ	x x x y y y z z z	x x x y y z z z y	x x y y y x z z z
パレート原理	xPy yPz xPz	xPy xPz	yPz xPz
単純多数決制		yPz	xPy
準推移性	xPyPz	xPyPz	xPyPz
最善の選択対象	x	x	x

選好の組合せ	x x z z z x y y y	x x z z z y y y x	x y y z x z y z x
パレート原理	xPy zPy	zPy	
単純多数決制	xPz	xPy xPz	yPz xPz yPx
準推移性	xPzPy	xPzPy	yPxPz
最善の選択対象	x	x	y

d．[センの肯定的一般不可能性定理]の表による分析と証明

このdでは、bで述べた「センの肯定的一般不可能性定理」の表による分析と証明を試みる。

3個人、3選択対象（x、y、z）で考え、条件1'、2、3、4と3つの公理（連結性、反射性、準推移性）を仮定する。但し、無差別な選好表示を考えない。この時、ある個人の選好の可能性は、第1章第2節の場合と同様に次の6通りである。すなわち、

$$\begin{bmatrix} x \\ y \\ z \end{bmatrix} \begin{bmatrix} x \\ z \\ y \end{bmatrix} \begin{bmatrix} y \\ x \\ z \end{bmatrix} \begin{bmatrix} y \\ z \\ x \end{bmatrix} \begin{bmatrix} z \\ x \\ y \end{bmatrix} \begin{bmatrix} z \\ y \\ x \end{bmatrix}$$

但し、上位のものほどより選好されるとする。

第 2 章　アロウの推移性公理と非独裁制条件

x x y y y z z z x	x x z y y x z z y	x x z y y y z z x	x x y y z x z y z	x x y y z z z y x	x x z y z x z y y	x x z y z y z y x	x x x y z z z y y	x x x z z y y y z	x x y z z y y y z	x x y z z z y y x
yPz	xPy		xPz		xPy		xPy zPy xPz	xPy xPz	xPz	
xPy xPz	xPz yPz	xPy yPz xPz	xPy yPz	xPy yPz xPz	zPy xPz	xPz xPy zPy		zPy	xPy zPy	xPy xPz zPy
xPyPz	xPyPz	xPyPz	xPyPz	xPyPz	xPzPy	xPzPy	xPzPy	xPzPy	xPzPy	xPzPy
x	x	x	x	x	x	x	x	x	x	x

x y z z x x y z y	y y y x x x z z z	y y x x x y z z z	y y x x x z z z y	y y y x x z z z x	y y z x x x z z y	y y z x x y z z x	y y z x z x z x y	y y z x z y z x x	y y y x z z z x x	y y x z z y x x z
	yPx yPz xPz	xPz yPz	xPz	yPx yPz		yPx		yPx	yPz zPx yPx	yPz
xPz xPy zPy		yPx	yPx yPz	xPz	yPx xPz yPz	xPz yPz	yPx zPx yPz	yPz zPx		zPx yPx
xPzPy	yPxPz	yPxPz	yPxPz	yPzPx	yPxPz	yPxPz	yPzPx	yPzPx	yPzPx	yPzPx
x	y	y	y	y	y	y	y	y	y	y

表 1

　3 個人で考えているので、上の 6 通りから、個人 1、個人 2、個人 3 が選ぶ可能性の組み合わせは 6 × 6 × 6 ＝ 126（通り）が考えられる。条件 4 の非独裁制は、単純多数決制では常に成立しているので、個人 1、個人 2、個人 3 として指定して組合わせを考える必要はなく、上記の 6 通りのものから重複を許して 3 通りの組合わせを考えることで十分である。

　重複を許して n 種のものから r 個のものを選び組合わせる場合の総数は $nHr = {}_{n+r-1}C_r$ という公式が成立しているので、この公式を使うとこの場合は、${}_{6+3-1}C_3 = {}_8C_3 = 56$（通り）になる。

35

選好の組合せ	y y x z z z x x y	y y y z z x x x z	y y z z z x x x y	y y z z z y x x x	y z z z x y x y z	z z z x x x y y y	z z x x x y y y z	z z x x x z y y y	z z y x x z y y x	z z y x x z y y x
パレート原理		yPx yPz	zPx	zPx yPx	zPx	zPx zPy xPy	xPy	zPy xPy	zPx	zPx
単純多数決制	yPx zPx yPz	zPx	yPx yPz	yPz	yPx zPy	zPx zPy	zPx	xPy zPy	zPy xPy	
準推移性	yPzPx	yPzPx	yPzPx	yPzPx	zPyPx	zPxPy	zPxPy	zPxPy	zPxPy	zPxPy
最善の選択対象	y	y	y	y	z	z	z	z	z	z
選好の組合せ	z z x y y z x x y	z z y y y x x x z	z z z y y y x x x	x y y y x z z z x	x y z y x x z z y	x y z y x y z z x	x z z y z y z x x	x y z y x y z y x	x y z z z x y x y	x y z z z y y x x
パレート原理	zPy	yPx	zPy zPx	yPz						
単純多数決制	zPx yPx	zPy zPx	yPx	xPz yPx	xPy yPz xPz	yPz yPx xPz	yPx zPx yPz	xPy zPx zPy	zPx xPy zPy	zPx yPx zPy
準推移性	zPyPx	zPyPx	zPyPx	yPxPz	xPyPz	yPxPz	yPzPx	zPxPy	zPxPy	zPyPx
最善の選択対象	z	z	z	y	x	y	y	z	z	z

表2

　この56通りの場合を全てを表1、表2に示し、さらに、条件2(パレート原理)、単純多数決制、準推移性、条件1'を適用してみると、表2の最後のケース以外は、全て、最善(best)の選択対象を選び出すことが可能となる。こうして、このセンの定理の表による証明が終わった。最後の2つのケースは、条件1'と準推移性に反しているので、もともと、この定理の適用外のケースであることがわかる。こうして、「センの肯定的定理」は、アロウの一般不可能性定理が生じている表2の、投票のパラドックス

z z z	z z y	z z z	z z x
x x y	x x x	y y y	y y y
y y x	y y z	x x x	x x z
zPy zPx		zPx zPy yPx	
xPy	zPx zPy xPy		zPx zPy yPx
zPxPy	zPxPy	zPyPx	zPyPx
z	z	z	z

y y z	y z z	x y z	x y z
x z y	x x y	z x y	y z x
z x x	z y x	y z x	z x y
yPx			
zPx yPz	yPx zPy zPx	xPz yPx zPy	xPy yPz zPx
yPzPx	zPyPx	準推移性に反している。	
y	z	条件1'に反しているため、この定理の適用外。	

を示す最後の2つのケースを、条件1'と準推移性の公理とによって、排除することにより、アロウの否定的な内容をもつ定理を、肯定的な定理に変える定理であることが、表1、表2という形の表による分析から判明する。

第2節 独裁制・寡頭支配制・拒否権者存在制

　アロウの一般不可能性定理に対する、1つの批判として、Buchanan[24]による、「社会的選択がなされる時、現実の意思決定に合理性がどの位、貫かれているのか、むしろ、非合理性の方が支配的ではなかろうか」という批判がある。
　この第2節の目的は、ブキャナンの、こうした批判をうけて、アロウの

一般不可能性定理での選好順序の仮定を、しだいに緩和していく時、他の条件を少し変更したり、加えたりするが、独裁制に代わって、寡頭支配制、拒否権者存在制、民主制が出現してくるということを最近の研究成果によってまとめることにある。

こうして結果としては、アロウの一般不可能性定理の基盤の堅固さを確認することになるが、見方を変えれば、ブキャナンのいう非合理性まではいかないが、選好順序の仮定を緩和していく方向は、寡頭支配制や拒否権者存在制を容認しないならば、第1節でみたような例外を除いては、アロウの肯定的一般不可能性定理を導くことができないことを示しているともいえる。

a．独裁制定理、寡頭支配制定理、拒否権者存在制定理

アロウの条件1～4と2つの公理から、第1章で証明したアロウの一般不可能性定理の別の表現である、次の独裁制定理が導き出せることはすでにわかっている。

（定理1）アロウの独裁制定理（一般不可能性定理）

♯X≧3とする。社会的選択関数Fが連結性、推移性、条件1、条件2、条件3を満足するならば、Fは独裁制ルールを持つ。

次に寡頭制定理を述べる。
（定理2）寡頭支配制定理（Mas-colell＝Sonnenshein［25］の補助定理2）

♯X≧3とし、社会的選択関数Fは、条件1、2、3、4と準推移性を満たすものとする。この時Fは寡頭支配グループを持つ。

この定理2の証明をおこなうために、まず、Fに対する寡頭支配グループの定義をおこなう。

第2章　アロウの推移性公理と非独裁制条件

［Fに対する寡頭支配グループの定義］
　Vをx、yという選択対象に関しての最小の決定集合とする。
　この時
　　（1－1）……Vはすくなくとも2個人を含むこと
　　（1－2）……V内の全ての人は弱い独裁者であること
　　（ここで、もし、全てのx，yに関してxP_iyの時、xRyを意味するならば、個人iは弱い独裁者であるという）
　この（1－1）、（1－2）を同時に満たすVを寡頭支配グループという。

さらに、定理2の証明のために必要な［補助定理］を述べる。
［補助定理］
　もし、Fが条件1、条件2、条件3と準推移性を満たす社会的選択関数であり、あるx，y∈Sに対してxD_iyがいえるならば、このiは独裁者である。但し、D_iとはiという個人が決定する力を持つということを示す。

［補助定理の証明］
　アロウの一般不可能性定理の証明により、アロウの定理での社会的選択関数Fについては、これと同じ場合について証明されている。そして、アロウの一般不可能性定理での選好Rに代わってPのみの推移性を使う時、すなわち、準推移性の時、この社会的選択関数Fの場合にも適用され、同様に証明される。　　　　　（補助定理の証明終了）

［寡頭支配制定理の証明］
　（1－1）は、補助定理と独裁制ではないことにより、直接導ける。
　（1－2）を証明するために、まず次の(2)を示すことが必要となる。
　(2)もしi∈Vならば、その時、xP_iy→S上での、あるxとyに対しxRyである。

証明方法として背理法を使う。このため、(2)が成立しないと仮定する。この時$a \in S$と、任意の$z \in S$に対して、次のような個人的選好順序体系を考える。

(3) $\begin{cases} i : aP_i z \\ N-\{i\} : z と a とこの体系内でのある組合わせ \end{cases}$

　　　（それぞれの個人について、同じ順序である必要はない）

(3)からの社会的順序は、(2)の不成立によりzPaとなる。
$W \subset V$, $V - W = \{i\}$とする。
続いて次のような個人的選好順序体系を考える。

(4) $\begin{cases} i : aP_i bP_i z \\ W : [(3)でのzとaについて同じ順序] P_w b \\ N-V : bP_{N-V} [(3) でのzとaについて同じ順序] \end{cases}$

この(4)からは$aP_v b$よりaPb、(3)よりzPa、これらの結果から順序Pの準推移性、条件3を使うことにより、zPbが導ける。しかし、Wをみれば、$zP_w b$となっており、この$zP_w b$はVが最小の決定集合であることと矛盾している。こうして、(2)が成立しないという仮定は誤りであることがわかり、(2)の成立がいえる。

次に、(1-2)を証明しよう。このためには、次の(5)を示す必要がある。

(5) もし、$i \in V$ならば、その時、$sP_i t \to S$上での、あるsとtに対しsPtが成立する。

この(5)が成立するためには、以下の(6)、(7)を示せば十分である。

(6) $(xP_i y \to xRy) \to$（全ての$s \in S$に対して、$sP_i y \to sRy$）

(7) $(xP_i y \to xRy) \to$（全ての$t \in S$に対して、$xP_i t \to xRt$）

その理由として、(2)とともに(6)、(7)をくり返し適用することにより、(5)が導けるからである。

ある$s \in S$対して、$xP_i y$は、xRy、$sP_i y$、$\sim sRy$を意味することと仮

定する。次の(8)のような個人的選好順序体系を考えよう。

(8) $\begin{cases} i : sP_ixP_iy \\ N-\{i\} : \begin{pmatrix} y と s との間について可能ないろいろな、\\ ある（N-1）個の順序 \end{pmatrix} P_{N-\{i\}}x \end{cases}$

(8)からは、仮定よりyPs、条件2よりsPx、これらの結果に準推移性を利用すると、yPxを得る。ところが、仮定のxRyと、このyPzとは明らかに矛盾しており、(6)が成立しないと仮定するのは誤りであることがわかる。こうして(6)は成立している。同じようにして(7)の成立もいえる。この結果、どんな特別の社会的選択関数も使うことなく、定理の条件と公理だけで証明できているので、一般的に寡頭支配定理は証明された。　　　　　　　　　　　（寡頭支配制定理の証明終了）

次の拒否権者存在制定理を証明するために、2つの性質を定義する。
定義（正の感応性）(Sen［4］p.72より)
　(R_1……R_n)と(R'_1……R'_n)をRとR'へそれぞれ変換し写像する、社会的選択関数（ルール）Fの定義域とし、個人的順序のn項(R_1…R_n)と(R'_1…R'_n)のそれぞれから1つづつとり出して作られた2項の全ての順序について、
もし、$\forall x, y \in X : [\forall i : \{(xP_iy \to xP'_iy) \& (xI_iy \to xR'_iy)\} \& \exists k : \{(xI_ky \to xP'_ky) \lor (yP_kx \& xR'_ky)\}]$が成立している時、Fは正の感応性を満たすという。
　（定義）（非循環性）
P_iが非循環性を持つ $\leftrightarrow (\forall x^1, x^2, \ldots\ldots x^t \in X : x^\tau P_i x^{\tau+1}$ ($\tau = 2, 3 \ldots\ldots t-1) \to \sim (x^t P_i x^1))$

この正の感応性、非循環性という性質を加えると、次の拒否権者存在制定理が導き出せる。

（定理3）拒否権者存在制定理（[25]の補助定理3）

$\#X \geqq 3$、$n = \#N \geqq 4$とし、社会的選択関数Fが、条件1、2、3、4と非循環性と正の感応性を満たす時、Fには1人の拒否権者が存在する。

この証明をおこなうために、まず、Fに対する拒否権者の定義をおこなう。

[Fに対する拒否権者の定義]

(1) (xP_iyかつ$j \neq i$という全てのjについてyP_jx)→S上での、あるxとyに対してxRyとなる。

(1)を満たすような個人$i \in N$を拒否権者という。

[拒否権者存在制定理の証明]

背理法により証明をおこなう。このため、(1)を満たすような$i \in N$という個人は存在しないと仮定する。こう仮定すると、(2)のようになる。

(2) (xP_iyかつ$j \neq i$という全てのjについてyP_jx)→yPx

Vを最小の決定力のある集合とする。(2)により、このVは少なくとも2つの要素からなるはずである。Vはyより、xを選好することに決定する力を有する集合としよう。ここで、$i \in V$、$V - \{i\} = W$とする。こうして$V = \{i\} + W$。次のような、ある個人的選好順序体系を考える。

(3) $\begin{cases} i : xP_iyP_iz \\ W : zP_wxP_wy \\ N-V : yP_{N-V}zP_{N-V}x \end{cases}$

(3)からは、xD_VyよりxPy、(2)よりzPx。そして、これらの結果から非循環性を利用してzRyという結果が導き出せる。

$U = W - \{j\}$とする。こうして、$V = \{i\} + \{j\} + U$。次のような個人的選好順序体系を考えよう。

$$(4) \begin{cases} i : xP_i y \\ j : yP_j x \\ U : xP_u y \\ N-V : yP_{N-V} x \end{cases}$$

(4)からは(2)とVが最小の決定集合であることからyPxとなる。さらに、次のような(5)の個人的選好順序体系を考えよう。

$$(5) \begin{cases} i : zP_i xP_i y \\ j : zP_j yP_j x \\ U : xP_u zP_u y \\ N-V : yP_{N-V} xP_{N-V} z \end{cases}$$

この(5)からは、(4)と正の感応性よりyPx、(3)と正の感応性よりzPy。これらの2つの結果に非循環性を適用すればzRxが導ける。
(5)からyをとり除いた、次のようなものを考える。

$$(6) \begin{cases} i : zP_i x \\ j : zP_j x \\ U : xP_u z \\ N-V : xP_{N-V} z \end{cases}$$

この(6)からは、(5)と正の感応性よりzPxが導ける。
ここで(3)と(4)から(6)までの議論によりV＝{i, j}であることが示せた。最後に、次のような個人的選好順序体系を考えよう。

$$(7) \begin{cases} i : xP_i yP_i z \\ j : zP_j xP_j y \\ N-V : yP_{N-V} zP_{N-V} x \end{cases}$$

この(7)からは、仮定のxD_VyよりxPy、(2)よりyPz。これらの結果に非循環性を適用することによりxRzが導ける。このxRzはxとzについて(7)のiとjを(2)にあてはめた場合の(2)の結果とは明らかに矛盾している。こうして、(2)が成立すると仮定することは誤りであることがわかる。このことから、(1)という拒否権者i∈Nの存在が示せた。こうして、

43

拒否権者存在制定理は一般的に証明された。

(拒否権者存在制定理の証明終了)

　もともと推移性→準推移性→非循環性という関係があることはわかっていたが、定理1〜3より、推移性からしだいに合理性を緩和して、準推移性、非循環性へと変化させていく(「支配関係」をゆるめていく)と、独裁制から寡頭支配制、拒否権者存在制、民主制へと変化していくことがわかる。ここで非循環性のみの場合を考えると、p.27の②の「一般的」の意味での証明により「投票のパラドックス」の例(第7章の第4節を参照)で民主制(単純多数決制)も社会的選択関数とはなりえないことがわかる。

　ここで、[22]での証明により、(定理2)に、$n=\#N\geq 3$という条件を加え、準推移性に代えて、径路独立性を入れると、やはり、寡頭グループ支配が存在するとい定理が導きだせる。さらに、(定理3)に$n\geq 4$という条件を加え、非循環性に代えて、チャーノフの公理を入れると、この場合もやはり、拒否権者が存在するということになる。

　ここでの(径路独立性)とは、
$S\subset X$を、$S_1\cup S_2=S$と小さく分割して、S_1、S_2からの選択をおこなっても、直接Sから選択しても、最適の選択対象は同じものになるというもので、$\forall S_1$、$S_2\in S$に対して$F(S_1\cup S_2)=F[(F(S_1)\cup F(S_2)]$が成立する性質をさす。

　また(チャーノフの公理)とは、
$\forall S_1$、$S_2\subset S$に対して、$S_1\subset S_2\rightarrow [S_1\cap F(S_2)=\phi \vee S_1\cap F(S_2)\subset F(S_1)]$という性質を意味する(ともに鈴村[6]を利用している)。

　最後に、第4章第2節との関連で述べておくと、これらの独裁制、寡頭支配制、拒否権者存在制は、条件2(パレート原理)を上記の定理1、2、

3からはずした場合にも表れるとFountain & Suzumura [56]が主張している点であるが、この証明過程には問題があると我々は考える。詳細については第4章第2節で述べる。

b. 結　論

この第2節での結論は次の点である。

アロウの一般不可能性定理で使われている選好順序についての仮定（反射性、連結性、推移性の成立）を緩和していっても、独裁制、寡頭支配制、拒否権者存在制という形で不可能性がやはり続くことが一般的にいえる。こうして第1節での例外を除けば、アロウの一般不可能性定理の主張の基盤の固さを改めて確認することになる。これは、最初に述べたブキャナン[24]の合理性批判への若干の反論になっている。

第3節　寡頭支配制定理の表による証明

この節では、第2節で証明した「寡頭支配制定理」を、フェルドマン[2][9]の表による方法によって証明しようとする。この表による方法は第1章第2節で、アロウの定理（独裁制定理）を証明するのに、すでに使われたものである。

寡頭支配制定理では、個人1、2、3と選好対象x、y、zからなる社会を考える。この場合、強意の選好順次Pで考える点は、第1章第2節の場合と同じである。寡頭支配制定理は、第2節で述べたように、連結性、準推移性、条件1、2、3、4を満たすような社会的選択関数（ルール）は寡頭グループ支配にならざるをえないという定理である。このため準推移性については、P_i（もしくはP）関係だけを考えればよいというわけで、第1章第2節での証明ではR_iのうちP_iの部分だけを証明したのであるが、この第2章第3節では、P_iだけで十分な証明となる。各個人の選好順序は、前述したように、次の6通りである。

$$\begin{pmatrix} x \\ y \\ z \end{pmatrix} \begin{pmatrix} x \\ z \\ y \end{pmatrix} \begin{pmatrix} y \\ x \\ z \end{pmatrix} \begin{pmatrix} y \\ z \\ x \end{pmatrix} \begin{pmatrix} z \\ x \\ y \end{pmatrix} \begin{pmatrix} z \\ y \\ x \end{pmatrix}$$

こうして条件1（定義域の無制約性）より、この社会では$6 \times 6 \times 6 = 216$通りの、3個人からなる選好順序の組合わせが考えられる。

このうち、この寡頭支配制定理にあてはまるのは、個人1、個人2が全く同じ選好順序を持つか、個人1、個人3が全く同じ選好順序を持つか、個人2、個人3が全く同じ選好順序を持つかの、3通りである。この場合、選好順序の組合わせは、$3 \times 6 \times 6 = 108$通りである。この社会の半分に、寡頭支配制定理があてはまるわけである。

個人 選択順位	1 2 3	1 2 3	1 2 3	1 2 3	1 2 3	1 2 3
第1位 第2位 第3位	x x x y y y z z z	x x x y y z z z y	x x y y y x z z z	x x y y y z z z x	x x z y y y z z z	x x z y y y z z x
第1位 第2位 第3位	x x x z z y y y z	x x x z z z y y y	x x y z z z y y z	x x y z z z y y x	x x z z z x y y y	x x z z z y y y x
第1位 第2位 第3位	y y x x x y z z z	y y x x x z z z y	y y y x x x z z z	y y y x x z z z x	y y z x x x z z y	y y z x x y z z x
第1位 第2位 第3位	y y x z z z x x z	y y x z z z x x y	y y y z z z x x z	y y y z z z x x y	y y z z z x x x y	y y z z z y x x x
第1位 第2位 第3位	z z x x x y y y z	z z x x x z y y y	z z y x x x y y z	z z y x x z y y x	z z z x x x y y y	z z z x x y y y x
第1位 第2位 第3位	z z x y y y x x z	z z x y y z x x y	z z y y y x x x z	z z y y y z x x x	z z z y y x x x y	z z z y y y x x x

表1

第2章　アロウの推移性公理と非独裁制条件

ここでは、上記の両人が全く同じ選好順序を持つ3通りの場合のうち、個人1、個人2が全く同じ選好順序を持つ場合だけを考える。残る2つの場合も同じ様に証明できる。

個人1、個人2が同じ選好順序を持つ場合の全ての組合わせを表にすると表1のようになる。

この表1に条件2（パレート原理）を適用すると表2のようになる。この表2は第1章第2節の表2と同じものである。

xPy yPz xPy	xPy xPz	xPz yPz	yPz	xPy	
xPz xPy	xPz xPy zPy	xPz		xPy zPy	zPy
yPz xPz	xPz	yPx yPz xPz	yPz yPx		yPx
yPz		yPz yPx	yPz yPx zPx	zPx	zPx yPx
xPy	zPy xPy		zPx	zPx zPy xPy	zPx zPy yPx
	zPy	yPx	zPx yPx	zPy zPx	zPy yPx zPx

表2（表1にパレート原理を適用すると）

次に、表1に条件3（無関係な選択対象からの独立性）を入れるとy−zについては次の表3Aになる。

	×			×	×
○		○	○		
	×		×	×	
	×		×	×	
○		○	○		
○		○	○		

表3A

×…(yP_1z, yP_2z, zP_3y) の組み合わせのケース

○…(zP_1y, zP_2y, yP_3z) の組み合わせのケース

この表3Aは、y−zの場合の、第1章第2節の表3Aと同じものとなっ

ている。同様にx－zの関係についても、第1章第2節の表3Bと同じになり、x－y関係についても第1章第2節の表3Cと同じものになる。

次に、表2の第1行第2列目の $\begin{bmatrix} xPy \\ xPz \end{bmatrix}$ というパレート原理で決定されている部分に注目して、yとzについて次のような2つのケースを考える。

(1) xPy、xPz、yPz → ケースⅠと呼ぶ
(2) xPy、xPz、zPy → ケースⅡと呼ぶ

ケースⅠのyPzを表3Aにあてはめて、第1章第2節と同じ方法により、表2の社会的順序について未決定の部分をうめていくと、結局、表4のような社会的選好順序の表ができあがる。

この社会的選好順序は、個人1、個人2という2人のグループの選好に一致している。こうした個人1、個人2のグループを寡頭支配グループと

x	x	x	x	x	x
y	y	y	y	y	y
z	z	z	z	z	z

x	x	x	x	x	x
z	z	z	z	z	z
y	y	y	y	y	y

y	y	y	y	y	y
x	x	x	x	x	x
z	z	z	z	z	z

y	y	y	y	y	y
z	z	z	z	z	z
x	x	x	x	x	x

z	z	z	z	z	z
x	x	x	x	x	x
y	y	y	y	y	y

z	z	z	z	z	z
y	y	y	y	y	y
x	x	x	x	x	x

表4

x	x	y	y	z	z
y	z	x	z	x	y
z	y	z	x	y	x

x	x	y	y	z	z
y	z	x	z	x	y
z	y	z	x	y	x

x	x	y	y	z	z
y	z	x	z	x	y
z	y	z	x	y	x

x	x	y	y	z	z
y	z	x	z	x	y
z	y	z	x	y	x

x	x	y	y	z	z
y	z	x	z	x	y
z	y	z	x	y	x

x	x	y	y	z	z
y	z	x	z	x	y
z	y	z	x	y	x

表5

よぶことにすれば、この社会の意思決定は、この寡頭グループの支配下にあるといえる。こうして、ケースⅠの場合、この社会の社会的選択関数（ルール）は寡頭支配グループを持たざるを得ないことになる。

ケースⅡのzPyについては、ケースⅠの場合と同じように、第1章第2節と同様にすれば、表5のようになる。表5より、この社会的順序の表は個人3の選好順序と全く同じものである。独裁者の存在を否定する条件4より、このケースⅡは寡頭支配制定理の条件4を満たしていないことになり、考えられない場合であることがわかる。こうしてケースⅠのみが考えられる場合になり、こうして、表によって寡頭支配制定理は証明された。

第4節　拒否権者存在制定理の表による証明

この第4節では第2章の第3節に引き続き、「拒否権者存在制定理」の表による分析を試みる。

4個人、3選択対象（x、y、z）で考え、条件1、2、3、4、拒否権者存在条件、2つの公理を仮定する。個人的選好順序としては無差別な選好の可能性を排除し、たとえば、xPyのように、強意の選好順序の場合で考える。この時、ある個人の選好の可能性は6通りになる。これらを表にする時に便利な表記法にすると、次の様になる。

$$\begin{bmatrix}x\\y\\z\end{bmatrix}\begin{bmatrix}x\\z\\y\end{bmatrix}\begin{bmatrix}y\\x\\z\end{bmatrix}\begin{bmatrix}y\\z\\x\end{bmatrix}\begin{bmatrix}z\\x\\y\end{bmatrix}\begin{bmatrix}z\\y\\x\end{bmatrix}$$

ただし、上位のものがより選好されるとする。

他のすべての社会の構成員がyP_jx（$j \in N-\{i\}$）にもかかわらず、xP_iyという選好を示す者i（$i=1$）がいることを前提として、表を作成する。この時、上記の6通りのうち、個人1の、示す選好順序としては、

$$\begin{bmatrix}x\\y\\z\end{bmatrix}\begin{bmatrix}x\\z\\y\end{bmatrix}\begin{bmatrix}z\\x\\y\end{bmatrix}$$

の3通りがある。また、構成員（$j=2$、3、4）の示す選好順序としては、

$$\begin{bmatrix} y \\ x \\ z \end{bmatrix} \begin{bmatrix} y \\ z \\ x \end{bmatrix} \begin{bmatrix} z \\ y \\ x \end{bmatrix}$$

の3通りである。この時、条件1の、定義域の無制約性という条件は、上記の、個人1の可能性、他の構成員の可能性についてはどんな制約性をもうけないという内容である。

4個人で考えているので、上の6通りから、個人1、個人2、個人3、個人4が選ぶ可能性は、$6 \times 6 \times 6 \times 6 = 1296$(通り)が考えられるが、x、yについての、この拒否権者存在制定理があてはまるのは、$3 \times 3 \times 3 \times 3 \times 4 = 324$(通り)になる。

この第4節では、個人1が

$$\begin{bmatrix} x \\ y \\ z \end{bmatrix}$$

という個人的選好順序を示す場合だけを考える。この時、次の27通りの個人的選好順序集合が考えられる。個人2、個人3、個人4がそれぞれ個人1と同様の選好を示す場合や、個人1の選好が

$$\begin{bmatrix} x \\ z \\ y \end{bmatrix} \begin{bmatrix} z \\ x \\ y \end{bmatrix}$$

を示す場合も同様にして証明することができる。ただし、左から右へ個人1、個人2、個人3、個人4の各選好順序とする。

$$\begin{bmatrix} x & y & y & y \\ y & x & x & x \\ z & z & z & z \end{bmatrix} \begin{bmatrix} x & y & y & y \\ y & z & z & z \\ z & x & x & x \end{bmatrix} \begin{bmatrix} x & z & z & z \\ y & y & y & y \\ z & x & x & x \end{bmatrix}$$

$$\begin{bmatrix} x & y & y & y \\ y & x & x & z \\ z & z & z & x \end{bmatrix} \begin{bmatrix} x & y & y & z \\ y & x & x & y \\ z & z & z & x \end{bmatrix} \begin{bmatrix} x & y & y & y \\ y & x & z & z \\ z & z & x & x \end{bmatrix}$$

$$\begin{bmatrix} x & y & y & z \\ y & x & z & x \\ z & z & x & x \end{bmatrix} \begin{bmatrix} x & y & y & z \\ y & z & z & x \\ z & x & x & x \end{bmatrix} \begin{bmatrix} x & z & z & y \\ y & y & y & x \\ z & x & x & x \end{bmatrix}$$

$$\begin{bmatrix} x & z & z & y \\ y & y & y & z \\ z & x & x & x \end{bmatrix} \begin{bmatrix} x & y & y & y \\ y & x & z & x \\ z & z & x & z \end{bmatrix} \begin{bmatrix} x & y & y & y \\ y & z & x & x \\ z & x & z & z \end{bmatrix}$$

50

第 2 章　アロウの推移性公理と非独裁制条件

$$\begin{bmatrix} x\,y\,z\,y \\ y\,x\,y\,x \\ z\,z\,x\,z \end{bmatrix} \begin{bmatrix} x\,z\,y\,y \\ y\,y\,x\,x \\ z\,x\,z\,z \end{bmatrix} \begin{bmatrix} x\,y\,y\,y \\ y\,z\,x\,z \\ z\,x\,z\,x \end{bmatrix}$$

$$\begin{bmatrix} x\,y\,y\,y \\ y\,z\,z\,x \\ z\,x\,x\,z \end{bmatrix} \begin{bmatrix} x\,y\,y\,z \\ y\,z\,x\,y \\ z\,x\,z\,x \end{bmatrix} \begin{bmatrix} x\,y\,z\,y \\ y\,z\,y\,x \\ z\,x\,x\,z \end{bmatrix}$$

$$\begin{bmatrix} x\,y\,z\,y \\ y\,x\,y\,z \\ z\,z\,x\,x \end{bmatrix} \begin{bmatrix} x\,z\,y\,y \\ y\,y\,x\,z \\ z\,x\,z\,x \end{bmatrix} \begin{bmatrix} x\,z\,y\,y \\ y\,y\,z\,x \\ z\,x\,x\,z \end{bmatrix}$$

$$\begin{bmatrix} x\,y\,z\,y \\ y\,z\,y\,z \\ z\,x\,x\,x \end{bmatrix} \begin{bmatrix} x\,z\,y\,y \\ y\,y\,z\,z \\ z\,x\,x\,x \end{bmatrix} \begin{bmatrix} x\,y\,z\,z \\ y\,x\,y\,y \\ z\,z\,x\,x \end{bmatrix}$$

$$\begin{bmatrix} x\,z\,y\,z \\ y\,y\,x\,y \\ z\,x\,z\,x \end{bmatrix} \begin{bmatrix} x\,y\,z\,z \\ y\,y\,y\,y \\ z\,x\,x\,x \end{bmatrix} \begin{bmatrix} x\,z\,y\,z \\ y\,y\,y\,y \\ z\,x\,z\,x \end{bmatrix}$$

この27通りの選好の組合わせに対し、条件 2 （パレート原理）、条件 3 （無関係な選択対象からの独立性）、条件 4 （非独裁制）、正の感応性条件、非循環性をあてはめてみると、表 1 、表 2 、表 3 になる。それぞれ、表の上から順に条件 2 、(x-z) についての条件 3 、(x-z) への正の感応性条件、(y-z) について条件 3 、(y-z) への正の感応性条件、非循環性をあてはめた場合を表にしたものである。一番下の「(x-y) についての社会的順序」と、下から 2 番目の「非循環性より」との欄は、(x-z) への正の感応性による結果と、(y-z) への正の感応性による結果から導かれる (x-y) についての、すべての社会的順序の可能性を述べている。

この 3 つの表から、(x-z) のO型と (y-z) のA型（以下、OA型というように呼ぶ）の一部の場合、OF型の一部の場合、XF型の全部の場合にはxRyという (x-y) についての社会的選好が示されるが、これら 4 つの場合以外はyRxか、xとyとが未決定の場合になる。まず、yRxという場合は、拒否権者が 3 人も存在することになり、この拒否権者存在制定理の前提と矛盾してくる。このため、yRxが成立する場合ははじめから考えられない場合である。そして、○印のはいっている組合わせのうちの一部でyRxとならないケースのxとyとが未決定の場合と、全くyRxがない組合わせのxとyとが未決定の場合（循環性が成立する場合を除く）については、$xP_i y$ と

する個人iの選好を、社会的順序xPyとすることを認める社会的合意があれば、いいかえれば、その社会に個人i（この表の場合には、個人1）という拒否権者の存在を社会全体が認めれば、4個人、3選択対象でかつ、個人1が

$$\begin{bmatrix} x \\ y \\ z \end{bmatrix}$$

という選好を持ち、xP$_i$yという拒否権を持つ社会においては、どんな特定の社会的選択関数（たとえば単純多数決制など）を前提しなくてもかつ、どんな反例もないという意味で一般的に、xがbestという社会的順序が決められることから、社会的選択関数が存在することが証明されたことになる。こうして、表による拒否権者存在制定理の証明が完了した。

選好の組合せ	xyyy yxxx zzzz
パレート原理	xPz yPz
(x−z)についての選好の型とその型の記号	
(x−z)について正の感応性条件の適用 (I)	
(II)	
(y−z)についての選好の型とその型の記号	
(y−z)について正の感応性条件の適用 (III)	
(IV)	
非循環性より	
(x−z)についての社会的順序	xとyとは未決定

第2章　アロウの推移性公理と非独裁制条件

xyyy yzzz zxxx	xzzz yyyy zxxx	xyyy yxxz zzzx	xyyz yxxy zzzx	xyyy yxzz zzzx	xyyz yxzy zzzx	xyyz yzzy zxxx	xzzy yyyx zxxz	xzzy yyyz zxxx
yPz		yPz		yPz				
xP₁z zP₂x zP₃x zP₄x ○印	xP₁z zP₂x zP₃x zP₄x ○	xP₁z zP₂x zP₃x zP₄x △印	xP₁z zP₂z zP₃z zP₄z △	xP₁z zP₂z zP₃z zP₄z ×印	xP₁z zP₂z zP₃z zP₄z ×	xP₁z zP₂x zP₃x zP₄x ○	xP₁z zP₂x zP₃x zP₄x □印	xP₁z zP₂x zP₃x zP₄x ○
zPxと仮定すると	zPx	×より正の感応性によりzPx	xPz	○より正の感応性によりxPz	xPz	zPx	○より正の感応性によりxPz	zPx
xPzと仮定すると	xPz	xPz	xPz	xPz	xPz	xPz	xPz	xPz
	yP₁z zP₂y zP₃y zP₄y A		yP₁z yP₂z yP₃z zP₄y B		yP₁z zP₂y zP₃y zP₄y B	yP₁z zP₂y zP₃y zP₄y B	yP₁z zP₂y zP₃y yP₁z C	yP₁z zP₂y zP₃y zP₄y C
	zPyと仮定すると		Gより正の感応性によりyPz		yPz	yPz	Aより正の感応性によりyPz	yPz
	yPzと仮定すると		yPz		yPz	yPz	yPz	yPz
(I)とパレート原理よりyRx	(I)と(IV)よりyRx (II)と(III)よりxRy	(I)とパレート原理よりyRx			(I)と(III)(IV)よりyRx		(I)と(III)(IV)よりyRx	
(II)とパレート原理よりxとyとは未決定	(I)と(III)(II)と(IV)については未決定	(II)とパレート原理よりxとyとは未決定	xとyとは未決定	xとyとは未決定	xとyとは未決定	(I)と(III)(II)と(IV)については未決定	xとyとは未決定	(II)と(III)(II)と(IV)については未決定

表 1

選好の組合せ	xyyy yxzx zzxz	xyyy yzxx zzxz	xyzy yxyx zzxz	xzyy yxyx zxzz	xyyy yyxx zxzx	xyyy yzzz zxzx	xyyz yzzx zxzx	xyzy yzxy zxzz	xzyy yxyz zzxx	xzyy yyxz zxzx
パレート原理	yPz	yPz			yPz	yPz				
(x–z)についての選好の型とその型の記号	xP_1z xP_2z zP_3x xP_4z ※印	xP_1z zP_2x xP_3z xP_4z 凸印	xP_1z xP_2z zP_3x xP_4z ※	xP_1z zP_2x xP_3z xP_4z 凸	xP_1z zP_2x xP_3z zP_4x △印	xP_1z zP_2x xP_3z xP_4z □	xP_1z zP_2x xP_3z zP_4x △	xP_1z zP_2x xP_3z xP_4z □	xP_1z xP_2z zP_3x zP_4x ×	xP_1z zP_2x xP_3z zP_4x ◇
(x–z)について正の感応性条件の適用 (I)	□より正の感応性によりxPz	□より正の感応性によりxPz	xPz	xPz	凸より正の感応性によりzPx	xPz	zPx	xPz	xPz	zPx
(II)	xPz	xPz	xPz	xPz	zPx	xPz	zPx	xPz	xPz	zPx
(y–z)についての選好の型とその型の記号			yP_1z yP_2z zP_3y yP_4z D	yP_1z zP_2y yP_3z yP_4z E		yP_1z yP_2z yP_3z zP_4y B	yP_1z yP_2z yP_3y yP_4z D	yP_1z yP_2z yP_3y yP_4z D	yP_1z zP_2y yP_3z yP_4z E
(y–z)について正の感応性条件の適用 (III)			Cより正の感応性によりyPz	Cより正の感応性によりyPz			yPz	yPz	yPz	yPz
(IV)			yPz	yPz			yPz	yPz	yPz	yPz
非循環性より					yRz		yRx			yPz
(x–z)についての社会的順序	xとyとは未決定	xとyとは未決定	xとyとは未決定	xとyとは未決定		xとyとは未決定		xとyとは未決定	xとyとは未決定	

表2

第 2 章　アロウの推移性公理と非独裁制条件

選好の組合せ		x z y y y y z x z x x z	x y z y y z y z z x x x	x z y y y y z z z x x x	x y z z y x y y z z x x	x z y z y y x y z x z x	x y z z y y x y z x x x	x z y z y y z y z x x z
パレート原理								
(x−z) について の選好の型とそ の型の記号		xP_1z zP_2x zP_3x xP_4z □	xP_1z zP_2x zP_3x zP_4x ○	xP_1z zP_2x zP_3x zP_4x ○	xP_1z xP_2z zP_3x zP_4x ×	xP_1z zP_2x xP_3z zP_4x △	xP_1z zP_2x zP_3x zP_4x ○	xP_1z zP_2x zP_3x zP_4x ○
(x−z) に ついて正の 感応性条件 の適用	(Ⅰ)	xPz	zPx	zPx	xPz	zPx	zPx	zPx
	(Ⅱ)	xPz	xPz	xPz	xPz	zPx	xPz	xPz
(y−z) について の選好の型とそ の型の記号		yP_1z zP_2y yP_3z yP_4z E	yP_1z yP_2z zP_3y yP_4z D	yP_1z zP_2y zP_3z yP_4z E	yP_1z yP_2z yP_3z zP_4y F	yP_1z zP_2y zP_3z zP_4y G	yP_1z yP_2z zP_3y zP_4y F	yP_1z zP_2y yP_3z zP_4y G
(y−z) に ついて正の 感応性条件 の適用	(Ⅲ)	yPz	yPz	yPz	Bより 正の感 応性に より zPy	Aより 正の感 応性に より yPz	zPy	yPz
	(Ⅳ)	yPz	yPz	yPz	yPz	yPz	yPz	yPz
非循環性より			(Ⅰ)と(Ⅲ) (Ⅳ)より yRx	(Ⅰ)と(Ⅲ) (Ⅳ)より yRx	xRy	yRx	(Ⅱ)と(Ⅲ) (Ⅳ)より xRy	(Ⅰ)と(Ⅲ) (Ⅳ)より yRx
(x−z) についての社会的順序		xとy とは 未決定	(Ⅱ)と(Ⅲ)} (Ⅱ)と(Ⅳ)} については 未決定	(Ⅱ)と(Ⅲ)} (Ⅱ)と(Ⅳ)} については 未決定			(Ⅰ)と(Ⅲ)} (Ⅰ)と(Ⅳ)} については 未決定	(Ⅱ)と(Ⅲ)} (Ⅱ)と(Ⅳ)} については 未決定

表 3

第3章 アロウの定理の条件1
（定義域の無制約性）の検討

　アロウの一般不可能性定理が論議の目標としているのは、市場と投票であるとArrow [1] は述べている。市場と一般不可能性定理との関連を問う文献は少ないが、投票と一般不可能性定理との関連を問う文献は数多い。投票によって社会的意思決定を求める方法で、特に我々になじみの深い方法は単純に過半数を占めるという意味で多数が、ある選択対象（＝社会的状態）に可決、否決という形で意思表示をすれば、その可決、否決をその社会での意思決定とするという単純多数決制である。この単純多数決制（民主制）を、アロウの一般不可能性定理内で成立できるかどうか問題となる社会的選択関数と考えると、一般不可能性定理からは、第1章で述べた4つの条件と2つの公理を満たすような社会的選択関数は、一般には成立することはないというのが「投票のパラドックス」からの結論である。ここから、我々のなじみの深いこのある単純多数決制も、社会全体の意志を決定するルールとしては、不完全なものだということになる。

　この第3章は、一般不可能性定理のうちの第一条件を緩和していく方向、すなわち、現実をみながら、ある制約を社会状態から個人が選好する時加えることにより、一般不可能性定理では否定されている単純多数決制が社会的選択関数として認められる必要十分条件となりうることを、現在までなされてきた第1条件を緩和することによる研究方向にそってまとめている。第2章第1節では、単に準推移性概念を、アロウの一般不可能性定理にあてはめ、アロウの定理の回避を狙ったものだが、この第3章では、第1条件を緩和して（価値制限性、部分的な合意性の場合）→準推移性概念が成立するような状況をつくり出し→この準推移性概念をアロウの定理にあてはめるという方法をとる。こうして第3章は、最後の結論は同じであるが、

第2章の第1節よりも、やや手のこんだやり方で、アロウの定理を回避しようとしているといえよう。こうしたやり方に対する批判としては、この第3章の内容により、一般不可能性定理が成立しない必要十分条件を求めて、単純多数決制に社会的選択関数としての社会的認知を与えたかのように見えるが、しかし、実は、より現実的に多次元で単純多数決制を運用させると、再び、一般不可能性定理が復活する世界に戻ってしまうという、再逆転現象が表れるとの議論等があり、この点については、この第3章の終りで述べる。

　こうして、批判もあるが、アロウの定理を現実的分析に応用する時には、この条件1の検討は重要になってくる。Inada [38] [39] [40] の集中的な、具体的な制約によるこの分野への研究の業績はこの点にあると我々は考える。

第1節　定義域への3つの制約

　アロウの一般不可能性定理での条件1とは、第1章で述べたが、再度ここで述べると次のようなものである。
　（条件1）
　個々人の選好順序の範囲としては、論理的に可能な、ありとあらゆる順序づけが認められるものでなくてはならない。すなわち、どの個人iも、社会状態x、y、z……にどういう順序をつけるかについて、あらかじめ何らかの制約が設けられるということはない（定義域の無制約性）。

　この条件中の「論理的に可能な、ありとあらゆる順序づけが認められるものでなくてはならない」という無制約性を緩和して、①価値制限性（VR）②正反対の選択性（ER）③部分的な合意性（LA）、のいずれか1つを個人的順序が満たせば、単純多数決制をとる社会的選択関数は他の3条件と2つの公理をも満足することになるというわけである。

第3章 アロウの定理の条件1（定義域の無制約性）の検討

まず、価値制限性について述べる（以下、3つの定義域は Sen and Pattanaik [20] による）。

①定義（価値制限性）

それぞれ3つの社会状態の組合せが、あるグループに属する全ての個人にとって共通な、best でない社会状態が存在するか、medium でない社会状態が存在するか、worst でない社会状態が存在するか、のいずれかである時、そのグループの個人的順序の組合わせは価値制限性をもつという。ここでの、best、medium、worst の定義は、次の通りである。

定義（best、medium、worst）

$$\begin{cases} [x : best] \leftrightarrow xR_iy \& xR_iz \\ [x : medium] \leftrightarrow (zR_ix \& xR_iy) \vee (yR_ix \& xR_iz) \\ [x : worst] \leftrightarrow yR_ix \& zR_ix \end{cases}$$

この価値制限性をより具体的な性質に分ければ次の3つに分けられる。

(a)単峰性選好（Single-peaked preference）
(b)単谷性選好（Single-caved preference）
(c)2つのグループに分離される選好（Two-group-Separated preference）

それぞれを説明すると、以下のようになる。

(a)単峰性

右図のように、各個人的順序づけにおける選好の高低を縦軸にとり、社会状態を横軸にとった時、社会状態の配置の順序を適当にとることにより、すべての個人についての選好の高低を表わす曲線が、1つの頂点（峰）をもつようにすることができる、選好の性質をいう（Black [29] [30]

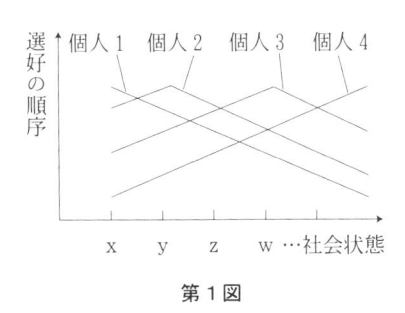

第1図

59

での強い単峰性)。

アロウの単峰性の定義では、第2図のように、3つの社会状態の組合わせの社会状態x、y、zについての頂上(峰)が平坦であってもいいという弱い性質になる(Arrow[1]の弱い単峰性)。

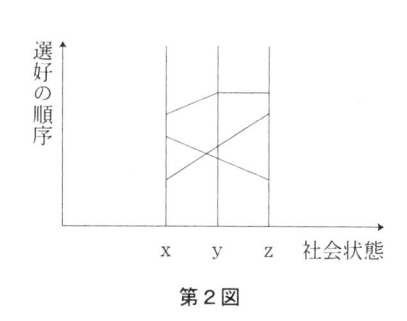

(b)単谷性

「単谷性」については、3つの組合わせの社会状態x、y、zについて、谷が平坦であってもいいという性質のもので、単峰性と全く逆の性質をもつもので、図では第3図のようになる。

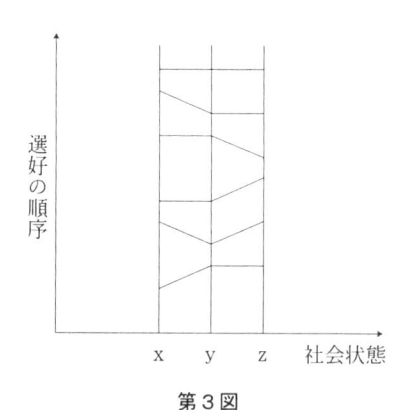

(c)2つのグループに分離される選好

「2つのグループに分離される選好」については、次のような説明に

全ての社会状態をBとCとに分ける。各々の個人的順序において、Bに属する社会状態のどれをとってもCに属する社会状態のどれよりも優れているか、あるいはCに属する社会状態のどれをとってもBに属する社会状態のどれよりも優れているかをいずれかである時、個人的順序の組合わせを2つのグループに分離されると呼ぶ。図で示すと第4図のようになる。

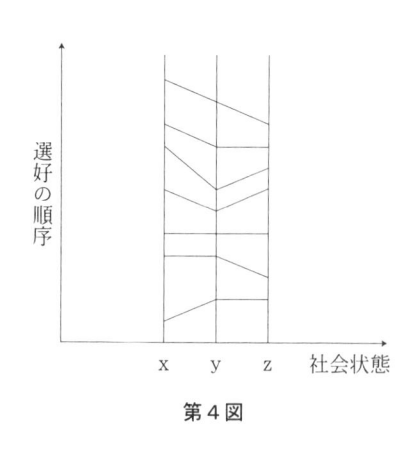

第2図

第3図

第4図

この3つの具体的な性質と、価値制限性との関係については、bestでな

第3章　アロウの定理の条件1（定義域の無制約性）の検討

い時→単谷性となり、mediumでない時→分離性となり、worstでない時→単峰性となる。

次に、正反対の選択性について述べる。
②定義（正反対の選択性）
　もし、順序づけられた3つの組合わせ（x, y, z）に対して、yよりもxを、zよりもyを選好するある人が存在すれば、xよりもzを選好する他の全ての人々は、yよりもzを、xよりもyを選好するという制約である。いいかえれば、この場合、zを最善のものと選好する他のすべての人は必ずxを最悪のものとするという制約である。記号で書くと次のようになる。

　　　$[\exists i：xP_iy \& yP_iz] \rightarrow [\forall j：zP_jx \rightarrow zP_jy \& yP_jx]$

　この正反対の選択性を、より具体的に分ければ、次の3つに分けられる。
(a)2分されている選好状況（dichotomous preference）
(b)反響性をもつ選好状況（echoic preference）
(c)対立的な選好状況（antagonistic preference）
次に、それぞれを説明する。
　(a)の「2分されている選好状況」は、$\forall i：\sim(xP_iy \& yP_iz)$であり、図では、第5図のようになる。

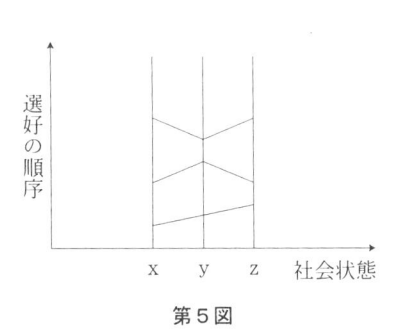

第5図

(b)「反響性をもつ選好状況」は、(i≠j)：∃ᵢ(xPᵢy&yPᵢz)&∀ⱼ(～zPⱼx)で、図では第6図のようになる。

(c)「対立的な選好状況」は、∀ᵢ：{(xPᵢy&yPᵢz)∨(zPᵢy&yPᵢx)∨(zIᵢx)}で、図では、第7図のようになる。

第6図

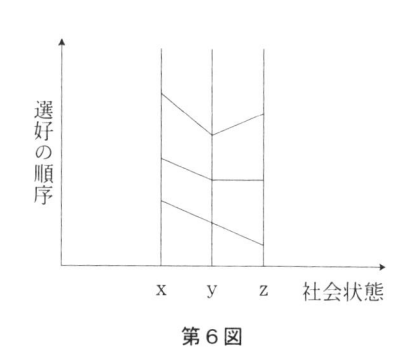

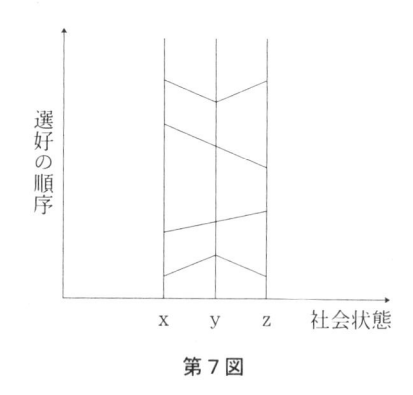

第7図

最後に、部分的な合意性について定義する。

③定義（部分的な合意性）

3つの社会状態、x、y、zの、いろいろな組合わせのなかで、次のような、特定の2つの社会状態について順序づけられた、x、yがある場合をさす。すなわち、すべての人々がxをyと、すくなくとも同程度に好ましいと見做している場合をいう。記号で示すと、

∀ᵢ∈N：xRᵢy

この部分的な合意性を、具体的に表現すれば、次のタブー型選好の弱い性質になる。

ここで、タブー（禁止）型選好（taboo preference）とは記号で示すと～［∃ᵢ{(xIᵢy&yIᵢz)∨xPᵢy}］と書け、全ての社会状態を無差別だと考える

第 3 章　アロウの定理の条件 1 （定義域の無制約性）の検討

人はいないということと、全ての人々にとってxをyより選好することは禁止されていることを意味している。図で示すと第 8 図のようになる。

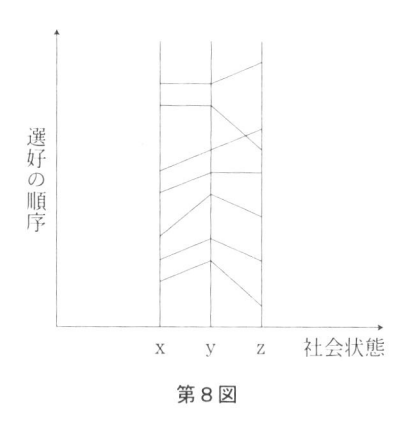

第 8 図

　定義域にこれらの制約を加えた場合のより一般的な証明は、次の第 2 節で行うとして、この第 1 節ではいろいろな制約のうちで、最初に Black [29] によって証明された、定義域が弱い単峰性を満たす場合には、アロウの定理の他の条件、公理を満たす単純多数決制という社会的選択関数は存在するという定理を、証明する。ここでの単峰性は弱い単峰性であるため、準推移性よりも推移性が成立している（稲田 [46] pp.44～47を利用している）。

　［弱い単峰性を持つ場合の肯定的定理］
　社会的選択関数として単純多数決制をとる時、この関数の定義域が弱い単峰性を持ち、個人（＝投票者）の数が奇数ならば、アロウの定理での条件 2 、 3 、 4 と 2 つの公理は満たされる。

　［証明］
　単純多数決制では、条件 2 、 3 、 4 と連結性の公理は明らかに満たされている。残るのは、こうして推移性の公理が成立するかどうかである。定義域は、単峰性を満たしているので、たとえば、選択対象x、y、zについて単峰性を満たしている時、次の 7 通りの順序づけが可能となる。

$$\begin{cases} xP_iyP_iz \cdots\cdots n_1 \text{人} \\ xI_iyP_iz \cdots\cdots n_2 \text{人} \\ yP_ixP_iz \cdots\cdots n_3 \text{人} \\ yI_izP_ix \cdots\cdots n_4 \text{人} \\ yP_izP_ix \cdots\cdots n_5 \text{人} \\ yP_izI_ix \cdots\cdots n_6 \text{人} \\ zP_iyP_ix \cdots\cdots n_7 \text{人} \end{cases}$$

但し、n_i はそれぞれの選好順序づけをする個人の総数である。

単純多数決制をとることにより、社会的選択で xRy となるのは次の(1)が成立する場合である。

(1) $n_1 \geqq n_3 + n_4 + n_5 + n_6 + n_7$

同様に、yRz となるのは

(2) $n_1 + n_2 + n_3 + n_5 + n_6 \geqq n_7$

zRx となるのは

(3) $n_4 + n_5 + n_7 \geqq n_1 + n_2 + n_3$

そして、推移性が満たされるということは、次の 6 通りのことがいえればよいわけである。

① xRy かつ $yRz \rightarrow xRz$

② xRz かつ $zRy \rightarrow xRy$

③ zRy かつ $yRx \rightarrow zRx$

④ zRx かつ $xRy \rightarrow zRy$

⑤ yRx かつ $xRz \rightarrow yRz$

⑥ yRz かつ $zRx \rightarrow yRx$

x と z を入れ替えると③は①に、④は②に、⑥は⑤になるので、①②⑤を証明すればよいことになる。

まず①については xRy, yRz により、前の(1)、(2)から次の(4)がいえればよい。

(1) $n_1 \geqq n_3 + n_4 + n_5 + n_6 + n_7$

(2) $n_1 + n_2 + n_3 + n_5 + n_6 \geqq n_7$

xRz は、(3)の逆であるので、

第3章 アロウの定理の条件1（定義域の無制約性）の検討

　(4)　$n_1+n_2+n_3 \geqq n_4+n_5+n_7$

がいえればいいが、(4)は(1)から明らかである。

次に②については、xRz、zRyより、(4)、(5)より(1)がいえればよい。zRyは(2)の逆であるので、

　(5)　$n_7 \geqq n_1+n_2+n_3+n_5+n_6$

この(4)、(5)より、前の(1)がいえればよい。

　(1)　$n_1 \geqq n_3+n_4+n_5+n_6+n_7$

このため、(4)+(5)という新しい式をつくると、次の(6)になる。

　(6)　$n_1+n_2+n_3+n_7 \geqq n_1+n_2+n_3+n_4+2n_5+n_6+n_7$

(6)を整理すると、

　(7)　$0 \geqq n_4+2n_5+n_6$

となるが、n_iは全て0か正の整数であるため、結局$n_4=n_5=n_6=0$となる。このため、前の(4)、(5)は

　(8)　$n_1+n_2+n_3 \geqq n_7$

　(9)　$n_7 \geqq n_1+n_2+n_3$

となるが、この(8)、(9)は結局$n_1+n_2+n_3=n_7$ということを意味する。この場合$n_4=n_5=n_6=0$ということと、$n_1+n_2+n_3=n_7$ということから投票者の総数は必ず偶数になり、この定理での投票者は奇数ということと矛盾してくる。このため、②の場合は考えられない。

最後に⑤については、yRz，xRzよりyRzがいえればいいのだから、

　(10)　$n_3+n_4+n_5+n_6+n_7 \geqq n_1$

　(11)　$n_1+n_2+n_3 \geqq n_4+n_5+n_7$

より

　(2)　$n_1+n_2+n_3+n_5+n_6 \geqq n_7$

がいえるかどうかにあるが、(2)は(1)より明らかである。こうして、①③⑤⑥の場合について推移性が成立することが証明できた。同じ方法により、単峰性の場合に準推移性が成立していることも証明できる。

　　　　　　　　　　（弱い単峰性を持つ場合の肯定性定理の証明終了）

第2節　定義域に制約を加えた場合のアロウの定理

a．いくつかの補助定理について

以下のbで、価値制限性（以下、VRと略す）、正反対の選択性（同じくER）、部分的な合意性（同じくLA）がそれぞれ、定義域で満たされるならば、単純多数決制の形をとる社会的選択関数が存在するための必要十分条件は満たされているという定理を示すが、このaでは、その準備段階として、bでの必要十分条件についての定理を証明するためのいくつかの補助定理を挙げ、これらを、Sen［4］［20］を利用して証明する。但し、Sen自身の説明を、我々にとって、より明快なものにするため、変えている部分もある。

まず、VRについての補助定理について述べる。

［補助定理1］（Sen［4］の定理10＊C）

もし、個人的選好集合が、3つの組合わせ（x、y、z）について、VRを満たすならば、次の(1)、(2)、(3)のうちの少なくとも1つ、かつ(4)、(5)、(6)のうちの少なくとも1つが成立している。但し、N（　）は（　）内の選好順序をもつ個人の総数を示す。またR_i、I_iとすべきだが、R、Iと略記している。

(1) N (xRyRz) = N (xIyIz)　(4) N (yRxRz) = N (xIyIz)

(2) N (yRzRx) = N (xIyIz)　(5) N (xRzRy) = N (xIyIz)

(3) N (zRxRy) = N (xIyIz)　(6) N (zRyRx) = N (xIyIz)

［証明］

背理法により証明を行う。xが最善（best）でないと仮定しよう。この時、(xR_iy&yR_iz) か (xR_iz&zR_iy) かという選好をもつ人々は、xが最善でないため、x、y、zについて無差別な選好をもつ（unconcerned）人々でなければならないことになる。こうして(1)と(5)が成立することになる。次にyが最善でないとすれば、(2)と(4)が同じ理由で成立する。最後に、zが最善でないとすれば、(3)と(6)が成立する。全く同じ理由でx、y、z

第 3 章　アロウの定理の条件 1 (定義域の無制約性) の検討

のうちの選好対象の 1 つが、最悪 (worst) か、中間 (medium) のものでないと仮定すれば、(1)～(3) のうちの 1 つ、(4)～(6) のうちの 1 つが成立しなければならないことになる。　　　　　　　　(補助定理 1 の証明終了)

この補助定理 1 は、次の補助定理 2 の証明に利用できる。この補助定理 2 で使われる中立性、非負の感応性について次に定義しておく。

定義 (中立性) (Sen [4] p.72 より)
$(R_1 \cdots R_n)$ と $(R'_1 \cdots R'_n)$ を R と R' へとそれぞれ変換し、写像する社会的選択関数 F の定義域とし、個人的順序の n 項 $(R_1 \cdots R_n)$ と $(R'_1 \cdots R'_n)$ のそれぞれから、1 つづつとり出して作られた 2 項の全ての順序について、もし、$\forall x, y, z, w \in X : [\forall i : (xR_iy \leftrightarrow zR'_iw) \& (yR_ix \leftrightarrow wR'_iz)] \rightarrow [(xRy \leftrightarrow zR'w) \& (yRx \leftrightarrow wR'z)]$ が成立している時、中立性が成立しているという。

定義 (非負の感応性)
上記の [中立性] の前半部分に述べた 2 項の全ての順序について、もし、$x, y \in X : [\forall i : (xP_iy \rightarrow xP'_iy) \& (xI_iy \rightarrow xR'_iy)] \rightarrow [(xPy \rightarrow xP'y) \& (xIy \rightarrow xR'y)]$ が成立している時、非負の感応性が成立しているという。

[補助定理 2] (Sen [4] の定理 10*1)
もし、社会的選択関数が条件 3 (無関係な選択対象からの独立性)、中立性、非負の感応性を満たし、かつ、もし個人的選好順序が 3 項の組合わせに対して VR を満たすならば、この選択ルールは準推移性を満たす社会的選好関係を生じなければならない。
[証明]
もし、R が準推移性を満たされていないとすれば、ある u、v、w と x、y、z との、ある一対一対応関係に対して、uPv、vPw、wRu が成立してい

るはずである。ここでu、v、wを変数としておき、x、y、zを、3項の組合わせにおける定数としよう。こうして、補助定理1で示したように、補助定理1での(1)〜(3)の1つ、かつ(4)〜(6)の1つが成立するならば、VRが成立していることになり、この定理は準推移性が成立するはずだということを示すことになる。

(1) 式について考えてみる。次のように展開できる。

(1)→∀$_i$：{∼(xI$_i$yI$_i$z)→∼(xR$_i$y&yR$_i$z)}

→∀$_i$：{∼(xI$_i$yI$_i$z)→[(xR$_i$y→zP$_i$y)&(yR$_i$z→yP$_i$x)]}

→∀$_i$：{[(xP$_i$y→zP$_i$y)&[(xI$_i$y→zR$_i$y)]&(yP$_i$z→yP$_i$x)&[(yP$_i$z→yP$_i$x)&(yI$_i$z→yR$_i$x)]}

→[(xRy→zRy)&(yRz→yRx)]

最後の→は、中立性により、もし（xP$_i$y↔zP$_i$x)&(xI$_i$y↔zI$_i$y）ならば、(xPy→zPx)&(xIy→zIy)となり、非負の感応性により、もし（xP$_i$y→zP$_i$y)&(xI$_i$y→zR$_i$y）ならば（xPy→zPy)&(xIy→zRy）となり（xRy→zRy）が導け、同様に（yRz→yRx）が導けることから成立する。

こうして、最終的には、

(1) → [(xRy&yRz&zRx)→(xIy&yIz)]

同様にして

(2) → [(xRy&yRz&zRx)→(yIz&zIx)]

(3) → [(xRy&yRz&zRx)→(zIx&xIy)]

こうして、もし(1)、(2)、(3)のうち、少なくとも1つが成立するならば、(u、v、w) を、(x、y、z) や (y、z、x) や (z、x、y) と置き換えても、uPv、vPw、wRuとなることは生じない。同様にして、(4)、(5)、(6)のうち1つが成立する時、(u、v、w) を (y、x、z) や (x、z、y) や (z、y、x) と置き換えてもuPw、vPw、wRuとなることは生じない。これ以上のどんな置き換えも考えられないので、もし、VRが、全ての選択対象についても個人的選好順序に対して満足するならば、社会的選好順序は準推移性を満たさなければならないことになる。こうして、この補助定理2

第3章　アロウの定理の条件1（定義域の無制約性）の検討

は証明された。

（補助定理2の証明終了）

次にERについての補助定理について述べる。

［補助定理3］（Sen［4］の定理10*4）
ある3項の組合わせに対してERを満たすような、全ての論理的に可能な個人的選好順序は、その3項についての単純多数決制をとる社会的選択関数の定義域内に存在しえる。

［証明］
もし、全ての個人が3項の組合わせに対して、少なくとも2つの、選択対象間で無差別関係が成立しているならば、当然、ERが成立している。この時には、推移性の成立も、当然言える。

3項（x、y、z）については13個の可能な順序が考えられるが、この中で、少なくとも1つの無差別関係を含むのは、次の7つの順序である。すなわち、

(1.2) xP_iyI_iz (1.3) xI_iyP_iz

(2.2) yP_izI_ix (2.3) yI_izP_ix

(3.2.) zP_ixI_iy (3.3) zI_ixP_iy

（7）xI_iyI_iz

それぞれの選好順序を持つ個人の総数をN（1.2）、N（1.3）というように記すとすれば、次のことが成立している。

$(xRy \& yRz) \rightarrow$ ［{N（1.2）＋N（3.3）−N（2.2）−N（2.3）}≧0 & {N（1.3）＋N（2.2）−N（3.2）−N（3.3）}≧0］→［{N（1.2）＋N（1.3）−N（2.3）−N（3.2）}≧0］→xRz

同様にして、(x、y、z) と (u、v、w) との間の、どんな一対一対応関係に対しても、$uRv \& vRw \rightarrow uRw$ が言える。こうして、上記の、1つの無差別関係を含む7つの順序についてERが成立しているので、推移性も成立していることがわかる。

69

次に、上記以外の場合について考える。ある人が、(1.1) xP_iyP_iz という選好を持つとする。背理法により、以下証明する。

（x、y、z）という組合わせについてERが成立しているが、単純多数決制には依然として推移性が成立しないと仮定する。この時、次の2つのうち、ただ1つが成立しているはずである。すなわち、[xRy、yRz、zRx]という「前向きのサイクル」か、[yRx、xRz、zRy]という「後ろ向きのサイクル」のいずれかである。まず「前向きのサイクル」が成立しているものと仮定する。xP_iyP_iz という選好を持つ個人iが存在しているので、次の式が成立する。

zRx→[N（zPx）≧N（xPz）]→[N（zPx）≧1]→[∃$_i$：zP_iy＆yP_ix]

最後の→はERの定義より導ける。

さらに、もう一度ERを適用すると、ERを満たす、次の(1)〜(4)という集合だけが残ることになる。すなわち、(1) xP_iyP_iz (2) zP_iyP_ix (3) $yP_iz I_ix$ (4) xI_izP_iy である。上の(1)〜(4)のそれぞれの選好を持つ人々の総数をN_1、N_2、N_3、N_4 とすれば、次のように展開できよう。

(xRy＆yRz＆zRx)→[$\{N_1+N_4≧N_2+N_3\}$＆$\{N_1+N_3≧N_2+N_4\}$＆$\{N_2=N_1\}$]→[$\{N_1=N_2\}$＆$\{N_3=N_4\}$]→(yRx＆xRz＆zRy)

こうして「前向きのサイクル」は「後ろ向きのサイクル」に帰着し、「前向きのサイクル」は推移性を生じるということの証明に役立たないことがわかる。あと残る唯一の可能性は「後ろ向きのサイクル」だけがおきる場合である。こうして、次のような展開をおこなうと、

(zRy＆yRx)→[N（xPy）－N（xPy）]＋[N（yPx）－N（yPz）]≧0→[N（zPyRx）－N（xPyRz）＋N（zRyPx）－N（xRyPz）]≧0→N（zPyRx）＋N（zRyPx）＞0

最後の→は、仮定により、ある人が xP_iyP_iz という選好をしているので、N（xPyRz）＞0、またN（xRyPz）＞0より、N（zPyRx）＋N（zRyPx）≧N（xPyRz）＋N（xRyPz）＞0となり成立する。

第3章 アロウの定理の条件1（定義域の無制約性）の検討

さらにERが成立していることから、
N（zPyIx）＝N（zIyPz）＝0
が成立している。こうしてN（zPyPx）＞0となる。
xP_iyP_izという選好を持つ人がいるのに加え、zP_iyP_ixという選好を持つ別の人がいるので、可能な個人的選好順序は、上記の(1)～(4)の場合だけである。証明で残っているのは、こうした状況の下で「後ろ向きのサイクル」は「前向きのサイクル」に帰着することを示すことであるが、前で述べたことを逆にたどればよいのであるから省略する。こうして、もしERが成立するならば、非推移性は成立しない（推移性が成立する）ことが証明できた。結論として、ERは単純多数決制の場合には、推移性を満たすための十分条件であることになる。（補助定理3の証明終了）

次にLAについての補助定理について述べるが、この補助定理4で使われる強いパレート基準性は次の様に定義する。

定義（強いパレート基準性）（Sen［4］のp.28の定義2＊3の(3)）
 2つの強い選択対象x、yに対して
 $\forall_i：xR_iy \& yR_ix \rightarrow \forall_i：xI_iy$
となる時、強いパレート基準性が成立しているという。

LAについての補助定理とは次の様に表わせる。
 ［補助定理4］（Sen［4］の定理10＊2）
もし、社会的選択関数が条件3（無関係な選択対象からの独立性）、中立性、非負の感応性、さらに強いパレート基準性を満たし、最後に、もし、個人的選好順序が3項の組合わせ（x、y、z）について、LAの条件を満たすならば、この社会的選択関数は、3項の組合わせに対して、準推移性を満たす社会的選好関係を生じなければならない。

［証明］

x、y、zを3項の組合わせの要素としよう。一般性を失うことなく、$\forall_i$：xR_iyと仮定しよう。この仮定を使うと、次の様に展開できる。$\forall_i$：$(yP_iz \rightarrow xP_iz)$ & $(yI_iz \rightarrow xR_iz)$ となる。ここで［補助定理2］での証明と同じ様にして、中立性と非負の感応性を使うと$yRz \rightarrow xRz$となり、同様にして$zRx \rightarrow zRy$が導ける。こうして、$(xRy \& yRz \& zRx) \rightarrow (xRy \& yIz \& zIx)$。yRxという仮定より$\forall_i$：$xR_iy$としているので、強いパレート基準をとることにより$\forall_i$：$xI_iy$となる。このことにより、次の様に展開できる。$yRx \rightarrow \forall_i$：$\{[(xP_iz \rightarrow yP_iz) \& (xI_iz \rightarrow yI_iz)]\} \& \forall_i$：$\{[(zP_iy \rightarrow zP_ix) \& (zI_iy \rightarrow zI_ix)]\} \rightarrow [(xRz \rightarrow yRz) \& (zRy \rightarrow zRx)]$

結果として、

$(yRx \& xRz \& zRy) \rightarrow (yRx \& xIz \& zIy)$

Rという選好関係は「前向きのサイクル」[xRy & yRz & zRx]と「後ろ向きのサイクル」[yRx & xRz & zRy]のどちらも満たさなければ、準推移性が成立しているわけである。そして、もし、いずれか1つのサイクルが満たされているならば、そのサイクルで少なくとも2つの無差別関係が成立していなければならないことになる。こうして補助定理4の証明は終わった。　　　　　　　　　　　（補助定理4の証明終了）

最後に、VR、ER、LA全体についての補助定理で、次のbでの必要十分条件についての定理の証明が必要となる［補助定理5］の証明をおこなう。

［補助定理5の証明］(Sen［4］の定理10*b)

3項についての順序集合がVR、ER、LAを満たさないならば、その順序集合のなかに、VR、ER、LAを満たさないような3つの順序集合からなる部分集合が存在する。

［証明］

x、y、zという選択対象を組合わせると論理的には次の13個の可能な順

第3章 アロウの定理の条件1（定義域の無制約性）の検討

序がある。そして、この13個からなる順序集合からは、8192（＝ 2^{13}）個の部分集合が考えられる。

但し、このうちの1個は空集合である。以下のように、これらの順序に、前に一部示したような記号を与える。

（1.1）xP_iyP_iz （1.2）xP_iyI_iz （1.3）xI_iyP_iz

（2.1）yP_izP_ix （2.2）yP_izI_ix （2.3）yI_izP_ix

（3.1）zP_ixP_iy （3.2）zP_ixI_iy （3.3）zI_ixP_iy

（4）xP_izP_iy （5）zP_iyP_ix （6）yP_ixP_iz

（7）xI_iyI_iz

ERの定義から、ERが満たされない時には、上記の順序のうち少なくとも1つの順序は非対称性（$\forall x, y \in X, (x, y) \in R \rightarrow (y, x) \notin R$という性質）を持つはずである。ここで一般性を失うことなく、(1.1) xP_iyP_izが成立すると仮定しよう。この時には (1.1) と結びつく時には、VR、LAを満たさないような他の順序集合との2つの順序集合の組合わせを考えることができないことがわかる。こうして、VR、ER、LAを全て同時に満たさないような最小の組合わせの順序集合は、少なくとも3つの順序集合からなるはずということがわかる。

VRを満たさない (1.1) を含み、3つだけからなる順序集合は ［(1.1)、(2.1) か (2.2) か (2.3)、(3.1) か (3.2) か (3.3)］である。この集合は9個の順序集合のうち、xR_izという形のLAを満たす ［(1.1)、(2.2)、(3.3)］以外は、ERも満たしていない。

残り8個の、VR、ER、LAの全てを満たさない3つ以上の順序集合の級（class）をΩと呼ぶことにする。(1.1) を含むが、VR、ER、LAの全てを満たさない3つ以上の順序集合を考えよう。この3つ以上の順序集合がΩのどれかのメンバーも含むならば、この補助定理5の主張が直ちに導ける。Ωのどのメンバーも含むことがなければ、VRを満たさない例を挙げると、そうした集合で (1.1) を含むものは、次の（Ⅰ）〜（Ⅳ）の

73

うち、少なくとも1つであるはずである。

（Ⅰ）(1.1) (1.2) (1.3) (2.3) （Ⅲ）(1.1) (1.2) (2.2) (2.3)

（Ⅱ）(1.1) (1.2) (1.3) (3.2) （Ⅳ）(1.1) (1.3) (3.2) (3.3)

これら（Ⅰ）～（Ⅳ）の全てで、LAが成立している。（Ⅰ）では、$yR_i z$が、すべての項で成立している。この（Ⅰ）に$zP_i y$という順序を成立させるためには、次の(a)、(b)のいずれかが成立しなければならない。すなわち、(a) (3.1)か(3.2)か(3.3)が入っていなければならない。しかし、この場合には、Ωのメンバーになっている。

(b) (4)か(5)が入ってなければならない。しかし、この場合には、yとzとを入れ換えるか、xとzとを入れ換えればΩのメンバーになってしまう。同様にして、（Ⅱ）では$yP_i x$が、（Ⅲ）では$zP_i y$が、（Ⅳ）では$yP_i x$が成立しない。これらを成立させるために、ある順序を加えると、結局、Ωの中のメンバーになってしまう。こうして、必ずVR、ER、LAを満たさない順序部分集合は、3つの順序からなるΩのメンバーになる。こうして補助定理5は証明された。　　　　　　　　　　（補助定理5の証明終了）

b．定義域の無制約性を緩和することによるアロウの修正定理

aで証明した4つの補助定理と、第2章第1節での補助定理を使うと、次の定理が証明される。

［定理］（定義域を制約することによるアロウの修正定理）（Sen［4］の定理10*6）

準推移性と、条件1以外の全ての公理、条件が成立する単純多数決制をとる社会的選択関数が存在しえる必要十分条件は、この社会的選択関数の定義域で、個人的選好順序集合からの3つの選好順序の全ての組合わせが、価値制限性（VR）、正反対の選択性（ER）、部分的な合意性（LA）のうち、少なくとも1つの性質を満足することである。

［証明］

aでの［補助定理2］、［補助定理3］、［補助定理4］により、VR、ER、

第3章　アロウの定理の条件1（定義域の無制約性）の検討

LAの十分性が導ける。こうして、以下の証明は必要性の証明に集中する。

「補助定理5」より、もし、個人的選好順序集合がVR、ER、LAを全て満たさない順序集合は、3項の個人的順序からなるVR、ER、LAを全て満たさない部分集合を含むことがわかっている。また、「補助定理5」の証明の中で、VR、ER、LAを全て満たさない、次の8（＝1×3×3−1）つの、3項からなる選好順序があることが示された。すなわち、

(1.1) $xP_i yP_i z$　(2.1) $yP_i zP_i x$　(2.2) $yP_i zI_i x$

(2.3) $yI_i zP_i x$　(3.1) $zP_i xP_i y$　(3.2) $zP_i xI_i y$

(3.3) $zI_i xP_i y$

これらから生じる

［(1.1)、(2.1) か (2.2) か (2.3)、(3.1) か (3.2) か (3.3)］で、［(1.1)、(2.2)、(3.3)］の場合を除く8つの場合が、それである。

背理法による証明をするため、上記のそれぞれの場合に、個人のある人数をこれらの選好順序に割り当ててみた時、単純多数決制としての社会的選択関数では準推移性を満たさないことを証明しなければならない。

(a)［(1.1)、(2.1) か (2.3)、(3.1) か (3.2)］の場合を考える。

N_1を (1.1) という選好をする人数とし、N_2を (2.1) か (2.3) という選好をする人数、N_3を (3.1) か (3.2) という選好をする人数とする。ここで$N_1 > N_2$、$N_1 > N_3$、$N_2 + N_3 > N_1$の場合には、xPy、yPz、zPxという結果になる。この場合の数値例としては$N_1 = 3$、$N_2 = N_3 = 2$。

(b)［(1.1)、(2.1)、(3.3)］、［(1.1)、(2.3)、(3.3)］の場合を考える。(a)と同じようにN_1、N_2、N_3とすれば、ここでも、$N_2 > N_1 > N_3$、$N_1 + N_3 > N_2$の場合には、xPy, yPz, zPxという結果になる。数値例としては、$N_1 = 3$、$N_2 = 4$、$N_3 = 2$。

(c) 残る［(1.1)、(2.2)、(3.1)］、［(1.1)、(2.2)、(3.2)］の場合を考える。

$N_3 > N_1 > N_2$、$N_1 + N_2 > N_3$の場合には、やはり、xPy、yPz、zPxという

75

結果になる。数値例としては、$N_1 = 3$、$N_2 = 2$、$N_3 = 4$。

こうして、VR、LA、ERが単純多数決制をとる社会的選択関数の必要条件であることが示せた。こうして、[修正定理] の証明は終了した。

(アロウによる修正定理の証明終了)

c．問題点と結論

社会状態x、y、z……についての選択は、現実の社会では、1次元的順序によって決定されるとは考えられない。たとえば、ある提案を一括して単純多数決制によって採決しても、現実の提案の内容は多岐にわたり、たとえば失業対策、インフレ対策、金利政策などの組合わせが含まれれば、1次元的配列より選好されるはずがない。ところがこの提案を多次元的順序で考えると、単純多数決制で、投票のパラドックスをうまく回避できるという第2節bでの修正定理の必要十分条件では、回避できなくなり、結局、アロウの一般不可能性定理が再び成立する状況になる。このことは、Davis et al. [33]，Kramer [41]，Plott [44] によって指摘されている。こうして、この第3章で述べた、アロウの一般不可能性定理を回避するための第1条件を緩和させる性質を加える試み、すなわち、一般不可能性定理を「死」に至らしめようとする試みは、アロウの修正定理としては画期的なものであるのだが、現実の社会状態における選択行動を考慮していくと、再びアロウの一般不可能性定理の「復活」を認めることになってしまう。ここでもアロウの一般不可能性定理の成立する基盤の強固さを再確認する結果になってしまう。

また、第6章で議論する不正操作可能性を、条件に入れると、この第3章で議論した定義域に制約性を加える試みがアロウの一般不可能性定理の回避に全く役立たないこと、同様に、第5章で議論するセンの自由主義の条件を考慮していくと、この第3章での定義域に制約性を加える試みが、この場合にもアロウの一般不可能性定理の回避に役立たないことがわかっている。

第3章 アロウの定理の条件1（定義域の無制約性）の検討

　さらに、Inada [36] では、1人の選好だけでも定義域の無制約性を認めてしまうと、それでもうアロウの一般不可能性定理の主張になってしまうことが指摘されており、上で述べたことと合わせて一般不可能性定理の強固さ、逆に言うと融通性のなさを示す結果となっている。

　より細かい数学的議論としては、価値制限性（VR）の具体例である単峰性と数学的連続性とが両立できないという指摘がある。この問題は一様に連続的で単峰性を持つ個人的選好順序が社会的選好順序に変換されると、この社会的順序は、ほとんどあらゆるところで不連続性を持つという問題であり、このような不連続的な社会的選好順序に、どれほど理論的・現実的意味があるのか、という疑問が残る（Kelly [11] p.85）。

　こうした指摘に対して、我々は、次の様に考えている。理論的には、アロウの一般不可能性定理が正しいにしろ、現実の我々の世界では、時々刻々、どんな社会的・政治的意思決定方式にしろ、社会的選択がおこなわれ、実行されている。こうして、アロウの一般不可能性定理を現実の世界とつき合わせて考える時、1つの問題点として指摘されねばならないのは、我々の個人的選好順序は、はじめから、かなりの制約性を受けているのが、現実ではないかということである。生まれ育った国、都道府県、市町村、さらに家族・職場環境により、意識的にしろ無意識的にしろ、個人的選好順序は影響され制約されていると考えるのが妥当なのであろう。この様に考えると、この第3章の、アロウの定理での条件1の検討は、条件3とともに我々の現実に選択する時のことを考える必要の重要性を教えてくれると思われる。こうした批判・検討には確かに上記のような問題点も多く、また、アロウの一般不可能性定理を純粋理論的に研究する者にとっては、理論と現実とを混同させ、現実から出発することにより理論内容の良さをつぶすという（センや鈴村に代表される）批判もあろうが、現実問題への適用を考える我々にとっては、条件1の検討は今後さらに研究されるべき分野であると考えられる。

第3節　［修正定理］（定義域を制約すことによるアロウの修正定理）の表による証明

第2節bで一般的に証明した［修正定理］を第1章第2節での証明と同じように、フェルドマンの［2］［9］による表によって証明する。

(1)価値制限性（VR）についての証明

ここでは、3個人、3選択対象で考える。強意の選好順序Pだけを考える。この時、考えられる選好順序として、次の6通りがある。

$$\begin{bmatrix} x \\ y \\ z \end{bmatrix} \begin{bmatrix} x \\ z \\ y \end{bmatrix} \begin{bmatrix} y \\ x \\ z \end{bmatrix} \begin{bmatrix} y \\ z \\ x \end{bmatrix} \begin{bmatrix} z \\ x \\ y \end{bmatrix} \begin{bmatrix} z \\ y \\ x \end{bmatrix}$$

但し、上位がより選好されることとする。

価値制限性の定義により、ここでは、yがworstではない場合について考える。yがbestでない場合、yがmidiumでない場合も、また、x、zがそれぞれbest、medium、worstでない場合も、全く同様に証明できるので、それぞれの場合については省略する。

上の6通りのうち、yがworstではない選好順序は、次の4通りである。

$$\begin{bmatrix} x \\ y \\ z \end{bmatrix} \begin{bmatrix} y \\ x \\ z \end{bmatrix} \begin{bmatrix} y \\ z \\ x \end{bmatrix} \begin{bmatrix} z \\ y \\ x \end{bmatrix}$$

この4通りから3つを組合わせると、その可能性は、$4 \times 4 \times 4 = 64$である。この価値制限性の場合、この64通りの全てを考える必要はない。その理由としては4通りから3つを選ぶ時、その順序（個人1、2、3への割当）まで考えに入れて、64通り全てを表にするという煩雑さより、むしろ、この異なる4通りの個人的選好順序から重複を許して3つの個人的選好順序を選ぶことでこの(1)の証明はできる。n種類のものから、重複を許

第3章　アロウの定理の条件1（定義域の無制約性）の検討

して、r個のものを選ぶ方法の数は、重複組合わせ${}_nH_r$によって計算できるので、この場合の、全ての可能性の数を求めると

$H_r = {}_{n+r-1}C_r$より、${}_4H_3 = {}_6C_3 = 20$となる。

20通りの可能性が考えられる。具体的に、この20通りの組合わせを全て記すと

$$\begin{bmatrix} x\ x\ x \\ y\ y\ y \\ z\ z\ z \end{bmatrix} \begin{bmatrix} x\ x\ y \\ y\ y\ x \\ z\ z\ z \end{bmatrix} \begin{bmatrix} x\ x\ y \\ y\ y\ z \\ z\ z\ x \end{bmatrix} \begin{bmatrix} x\ x\ z \\ y\ y\ y \\ z\ z\ x \end{bmatrix} \begin{bmatrix} x\ y\ y \\ y\ x\ x \\ z\ z\ z \end{bmatrix} \begin{bmatrix} x\ y\ y \\ y\ x\ z \\ z\ z\ x \end{bmatrix}$$

$$\begin{bmatrix} x\ y\ z \\ y\ z\ y \\ z\ x\ x \end{bmatrix} \begin{bmatrix} x\ y\ y \\ y\ z\ z \\ z\ x\ x \end{bmatrix} \begin{bmatrix} x\ y\ y \\ y\ z\ z \\ z\ x\ x \end{bmatrix} \begin{bmatrix} x\ z\ z \\ y\ y\ y \\ z\ x\ x \end{bmatrix} \begin{bmatrix} y\ y\ y \\ x\ x\ x \\ z\ z\ z \end{bmatrix} \begin{bmatrix} y\ y\ y \\ x\ x\ z \\ z\ z\ x \end{bmatrix}$$

$$\begin{bmatrix} y\ y\ z \\ x\ x\ y \\ z\ z\ x \end{bmatrix} \begin{bmatrix} y\ y\ z \\ x\ z\ y \\ z\ x\ x \end{bmatrix} \begin{bmatrix} y\ y\ y \\ x\ z\ z \\ z\ x\ x \end{bmatrix} \begin{bmatrix} y\ z\ z \\ x\ y\ y \\ z\ x\ x \end{bmatrix} \begin{bmatrix} y\ y\ y \\ z\ z\ z \\ x\ x\ x \end{bmatrix} \begin{bmatrix} y\ y\ z \\ z\ z\ y \\ x\ x\ x \end{bmatrix}$$

$$\begin{bmatrix} y\ z\ z \\ z\ y\ y \\ x\ x\ x \end{bmatrix} \begin{bmatrix} z\ z\ z \\ y\ y\ y \\ x\ x\ x \end{bmatrix}$$

この20通りに、[修正定理]での、準推移性、条件2（パレート原理）、条件3（無関係な選択対象からの独立性）、条件4（非独裁制）と、社会的選択関数としての単純多数決制をあてはめてみると、表1になる。表1では、まず、条件2（パレート原理）をあてはめ、次にx－y、y－z、z－xについて、それぞれ単純多数決制をあてはめ、これらの結果は、条件3（無関係な選択対象からの独立性）を満たしていることから、表1のようにうまる。さらに、パレート原理、独立性、単純多数決制から決まった結果に、準推移性を適用すると、表1のように社会的順序が未決定になることなく、決定されてゆく。条件4（非独裁制条件）については、x－y、y－z、z－xについてからの決定は必ず多数決制により決定しているので、特定の1人による決定だけによっていることはない。こうして条件4（非独裁制条件）も満たされている。

これで、(1)の価値制限性（VR）についての十分条件は証明された。表1

個人的選好順序	第1位 第2位 第3位	x x x y y y z z z	x x y y y x z z z	x x y y y z z z x	x x z y y y z z x	x y y y x x z z z	x y y y x z z z x	x y z y z y z y x	x y y y z z z x x	x y z y z y z x x	x z z y y y z x x
パレート原理条件による		xPy yPz xPz	yPz	yPz		yPz		yPz			
x−yについて単純多数決制と独立性条件			xPy	xPy	xPy	yPx	yPx	yPx	yPx	yPx	yPx
y−zについて単純多数決制と独立性条件					yPz	xPz		yPz		yPz	zPy
z−xについて単純多数決制と独立性条件			xPz	xPz	xPz	yPx	xPz	xPz	zPx	zPx	zPx
社会的順序		x y z	x y z	x y z	x y z	y x z	y x z	y x z	y z x	y z x	z y x

個人的選好順序	第1位 第2位 第3位	y y y x x x z z z	y y y x x z z z x	y y z x x y z z x	y y z x z y z x x	y y y x z z z x x	y z z x y y z x x	y y z z z z x x x	y z z z z y x x x	z z z y y y x x x
パレート原理条件による		yPx yPz xPz	yPz	yPx	yPx	yPx yPz	yPz	zPx zPx yPx	zPx yPx	zPy yPx zPx
x−yについて単純多数決制と独立性条件			yPx					yPx		
y−zについて単純多数決制と独立性条件				yPz	yPz		zPy		yPz	zPy
z−xについて単純多数決制と独立性条件			xPz	xPz	zPx	zPx	zPx			
社会的順序		y x z	y x z	y x z	y z x	y z x	z y x	y z x	z y x	z y x

表1

第3章　アロウの定理の条件1（定義域の無制約性）の検討

では、[修正定理]の公理、条件を全て使っているので、必要条件については、十分条件の証明と逆の展開をすれば証明できる。

(2)正反対の選択性（ER）についての証明
(1)と同様に、3個人、3選択対象で考え、さらに、ここでも強意の選好順序Pだけで考える。ERは、ある人がyをzよりも、xをyよりも選好すれば、xよりもzを選好する他の全ての人々は、yよりもzを、xよりもyを選好するという制約であるので、この場合、6通りの個人的選好順序の可能性のうち、次の2通りだけが考えられる。x、y、zについてERを適用すれば、他の場合も考えられるが、同じ証明になるので省略する。

$$\begin{bmatrix} x \\ y \\ z \end{bmatrix} \begin{bmatrix} z \\ y \\ x \end{bmatrix}$$

組合わせとしては、次の1つだけである。
　第1位　x z z
　第2位　y y y
　第3位　z x x

これに、[定理]での準推移性、条件2、3、単純多数決制をあてはめる。条件2からは何も決定できない。単純多数決制により、x－yについてはyPx、y－zについてはzPy、x－zについてはzPx、条件3よりこれがそのまま、社会的順序の一部になる。yPx、zPy、zPxは互いに準推移性から導かれる結果と合致している。またyPx、zPy、zPxより社会的順序として、zPyPxが得られる。この社会的選択ルールは条件4（非独裁制）も当然満たしているので、ERについての[修正定理]の十分条件は証明された。(1)でと同様に、この証明は逆の展開をすればERについての必要条件も証明できる。

(3)部分的な合意性（LA）についての証明

(1)と同様に、3個人、3選択対象で考える。また、強意の選好順序Pだけを考えるのも、(1)と同じである。LAは、全ての人々が、たとえばxをyよりもよいと考えるという制約である。yとz、zとxについても、同じ証明になるので省略する。こうして、xP_iyが個人1、2、3全ての場合に成り立っているわけである。考えられる3人の個人的選好順序6通りのうち、xP_iy（i＝1、2、3）が成立するのは、次の3通りである。

$$\begin{bmatrix}x\\y\\z\end{bmatrix} \begin{bmatrix}x\\z\\y\end{bmatrix} \begin{bmatrix}z\\x\\y\end{bmatrix}$$

(1)と同様に、各個人がこの3通りのうち、どれをとるかは重要ではなくむしろ、重複を含めて、この3通りから、3通りの組合わせの全ての可能性が重要であるので、(1)で使った重複の組合わせの公式よりも、$_3H_3＝{_5}C_3＝$10通りが考えられる。この10通りをすべて表わすと次の様になる。

$$\begin{bmatrix}x\,x\,x\\y\,y\,y\\z\,z\,z\end{bmatrix} \begin{bmatrix}x\,x\,x\\y\,y\,z\\z\,z\,y\end{bmatrix} \begin{bmatrix}x\,x\,z\\y\,y\,x\\z\,z\,y\end{bmatrix} \begin{bmatrix}x\,z\,z\\y\,x\,x\\z\,y\,y\end{bmatrix} \begin{bmatrix}x\,x\,x\\y\,z\,z\\z\,y\,y\end{bmatrix}$$

$$\begin{bmatrix}x\,x\,z\\y\,z\,x\\z\,y\,y\end{bmatrix} \begin{bmatrix}x\,x\,x\\z\,z\,z\\y\,y\,y\end{bmatrix} \begin{bmatrix}x\,x\,z\\z\,z\,x\\y\,y\,y\end{bmatrix} \begin{bmatrix}x\,z\,z\\z\,x\,x\\y\,y\,y\end{bmatrix} \begin{bmatrix}z\,z\,z\\x\,x\,x\\y\,y\,y\end{bmatrix}$$

この10通りについて、表1でおこなったように、[修正定理]での準推移性、条件2（パレート原理）、条件3（無関係な選択対象からの独立性）、条件4（非独裁制）と、社会的選択関数としての単純多数決制をあてはめてみると表2になる。この表2より、部分的な合意性（LA）が満たされるならば、準推移性、条件2、3、4、単純多数決制を満たす社会的選択関数の存在がいえる。こうして、LAが十分条件であることが証明された。表2は、[修正定理]の公理、条件を全て使っているので、必要条件については、十

第3章 アロウの定理の条件1（定義域の無制約性）の検討

個人的 選好順序	第1位 第2位 第3位	x x y y y y z z z	x x x y y y z z y	x x z y y z z z y	x z z y x x z y y	x x x y z z z y y	x x z y z x z y y	x x x z z z y y y	x x z z z x y y y	x z z z x x y y y	z z z x x x y y y
パレート原理条件 による		xPy yPz xPz	xPy xPz	xPy	xPy	xPy xPz	xPy	xPy zPy xPz	xPy zPy	xPy	zPx xPy zPy
x－yについて単純 多数決制と独立性 条件											
y－zについて単純 多数決制と独立性 条件			yPz	yPz	zPy	zPy	zPy			zPy	
z－xについて単純 多数決制と独立性 条件				xPz	zPx		xPz		xPz	zPx	
社会的順序		x y z	x y z	x y z	z x y	x z y	x z y	x z y	x z y	z x y	z x y

表2

分条件の証明と逆の展開をすれば、証明できる。

(アロウの修正定理の表による証明終了)

　こうして、3個人、3選択対象の場合について、この章の第2節bでの、アロウの修正定理を表によって証明したが、証明過程で判明したように、(1)の、単峰性、単谷性、2つのグループに分離される選好性を含む価値制限性（VR）は、簡単な3個人、3選択対象の場合でもかなり大きい可能性を示しており、自由主義に基づいて、いろいろな価値観の所有者が存在することが社会の成熟を示すものとすれば、他の制約性よりもこの価値制限性（VR）についての分析は、アロウの定理の現実的適用を試みる場合には、重要な分析になるものと考えられる。

83

第4章　条件2（パレート原理）への批判と検討

　この第4章では、アロウの定理の条件2（パレート原理）についての批判と検討を加える。パレート原理という名称は、厚生経済学の中心概念であるパレート効率性が全員一致制を内容としているところから、この全員一致性という点に類似性があるとしてつけられたものである。第1節で批判を試みるが、この全員一致制という概念を批判対象にするのは難しい。厚生経済学におけるパレートの効率性については、契約曲線上にパレート効率性を満たす点が無限個あることから、何もいえていないのと同じという批判に、ほとんどの理論経済学者は認める。しかし、理論分析のためには、この概念に頼らざるを得ないというのが現状である。パレート効率性についていえることは、全くその通りこのアロウの定理でのパレート原理についてもいえ、批判しながらも、やはり使っているのが現状である。この第4章での第1節では、この批判しにくい条件を政治学の知識を使って批判しようとする試みである。第2節は、このパレート原理を除いてアロウの定理を検討してみようとする試みの証明過程を示し、この証明過程の問題点をあげている。我々は、特に定理1、2の証明には疑問点が多いと考えている。定理3については、前提にパレート原理に類似したものを使っており、証明としては完成されたものではあるが、パレート原理をとり除いたものとして定理3を主張するのは、問題があると我々は考えている。パレート原理をとり除いた定理については再度研究される必要があると我々は考えている。第3節は、全員一致制を主張するパレート原理ならば、社会において公平性がある状態を導けるのではないかとう推測は誤りであることを示し、公平性とパレート原理との両立問題を議論し、結論として、公平性の達成というのは困難であることを示す内容となっている。また、

この定理は、次の第5章の自由主義的権利の内容についての定理と同じ型の定理になっている。

第1節　パレート原理について

アロウの定理でのパレート原理とは、今までも述べたように、次のように定義される。

パレート原理：
その社会の全ての個人が、全員一致で、ある社会状態を他の社会状態よりもよりよいとしている時には、社会的順序においても、ある社会状態の方が、他の社会状態よりもよりよいとされるのでなくてはならない。

記号で書くと、$\forall_i, \forall_{x,y} : (xP_i y) \rightarrow xPy$

このパレート原理は、全員一致を示すもので、「全員一致性」という表現の方が、我々はより適切であると考えるが、前述したようにパレートと名がついたのは、厚生経済学で資源配分を論じる際の基準として、有名な「パレート効率性」と内容的に類似性を持つためである。このパレート効率性の定義は、よく知られているように、次のようになる。

パレート効率性：
ある資源配分がパレート効率的であるとは、どんな別の資源配分を考えても、全ての個人の状態を同時に改善できる可能性がもはや存在しない状態をいう。

このパレート効率性は、全員一致して、各人の状態が改善される余地があると認める場合を除く状況であるので、パレート効率性を、社会の意思

第4章　条件2（パレート原理）への批判と検討

決定を決めた1つの条件として、よく似た表現にしたのがアロウの定理でのパレート原理条件である。パレート原理は全員一致とか満場一致というような政治的用語であることから、経済学の理論の分析概念と政治学の分析概念とは、互いに転用される場合が多いが、この場合も、その1例である。

　次に、このパレート原理（＝全員一致制）は、アロウの定理を検討する場合、どういう評価を受けているのか、という点である。Sen［4］のp.57では、次の第5章で議論するセンのリベラル・パラドックスが示すように、センは、この全員一致制を社会の意思決定を導くための条件として課すことは、問題が多いとしながらも、パレート原理をなくせば、その事態は、注意を要するものとなるとしている。この節で我々が展開するが、このセンのあいまいさの原因は次の点にある。彼は、アロウの定理を検討する時には全員一致制という多数決原理を極端にした場合には各人には平等主義（＝民主主義）を認める立場をとり、他方センのリベラル・パラドックスを考える時には各人には、他人からの干渉を絶対的に拒否できる自由の領域が存在するのを認めるという自由主義の立場をとっている点にある。センは、政治学でよくいわれている平等主義と自由主義とは論理的には両立しえないという点を認識していないのである。鈴村［6］も、あいまいさの点ではセンと同じである。長くなるが引用すると

　「このような、社会的協力のための経済システムの設計は、参加者個人の利益増進を目的としてなされたものである以上、そのシステムが生み出す協力成果がパレート効率的であること――他の個人を害することなく、ある個人の満足を高める余地がもはや残されていないこと――は（他に特殊な事情がないかぎり）設計が適切であるためにまずもって必要とされる条件であろう。しかしながら、パレート効率的でありつつも唾棄すべき不平等、許容しがたき個人の「権利」侵害を含む状態も存在するのであって、パレート効率性の要求はあくまでも予備的スクリーニングの機能を果たすにすぎないというべきであろう」（鈴村［6］p.19）といいながらも、後の

個所では、次のように述べる。「現代の（新）厚生経済学になじみ深い読者は、［要請BP］（パレート原理のこと——引用者の注）を、前掲のアロウ流不可能性定理がそれぞれ課す諸要求のうちでも最も異論の余地の少ないものであると認められるであろう。なるほど人々の選好の背後に潜む動機にまで遡って考えれば、全員一致しての選好を社会的に是認することが常にそして必然的に「良い」ことであるとは限らない状況が存在しうることは確かであって、我々は第6章（社会的選択と市民的自由——引用者の注）においてかような状況に関心を集中することになる。しかしながら、他の諸要求を維持し続ける限りにおいて、何らかの理由でパレート原理の一般的妥当性を否認したいとしても、それにより一般不可能性定理の暗雲を一挙に払い除けることはできないのである。……これらの定理（パレート原理を含めた場合の定理のこと——引用者の注）の諸前提からパレート原理を排除し去っても、残る公理群が許容するルールは、依然として病理的なものに限られるからである」（鈴村［6］p.105）。こうしてセンよりも、全員一致性による社会決定に問題があることを、やや具体的に述べながらも、パレート原理への評価についてはあいまいであることには変わりがない。この章の第2節でパレート原理をはずした場合の3つの定理について述べているが、その定理の証明過程において、パレート原理に類似したものを導入して、やはり、独裁制、寡頭支配制、拒否権者存在制にならざるをえないという方法をとっており、この証明方法でははじめから鈴村［6］のいう病理的な結論にならざるを得ない形になっている。さらに我々がアロウの一般不可能性定理の内容をわかりやすくした点で、最も貢献があると考える明快なFeldman［9］でさえ、パレート原理はアロウの定理の条件として批判されるべき点はないとしている。

最重要な論争点についての「全員一致の決定は無効である」（イザヤ・ベンダサン）という警句があるように、アロウの定理の条件の1つであるパレート原理には、社会的決定のための条件として疑問点が多いと我々は考える。現代の政治状況を鋭く分析している勝田［53］を利用して、この

第4章 条件2（パレート原理）への批判と検討

全員一致制を現代的意思決定のために使っていくと生じてくる社会状況を批判していく。勝田［53］では、バーク［49］、トクヴィル［51］を中心に、彼らの文章を利用しながら、民主主義は平等主義へ転化し、この平等主義が、人間の品位を保つに必要な自由さえを抑圧することにつながり、アロウの定理の独裁制や、その変形の定理のような寡頭グループ支配制、拒否権者存在制の出現とは違って、「多数派の圧制」もしくは「民主主義的暴政」という政治体制になると主張する。

　全員一致制もしくは、これをやや緩和したことに導く多数決原理は、その発想の根本に、人間の知性（ここでは、決定しようとする選択対象についての知的判断力のことであるが）は、平等に、各人に与えられているという考え方がある。壮年以後のほとんどの人間なら誤りであるということを知っているこうした考え方を論理的に貫徹させると、次のような驚くべき結論になる。「多数者の道徳的権威は、単独の1個人よりも結合した多数者のうちにより大きな知性が宿る、という謬見にもとづいてうちたてられる。……民主主義社会では、多数者が常に必ず道徳的に正しいものとみなされる」（勝田［53］pp.129〜130）。センも、この点についてよく似たことを述べている。「パレート原理についての暗黙の仮定は次のようなものである。もし、すべての人々が、1つの価値判断に合意するならば、それはもはや価値判断ではなくて、完全に客観性を持つものであるということである。こうして、パレート原理がしばしば価値判断から自由であるというのは、この理由からである」（Sen［4］p.57）。全員一致による決定は、もはや批判が許される内容ではなく、全ての人々が絶対的に承認せざるをえないものであるということになる。人間が生まれながら全ての面で不平等であるという事実を完全に無視して、なぜか何らかの社会的決定を行う時には、各人の知的判断力は平等であるという前提のもとに多数決原理（これの極限的状況が全員一致制＝パレート原理）により、社会的決定を行う時には、「民主主義においては、しばしばそうであるように、強力な部分が支配権をふるう時にはいつでも、市民の多数派は少数派に対して最も残酷な抑圧

を行使しうるのだ」（勝田［53］pp.115〜116）という、「多数派の圧制」（トクヴィル）という社会状態が出現する。この「圧制」が「政治的領域においても、社会生活の場においても出現するとなると、そこには往時の暴君による専制と圧迫よりも怖るべき状況がうみ出されるであろう。トクヴィルに従ってミルもまた、民主主義に内在する社会的水平化の傾向、つまり平等主義が進化した暁には、『世論』の支配が画一性という精神的抑圧と羈絆とを人々に押しつけるのではないかと危惧した。画一性が猛威をふるうようになれば、そこにはもはや個性の多様性も、卓越した個人によってのみ担われる進歩への刺激も、枯渇し死滅してしまうであろう」（勝田［53］pp.155）。こうした状況のもとでは、次のような自由主義は存在を許されなくなるという。「自由主義とは、人びとがいかなる政体の下にあるかは別として、何よりもまず個人に許されうる理性的自由の最大限を人びとに享受させることを希求する政治理念である、といえよう。もしそうであるならば、語の真の意味における自由主義者は、何らかのある特定の政治体制を必然的に選好するものではないであろう。彼らの希求は、第一義的に人間的自由の最大限の範囲を確保することで」（勝田［53］pp.145〜146）ある。さらに、パレート原理が導く民主主義と、それと敵対関係にある自由主義とをより詳しく対比させると次のようになる。「民主主義の概念も、自由主義のそれに劣らず多義的である。ここで問題とするのは、政治的概念としての民主主義であり、……。ところで民主主義とは、もともと『人民の権力（支配）』を意味する。このような意味での民主主義が当然に要求するのは（A）万人の法的平等と政治的平等（普通選挙）、および（B）平等な市民による多数決にもとづく「自治」であろう。……。上述したように、自由主義が、何よりもまず、国家権力の恣意的行使を制限することによって市民的自由を確保しようとする政治技術であるのに対して、民主主義は、国家のなかへ人民の権力を導入しようとする政治技術であるといえよう。そしてこのように理解されるならば、ここから導かれる帰結は重大である。すなわち、少数者の権利尊重とか、言論や思想の自由とか、権

第4章 条件2（パレート原理）への批判と検討

力分立や立憲主義的装置とかは、もともと民主主義とは論理的に無関係の諸理念であること、これである。それらは、自由主義の教説に由来する諸理念なのである」(勝田[53]pp.148)。こうして、自由と平等が相対立する概念にもかかわらず、次の第5章で示すようにセンのリベラル・パラドックスでは、自由主義と対立し、民主主義に帰着するパレート原理に、自由主義的権利を導入して議論を展開するという矛盾をおかしている。はじめから理論的に矛盾を招くような設定をしながら、センは、この矛盾を招くパレート原理の排除は、由々しき事態を招くと述べて理論的な混乱状態をおこしている。こうして、センのリベラル・パラドックス定理での、自由主義的権利とパレート原理は両立せず、社会的選択関数は存在しないとの結論は当然のことである。

　以上に述べたことから、我々は、アロウの定理の研究において、アロウがイメージとした社会決定のための諸条件のうちで、理論的に最も問題とすべきは、この「パレート原理」であると考える。この定理の他の条件として「非独裁制」を挙げながらも、この「パレート原理」を論理的に押しすすめると「多数派の圧制」という形をとる独裁制に終わる可能性が大きいことを考えると、我々には、アロウが考えたように社会決定のために「非独裁制」と「パレート原理」を同時におくことには、疑問がある。以下の第8章で述べるように、アロウの定理への批判として、こうした形の「パレート原理」に対する批判は、Buchanan&Tullock[48]を除いて、ないことは、政治理論的に、この「パレート原理」の内容をつきつめて考えて、「非独裁制」と、「パレート原理」の論理的帰結が導く「多数派の圧制」との矛盾に批判者達は考えが及ばなかったと、我々は考える。いろいろな考えを持つ人間が全員一致する可能性は小さいのにもかかわらず、全員一致が生じるのは、どこか「多数派の圧制」に似た社会的強制力が働いて社会的決定がなされたと考えられよう。その社会に自由が欠如する状態に導くのが、パレート原理ともいえよう。多数派の圧制が支配的になれば、その「国民の心性と知性の一般的水準は低落の一歩を辿るのみであろう」

(勝田[53] pp.161)ということになる。こうして、バークの次のような警句がでてくる。「完全な民主主義とは、この世で最も恥知らずなものである。それは最も恥知らずであるから、同時にまた、最も恐れを知らないものでもある。……人民全体は、なにびとの手によっても罰せられることはありえないのだ。従って彼らが、王たちの意志と同じく、自分たちの意志をもって基準と考えるようにならぬことが、限りなく重要である」(バーク[49]、勝田[53] pp.101より)。こうして我々は、パレート原理を社会的決定に使うと、人民は「最も恐れを知らないもの」になり、こうして「人民全体はなにびとの手によっても罰せられることはありえない」ような社会になるという考え方をする。

第2節 パレート原理をはずした場合のアロウの定理

第1節で批判したパレート原理をアロウの定理から排除すれば、どのような内容の定理になるかをこの第2節で議論する。

以下の3つの、パレート定理をはずした証明過程で、パレート原理そのものではないが、全員一致の選択がある場合に、パレート原理のより一般化したしたものを使っている。より一般化した基準により、それぞれの結論である独裁制、寡頭グループ支配制、拒否権者存在制という、鈴村がいう病理的状況にやはり立ち戻るということになるとこれらの定理ではいうが、以下で、この問題の多い証明過程を検討してみよう。

a．まずWillson[60]、Binmore[54]が展開した、アロウの定理からパレート原理だけを排除し、その他の公理、条件を先のままにしておくと、次の定理が導かれる。証明は、Suzumura[59]のpp.83〜87とFountain & Suzumura[56]による。但し、b、cの定理の証明との整合性を保つため、我々は記号その他を変え、またよりわかりやすくするために語句を加えている。

第4章　条件2（パレート原理）への批判と検討

定理1（パレート原理をはずした場合の独裁制定理）
　社会的選択関数Fが無制約な定義域（U）、推移性、2項の時の無関係な選択対象からの独立性（BI）を満足すると仮定する。この時、以下の(a)、(b)を満足するような非空の選択対象Xの部分集合の族Sが存在する。
　(a)全てのx、y∈S（x≠y）に対して、xはFという社会的選択関数によりyよりも選好されるように強制されているか、もしくはyはFにより、xよりも選好されるように強制されているか、である。
　(b)もし、♯S≧3が満たされるならば、次のいずれか1つが成立している。すなわち
　(b1) S上でFについて独裁的なものが存在する
　(b2) S上でFについて逆の意味で独裁的なものが存在する
　(b3) Nの非空の部分集合V_1（V_2に対応）のそれぞれのメンバーがX上でFについて阻止的（逆に阻止的に対応）となるようなメンバーとなっている、である。

［証明］
（第1段階）
　E＝{(x, y)∈X×X｜xIyv (xR^ay&yR^bx、あるR^a、R^bに対して)} を、X上で定義される2項関係の集合としよう。
　このEが、連結性はもちろんのこと、反射性と対称性（∀x, y∈X：xRy→yRxという性質）を持つことは明らかである。次に、Eの推移性を証明するために、(x, y)∈E、(y, z)∈Eであるようなx, y, z∈Xを考える。この時、もし、x＝yかy＝zならば、(x, z)∈Eは直ちに導ける。そうでない時には、
　(1) xR^ay&yR^bz：あるR^a、R^bに対して
かつ
　(2) yR^{a*}x&zR^{b*}y：あるR^{a*}、R^{b*}に対して
が成立しているはずである。

ここで全ての$i \in N$に対して、$R^c_i(\{x, y\}) = R^a_i(\{x, y\})$かつ$R^c_i(\{y, z\}) = R^b_i(\{y, z\})$を満たすような個人選好順序体系$R^c$を考える。この時にはBIと(1)から$xR^cy$、$yR^cz$が導け、この2つの関係と推移性とから、$xR^cz$が導かれる。同様に$zR^dx$という個人選好順序体系$R^d$の存在を示すために、BIと(2)と推移性が利用される。

これでEの推移性は示された。このEという2項関係の集合はX上で常に成立しているので、定理の(a)を満足するXの部分集合の級SでもEと同じように、連結性、反射性、対称性を満たすものとなっている。こうして(a)についての証明は終了した。以下の∩は(15)以外は$i \in N$についてである。

(第2段階)

#$S \geqq 3$となる場合を考える。この時、次の3つの関係式のうち、ただ1つだけが、このSについて成立していることを示す。

$P\lambda(1)$：$\forall x, y \in S$、全てのR^aについて $(x, y) \in \cap P^a_i \to xP^ay$

$P\lambda(2)$：$\forall x, y \in S$、全てのR^aについて $(x, y) \in \cap P^a_i \to yP^ax$

$P\lambda(3)$：$\forall x, y \in S$、全てのR^aについて $(x, y) \in \cap P^a_i \to xI^ay$

次の(3)、(4)を同時に満足するような、$x, y, z, w \in S, R^a, R^b$が存在すると仮定し、この仮定を否定していくという背理法を使う。

(3) $(x, y) \in \cap P^a_i$ & xP^ay

かつ

(4) $(z, w) \in \cap P^b_i$ & wR^bz

この場合、x、y、wの関係としては、$x \neq y$、$z \neq w$は前提されるので、次の3つの場合が考えられよう。

ケース1：$x \neq w$

ケース2：$x = w$ & $y \neq z$

ケース3：$x = w$ & $y = z$

まずケース1の$x \neq w$の場合について、$(x, w) \in \cap P^c_i$を満たす個人的選好順序体系R^cを考える。この時には

第4章　条件2（パレート原理）への批判と検討

　(5)　$xP^c w$
　(6)　$wR^c x$

のいずれか1つが成立する。もし、(5)が成立する場合には、全てのi∈Nについて$R_i^d(\{z, w\})=R_i^b(\{z, w\})$でかつ$R_i^d(\{x, w\})=R_i^c(\{x, w\})$が成立するような個人的選好順序体系$R^d$を考えてみる。この時、(4)、(5)、BIより、$xP^d w$と$wR^d z$が言えるが、この2つの関係と推移性とから$xP^d z$がいえる。ところがこの$R^d$という体系では、x、zという2つの選択対象を個人が選択することについてどんな制約もおかれていないはず、すなわち条件1（定義の無制約性）にもかかわらず、x、zについて、強意の形で強制的になっている。こうして矛盾が生じている。次に(6)が成立する場合であるが、全てのi∈Nについて、$R_i^e(\{x, y\})=R_i^a(\{x, y\})$でかつ$R_i^e(\{x, w\})=R_i^c(\{x, w\})$を成立させるような個人的選好順序体系$R^e$を考えてみる。(3)、(6)、BIより$xP^e y$と$wR^e x$がいえるが、この2つの関係と推移性から$wP^e y$がいえる。前と同じようにw、yという2つの選択対象を個人選好するにあたって、どんな制約もおかれていないはずなのに、w、yについて、すでに強意の形で強制的になっている。こうして(6)が成立する場合にも矛盾が生じる。この2つの矛盾の成立から、(3)、(4)が同時に成立することはありえないことがわかる。

次にケース2のx＝w＆y≠zという場合を考えてみよう。$(z, y)\in \cap P_i^f$を満足するような個人的選好順序体系R^fを考える。この時、

　(7)　$zP^f y$
　(8)　$yR^f z$

のいずれか1つが成立する。もし(7)が成立する場合には、全てのi∈Nについて、$R_i^g(\{z, w\})=R_i^b(\{z, w\})$でかつ$R_i^g(\{y, z\})=R_i^f(\{y, z\})$を満足するような個人的選好順序体系$R^g$を考えれば、ケース1と同じように矛盾が生じる。また(8)が成立する場合にも、$R_i^h(\{x, y\})=R_i^a(\{x, y\})$でかつ$R_i^h(\{y, z\})=R_i^f(\{y, z\})$を満足するような個人的選好順序体系$R^h$を考えれば、ケース1と同じように、ここでも矛盾が生じる。こうし

95

て、ケース2の場合にも(3)、(4)が同時に成立することはありえない。
最後のケース3、x＝w＆y＝zの場合を考えてみる。#S≧3という仮定から t∈[S−{x, y}] という選択対象を考えてみる。この時、(t, y)∈∩P_i^kを満足する個人的選好順序体系R^kを考える。この時、

(9) tP^ky

(10) yR^ky

のいずれか1つが成立する。もし(10)が成立する場合には、全ての i∈N について、R_i^l({x, y})＝R_i^a({x, y})でかつR_i^l({t, y})＝R_i^k({t, y})を成立させるような個人的選好順序体系R^lを考える時、ケース1、ケース2の場合と同じように矛盾が生じる。他方、もし(9)が成立する場合には、t≠x で、次の(11)、(12)が成立している。

(11) (t, y)∈∩P_i^k ＆ tP^ky

(12) (y, x)∈∩P_i^b ＆ tR^by

ここで(12)は、(4)でのwをxに、zをyにおきかえることによって得られる。こうして、(9)が成立する場合は(11)、(12)、t≠x の状況は、ケース1に帰着し、ケース1と同じ矛盾が生じる。こうしてケース1、ケース2、ケース3で(3)、(4)が同時に成立することはありえないことがわかったので、(3)を成立させるような x, y∈S、個人的選好順序体系R^aが存在するケースはPλ(1)のみが成立する。同様にして

(13) (x, y)∈∩P_i^a ＆ yP^ax

を成立させるような x, y∈S、R^aが存在するケースは、Pλ(2)のみが成立する。最後に、(3)か(4)かのいずれか一方のみを成立させるような x, y∈S、R^aが存在しえないケースでは、Pλ(3)のみが成立していることになる。

(第3段階)

以上で証明されたことから、#S≧3の時には、Pλ(1)、Pλ(2)、Pλ(3)のいずれか1つのみが成立することがわかった。

第1に、もしPλ(1)がS上で成立しているならば、このPλ(1)はパレート原理の成立を意味していることから、第1章のアロウの定理がそのまま

第4章 条件2（パレート原理）への批判と検討

あてはまり、S上での独裁者の存在がいえる。

次に、もしPλ(2)がS上で成立しているとすれば、この場合のS上での社会的選択関数Fλを次のように定義する。

(14) $\forall x, y \in S$、全てのR^aに対して、$xR^a_\lambda y \leftrightarrow yR^a x$

ただし、$C^a = F(a)$、

$C^a_\lambda = F_\lambda(a)$、とする。

この時のF_λは推移性、BIを満足しており、Pλ(2)と(14)からS上でF_λについての独裁者が存在することがわかる。また(14)から、このF_λについての独裁者は、S上ではFについては逆の独裁者になる。

最後に、Pλ(3)がS上で成立しているとし、x、y∈Sについて

(15) 全てのR^aについて、$(x, y) \in \cap P^a_i \to xR^a y$

となるようなNの最小集合をV_1と定義する。(15)の∩は今までとはちがい、$i \in V_1$についてである。

以下では、このV_1のそれぞれのメンバーがS上でFについて阻止的であることを示す。以下の∪はすべて$i \in V_1$についてである。

$z \in [S - \{x, y\}]$とし、さらに$(z, y) \cup P^b_i$を成立させるような個人的選好順序体系R^bを考える。第一段階で述べたEの定義により、$zR^c x$を成立させるようなR^cが存在するはずである。

ここで

(16) $\forall i \in N : R^d_i(\{z, x\}) = R^c_i(\{z, x\})$

(17) $(\forall i \in V_1 : xP^d_i y) \& \forall i \in N : R^d_i(\{y, z\}) = R^b_i(\{y, z\})$

を成立させるようなR^dを考える。(15)、(17)から$xR^d y$が得られ、$zR^c x$、(16)、BIから$zR^d x$が得られる。この2つの関係と推移性とから$zR^d y$が得られる。また(17)、BIから、$zR^b y$という関係が導ける。こうして、次の(18)式が出てくる。

(18) $\forall z \in [S - \{y\}]$、全ての$R^a$について、$(z, y) \in \cup P^a_i \to zR^a y$

同じようにして、次の(19)式が出てくる。

(19) $\forall w \in [S - \{x\}]$、全ての$R^a$について、$(x, w) \in \cup P^a_i \to xR^a w$

(18)、(19)を、yPzには(18)、wPxには(19)というように使い分けることにより、V_1に属する、それぞれのメンバーは、S上で阻止的な行動ができる。同様に、S上でFについては逆の阻止的であるようなV_2の存在も証明できる。こうして、この定理1の(a)、(b)についての証明が終わった。

(定理1の証明終了)

　この定理1の証明での第2段階のPλ(1)、Pλ(2)、Pλ(3)は、定理1ではパレート原理を排除したために、このパレート原理に若干変わる全員一致の場合のより一般的な社会意思決定を示すものである。たとえば、Pλ(1)ならばパレート原理そのものであり、これが成立するならば、証明内で述べたようにこの定理1は、アロウの定理そのもので、独裁制定理に帰着することが明らかである。Pλ(2)は、逆の独裁者の存在を、Pλ(3)は決定不可能性を示すようにつくられたものである。このPλ(1)、Pλ(2)、Pλ(3)を使うことは、以下の定理2、定理3でも同じであり、パレート原理を使って排除した場合でも証明の過程で、それに類似した、より一般化したものを使っているわけである。こうしたPλ(1)、Pλ(2)、Pλ(3)は、Wilson [60] の論文での独裁制、逆の独裁制、決定不可能な体制になる、という結論に対応しているが、この明快でない論文 [60] を受け継いでいるBinmore [54]、Fountain & Suzumura [56]、Suzumura [59] でも、全員一致制が生じた場合その決定を社会的決定にするか、全員一致で否定された方を社会的決定にするか、全く決定しないということにするか、というように3分して、前提としてのパレート原理を排除したために、これらを証明内にやむをえず導入して、一種の病理的な体制になると結論づけている。パレート原理を全く排除して証明内でも議論すべきところを、背理法を使うためにしろ、証明過程に、この排除したはずのパレート原理の、より一般化したものを導入して、独裁制、逆の独裁制、決定不能性を主張するのは矛盾していないだろうか。第1節でも我々が主張したように、この証明過程を検討するだけでも、パレート原理と独裁制とは関連があることを示して

おり、こうして証明過程の内と外とに2つの条件として設定すること自体に問題があると考えられる。

b．推移性の公理を準推移性に変えた場合には、第2章第2節で示されたようにアロウの定理が寡頭支配制定理に変形されるが、これに対応してこの第2節でのパレート原理を排除した定理も、パレート原理を排除した寡頭支配制定理に変形される。この対応関係は、aの定理1の証明終了後に述べたように、証明過程で、定理1と同様にこの定理2でも定理1と同じ$P\lambda(1)$、$P\lambda(2)$、$P\lambda(3)$という、より一般化されたパレート原理が導入されていることから当然の結果である。cの拒否権者存在制定理についても、第2章第2節のパレート原理を排除しない場合（アロウの定理の変形）とこの第2節のパレート原理を排除した場合（前述の定理1の変形）とが対応関係にある。

以下の定理2とその証明は、若干の修正と付加を行っているが、Fountain & Suzumura [56] とSuzumura [59] pp.87〜90によっている。

定理2（パレート原理をはずした場合の寡頭支配制定理）
社会的選択関数Fが無制約な定義域（∪）、準推移性、2項の無関係な選択対象からの独立性（BI）を満足すると仮定する。この時、以下の(a)、(b)を満足するような非空の部分集合Xの、部分集合の族S*が存在する。

(a)全てのx、y∈S*（x≠y）に対して、xはFという社会的選択関数によりyよりも選好されるように強制されているか、もしくはyはFにより、xよりも選好されるように強制されているかである。

(b)もし#S*≧3が満たされるならば、以下のいずれか1つが成立している。すなわち

(b1) S*上で寡頭支配グループ集合V_+が存在する

(b2) S*上で逆の寡頭支配グループ集合V_-が存在する

(b3) V_1（V_2に対応）がS*上で阻止的となる（逆に阻止的となる、に対応）

ようなNの、2つの非空部分集合V_1とV_2が存在する、である。

[証明]

定理1の(第1段階)でのEを

$E^* = \{(x, y) \in X \times X \mid xIy \; v \; (xP^ay \& yP^bx、ある P^a、P^b に対して)\}$

と、この定理2では変え、さらに定理1の(1)、(2)を次のように変える。

(1)' $xP^ay \& yP^bz$、ある P^a、P^b に対して

かつ

(2)' $yP^{a*}x \& zP^{b*}y$、ある P^{a*}、P^{b*} に対して

さらに推移性を準推移性に変えると、この定理2の(a)の部分は定理1と全く同じように証明できる。こうして残るのは、(b)部分の証明だけである。

(b)の部分についても第2段階までの証明はそのまま使える。

定理1での第2段階の証明で、$\#S^* \geqq 3$ である時には、定理1でのPλ(1)、Pλ(2)、Pλ(3)のいずれか1つのみが成立することを示した。

第1に、もしPλ(1)がS^*上で成立しているならば、このPλ(1)がパレート原理であることから、第2章第2節での寡頭支配制定理がそのままあてはまり、S^*上での寡頭支配グループ集団V_+の存在がいえる。

次に、もしPλ(2)がS^*上で成立しているならば、定理1での第3段階で示したように、V_-というS^*上で、Fについての逆の寡頭支配グループ集団が存在していることがいえる。

最後に、もしPλ(3)がS^*上で成立しているとする。この時には、定理1のzR^cxをzP^cxに、また、定理1でのzR^dxをzP^dxに変更することにより、同様に、V_1に属するそれぞれの構成員は、S^*上で阻止的であることが証明される。V_2も逆に阻止的であることが証明できる。こうして定理2の(a)、(b)についての証明が終わった。　　　　(定理2の証明終了)

この定理2の証明は、寡頭支配グループ集団とは、各人が独裁者的にふる

第4章　条件2（パレート原理）への批判と検討

まう人々であることからも、全く証明過程が定理1の証明と同じ形になる。
　c．ここでは、パレート原理を排除し、さらに推移性を3項の非循環性に変え、さらにパレート決定性、正の感応性を社会的選択ルールFに加えることによりパレート原理をはずした場合の拒否権者存在制定理を導く。この定理3では、パレート決定性というパレート原理に類似したものを加えていることから、パレート原理を排除していることになるかどうかははじめから問題がある。次に定義するように、このパレート決定性は、定理1、2での証明過程で使われたPλ(1)、Pλ(2)、Pλ(3)のPλ(1)、Pλ(2)にあたるものである。

　［パレート決定性］
　全ての個人的選好順序体系$R^a = (R_1^a、R_2^a、\cdots\cdots R_n^a)$と全てのx, y∈Xに対して
　$(x, y) \in \cap P_i^a \to (xP^a y \lor yP^a x)$
を成立させる性質をいう。

　正の感応性については、第2章第2節での拒否権者存在制定理で定義している。以下の定理3とその証明は、若干の修正と付加をおこなっているが、定理1、2と同じようにFountain & Suzumura［56］とSuzumura［59］pp.90〜92によっている。

　定理3（パレート原理をはずした場合の拒否権者存在制定理）
　n=♯N≧4とし、また社会的選択関数Fは条件1（無制約な定義域(∪)）、3項の非循環性、パレート決定性（PD）、正の感応性（PR）、2項の時の無関係な選択対象からの独立性（BI）を満足すると仮定する。この時、以下の(a)、(b)を満足するような非空の部分集合Xの族S*が存在する。
　(a)全てのx, y∈S*（x≠y）に対してxはFにより、yよりも選好されるように強制されているか、yはFにより、xより選好するように強制されてい

るかである。

(b)もし、#S*≧3であるならば、この場合には、S*上に1人の拒否権者が存在する。

[証明]
(第1段階)
定理2のE*をそのまま利用する。E*の推移性を示すためには、定理2の(1)'、(2)'を使い、$xP^c y$、$yP^c z$という個人的選好順序体系P^cから、3項の非循環性により$xR^c z$が得られる。ここで$(x, z) \in \cap P_i^c$が成立する時、PDと$xR^c z$から$xP^c z$が導かれる。これが成立しない時には、ある$i \in N$について、$zR_i^c x$となる。この関係が成立する時には、全ての$j \in (N-\{i\})$について、$R_j^d = R_j^c$と、かつ$xR_i^d z$となるような個人的選好順序体系R^dを考える。PRにより、この場合$xP^d z$となる。同じように$zP^e x$が成立するようなR^eが考えられるので、$(x, z) \in E^*$が成立し、E*の推移性が示せる。このE*という2項関係の集合はX上で常に成立しているので定理3の(a)を満足するXの部分集合の級S*でもE*と同じように、連結性、反射性、対称性を満たすものとなっている。こうして定理3の(a)の部分についての証明は終了した。

(第2段階)
#S*≧3の場合を考える。この定理3では定理1でのPλ(1)かPλ(2)のいずれか1つが、このS*について成立することを以下で示す。

$(x, y) \in \cap P_i^a$が成立するような$x, y \in S^*$、R^aを考える。この時、PDより次の(3)'⑳のいずれかが成立している。これらは、定理1の(3)、(4)の変形である。

(3)' $(x, y) \in \cap P_i^a$ & $xP^a y$

⑳ $(x, y) \in \cap P_i^a$ & $yP^a x$

背理法を使うので、まず(3)が成立する場合を考える。以下で(3)'と㉑とでは矛盾が生じることを示す。

第4章　条件2（パレート原理）への批判と検討

(21) $\exists z, w \in S^*$、あるR^{b}について、$(z, w) \in \cap P_i^b \& wR^b z$

(21)が成立すると仮定し、さらに$x \neq w$とする。

$(x, w) \in \cap P_i^c$が成立するようなR^{c}を考える。もし$xR^c w$が成立する時には、全ての$i \in N$について、$R_i^d(\{z, w\}) = R_i^b(\{z, w\})$と$R_i^d(\{x, w\}) = R_i^c(\{x, w\})$を成立させるようなR^{d}が考えられる。この時、BIより$xP^d w$、$wP^d z$がいえ、この2つの関係と3項の非循環性により$xR^d z$が得られる。個人的選好順序については条件1があるのに、xがzよりよいか、同等かということになっていることから、S*について矛盾が生じている。他方$wP^c x$の場合についても、wとyとについて、wがyよりよいか同等かになっており、矛盾が生じている。以上のことから(3)'と(21)とは両立しないことがわかる。こうして(3)'が成立する場合にはPλ(1)が成立し、同様に(20)が成立する場合にはPλ(2)が成立することがいえる。

（第3段階）

ここでPλ(1)がS*上で成立するならば、Pλ(1)がパレート原理の成立を意味していることから、第2章第2節の拒否権者存在定理がそのままあてはまり、S*上で1人の拒否権者の存在がいえる。

最後にPλ(2)がS*上で成立する場合を考える。

$x \neq y$であるx, $y \in S^*$を考え、さらに$xP^a y$となるような個人的選好順序体系R^{a}を考える。もし$(x, y) \in \cap P_i^a$の場合には、Pλ(2)により$yP^a x$となる。

ところが、R^{a}について$xP^a y$が存在しているので、ここで矛盾が生じる。それゆえ、全ての$j \in J$について、$yR_j^a x$となる、Nの非空部分集合$J = \{j_1, j_2 \cdots j_s\}$が存在するはずである。ここで$a(0) = a$と、次の(22)を成立させるような$\{a(t)\}_{t=0}^s$という個人的選好順序体系の列を定義する。

(22) $\forall t \in \{1, 2 \cdots S\}$: $\begin{cases} \forall j \in (N - \{j_t\})\text{については} \\ R_j^{a(t)} = R_j^{a(t-1)} \\ \& \\ xP_{j_t}^{a(t)} y \end{cases}$

PRにより、$xP^{a(s)} y$が導かれ、また$(x, y) \in \cap P_i^{a(s)}$も導かれる。ところ

が、この $(x, y)\in \cap P_i^{a(s)}$ と $P\lambda(2)$ より $yP^{a(s)}x$ も導かれる。ここに矛盾が生じている。このため、$P\lambda(2)$ が成立する場合はおこりえない場合であり、(b)の部分の証明も終わった。　　　　　　　　　（定理3の証明終了）

　定理3では、定理1、2とは異なって、はじめからPDというパレート原理の、より一般化したものを前提として1人の拒否権者の存在を導くという形に導いていき、証明している。定理3は、その意味で明快であるがパレート原理をのぞいたとはいえないと考えられる。そして、パレート原理をのぞいた場合も、やはり独裁者、寡頭支配グループ、拒否権者という鈴村のいう病理的現象になるということも、証明過程でパレート原理のより一般化された $P\lambda(1)$、$P\lambda(2)$、$P\lambda(3)$ を使うことにより、パレート原理を定理の中に前提するか、しないかのちがいだけで実質的にはパレート原理を使っていることになり、当然、パレート原理を入れたアロウの独裁制定理や、その変形である寡頭支配制定理、拒否権者存在制定理に帰着するわけで、ここでの定理1、2、3をパレート原理を除いた場合の定理というのは、全く奇妙な表現であると、我々は考える。こうした証明過程の分析からすれば、パレート原理にある問題点から、パレート原理を排除した諸定理を導く試みも、やはり独裁者、寡頭支配グループ、拒否権者を招くため、パレート原理の排除は意味がないというSuzumura[59]、鈴村[6]、Fountain&Suzumura[56]の主張は奇妙であると我々は考える。

　この第2節での、それぞれの定理の証明過程を検討すれば、これらの定理には問題が多いと我々は考える。アロウの定理でのパレート原理の内容とともに、パレート原理を排除した場合の諸定理も、今後、理論的に批判検討される余地があると我々は考える。

第3節　公平性とパレート原理

　第1節で、パレート原理は、論理的には「多数派の圧制」になっていく

可能性があると批判したが、それでは、パレート原理が招く自由への抑圧に対抗して個人の自由を認めるアロウ流の定理や、パレート原理が強制する社会的不公平状況の是認に対抗して、公平性を社会的決定の条件とするアロウ流の定理を考えればどうだろうかという考え方が出てくる。前者の個人の自由を認める方向は、次の第5章で議論することにし、この第3節では公平性とパレート原理を入れた社会的選択ルールは存在しえるのかという議論をおこなう。

　アロウの定理で4つの条件のうちのパレート原理は、多数派優先原理といえるもので、現実の民主主義的政治体制をとるところでは、全員一致（多数決原理の極端な型）は、社会的合意を得るのに、疑念を持たれることなく採用されているものである。こうした多数決原理によって決定されることに対して、自由の由来の是非はここで議論しないとしても、個人の自由の問題として、多数決原理に従えないという事実の1つとしては、多数決原理により是認されているがあまりにも公平性に欠ける出来事とは、人々の間に羨望（envy）の感情を引き起こすような出来事だと、この第3節では定義する。こうして、この第3節では、民主主義の原理であるパレート原理と自由主義の1つの主張であるとする公平性の確保とが、両立しえるか、いいかえると、パレート原理と公平性との両方の性質を含みうるような社会的合意を一般的に決める社会的選択関数が存在しえるか、を議論する。

a．記号の説明

　このaでは、b、cで使われる記号の説明をおこなう。
　(x, i)……iという個人がxという社会状態にあるということを示す。
　　　　　$\{(x, i)、(y, j)\} \in R$というのは、iという個人がxという状態にあることは選好上、jという個人がyという状態にあることより劣ることはないということを示す。
　D…………権利体系、D_iは個人iの権利。$(x, y) \in D_i$とは個人iはyより

もxを選好する権利があることを示す。

R^a…………各$i \in N$に対してX上の選好順序を指定する関数のことで個人的選好順序体系を示す。

A…………論理的に可能な体系R^aの集合を示す。

R_i^a…………任意の$R^a \in A$をとる時、R^aが個人$i \in N$に指定する選好順序体系を示す。

b．公平性について

公平性とは、この第3節では、「人々の間に羨望を引き起こさないような配慮」（鈴村［6］p.267）と定義する。

人々の間に引き起こされる羨望の状態を把握する方法として、次の3つの方法が考えられている（鈴村［6］pp.267～268を利用している）。

①単なる最上位と第2位との区分法

記号で書くと、この方法は、次のように書ける。

$R_q^a = \{(x, y) \in X \times X \mid \sim [y \in E_q^a(X) \& x \notin E_q^a(X)]\}$

但し、E_q^aは次のようなS内の羨望のない状態の集合である。

$E_q^a(S) = \{x \in S \mid \forall i, j \in N : U_i^a(x, i) \geq U_i^a(x, j)\}$

この①の方法では、R_q^aは、任意の個人的選好順序体系R^aのもとで、X上の順序となるが、この順序は、Xを最上位——$E_q^a(X)$内の状態——と、第2位——$X/E_q^a(X)$内の状態——とに2分しているだけであって、羨望の多少による、第2位の内での相対的優劣の判断の助けにはならないものである。すなわち、$E_q^a(X)$は最上位に位置する状態の集合とする順序を意味するにすぎない。

②ロールズ的な羨望の区別法

記号で書くと、この方法は、次のように書ける。

$R_\theta^a = \{(x, y) \in X \times X \mid \theta^a(x) \leq_L \theta^a(y)\}$

但し、$\theta_i^a(x) = \#\{j \in N \mid U_i^a(x, j) > U_i^a(x, i)\}$、すなわち、この$\theta_i^a(x)$は$R^a$のもとで$i \in N$が$x \in X$において感じる羨望の総数を示すことに

なる。また $\theta^a(x) = (\theta_1^a(x), \theta_2^a(x) \cdots \theta_n^a(x))$ である。

この②の方法では、R_θ^a は最大の羨望を持つという意味で「最も不遇な個人」の境遇を改善するということを評価基準にする区分方法である。鈴村［6］では公平性を意味するのに最適な区分法というのは、この②の方法であるという。

③ベンサム（功利主義）的な羨望の区分法

記号で書くと、この方法は、次のように書ける。

$R_c^a = \{(x, y) \in X \times X \mid t^a(x) \leq t^a(y)\}$

但し、$t^a(x) = \Sigma \theta_i^a(x)$

この③の方法では、R_c^a は、②のような個人間の羨望の分布にはなんらの関心を示すことなく社会全体の羨望の事例の総数を減少させることを評価基準にする区分法である。この場合、羨望を、経済的、社会的なものに限定すれば、理想的な福祉国家への接近度合いが、この R_c^a の評価基準に類似しているとも解釈できよう。この③は、Feldman & Kirman［62］が主張している基準であり、我々にも、公平性を意味するのに最適な区分法であると考える。

c．公平性とパレート原理の両立性について

bで述べた、羨望の状態を把握する3つの方法から、次のような3つの条件がでてくる（鈴村［6］p269を利用している）。

①からは、次の条件(1)がでてくる。

［条件(1)］

対称的で、非対角的な権利体系＝$(D_1, D_2 \cdots D_n)$ が存在し、少なくとも2個人が非空の自由主義的権利域を持つものとする。その時、任意の R^a、任意の $i \in N$、任意の $x, y \in X$ に対して

$(x, y) \in D_i \cap P_i^a \cap R_q^a \rightarrow \forall S \in Z : [x \in S \rightarrow \sim (yR^a x)]$ が成立する。

この条件(1)のなかでの対称的権利体系と非対角的権利体系の定義は、次

のようなものである。

［対称的権利体系の定義］

権利体系$D=(D_1, D_2\cdots\cdots D_n)$は、任意の$i\in N$、任意の$x, y\in X$に対して、$(x, y)\in D_i$が成立すれば、常に$(y, x)\in D_i$もまた成立する時、対称的権利体系という。

［非対角的権利体系の定義］

権利体系$D=(D_1, D_2\cdots\cdots D_n)$は、任意の$i\in N$、任意の$x, y\in X$に対して、$(x, y)\in D_i$が成立し、$x\neq y$である時、非対角的権利体系であるという。

②からは、次の条件(2)がでてくる。

［条件(2)］

対称的で、非対角的な権利体系$D=(D_1, D_2\cdots\cdots D_n)$が存在し、少なくとも2個人が非空の自由主義的権利域を持つものとする。その時、任意の$i\in N$、任意の$x, y\in X$に対して、

$(x, y)\in D_i\cap P_i^a\cap R_\theta^a\rightarrow \forall S\in Z:[x\in S\rightarrow \sim(yR^a x)]$

が成立する。

③からは、次の条件(3)がでてくる。

［条件(3)］

対称的で、非対角的な権利体系$D=(D_1, D_2\cdots\cdots D_n)$が存在し、少なくとも2個人が非空の自由主義的権利域を持つものとする。その時、任意の$i\in N$、任意の$x, y\in X$に対して、

$(x, y)\in D_i\cap P_i^a\cap R_c^a\rightarrow \forall S\in Z:[x\in S\rightarrow \sim(yR^a x)]$

が成立する。

この条件(i)（i＝1，2，3）と［パレート原理］、［定義域の無制約性］、とを同時に満足するような社会的選択ルールは存在しないことは、第5章で示されるSen［4］［88］のリベラル・パラドックスの特殊な場合になることから明らかである。

このcの、今までの内容を定理の形でまとめると、次のようになる。

この定理は、次の第5章のセンのリベラル・パラドックスの変形である。証明については第5章のリベラル・パラドックスの証明と同じになる。

［定理］公平性とパレート原理とが両立しないこと。
＃X≧3とする。条件（i）（i＝1，2，3）と、［条件2］（パレート原理）、［条件1］（定義域の無制約性）とを同時に満足する社会的選択ルールすなわち社会的選択関数は一般的には存在しない。

d．おわりに

cの定理で示されるように、公平性とパレート原理とが両立するような一般的な社会的選択関数は存在しないということが、この第3節の結論となる。この結論は、公平性を満足するような、パレート原理からの論理的帰結である民主主義政治体制は存在しがたいという、われわれのこの第1節での主張を、b、cのフレーム・ワークの中で示したことを意味している。この定理のもとになる次章でのセンのリベラル・パラドックス定理のおもしろさは、こうした民主主義政治体制のもつ性質を示すのに応用できることであり、以下の第5章で述べるような、センのリベラル・パラドックスには、いろいろな疑問点があるにもかかわらず、「政治」経済学の分析道具として有意義なものである、と我々は考える。

こうした第3節への批判としては、ⓐ羨望がない状態を公平であるとする定義には、議論の余地があること、ⓑ公平性の定義を①のようにすることを問題にしないとしても、羨望がない状態を自由主義的権利の主張と解釈することには疑問があること、という2つの批判がなされよう。公平性を考える第3節の議論は、政治学、社会学を含む「政治」経済学をめざす新しい研究として今後有益であると我々は考える。

第5章　アロウの定理と自由主義

　第4章まではアロウの定理を構成する公理と諸条件（条件3については第8章の第3節でふれる）の分析・検討をおこなったが、第5章、第6章ではアロウの定理をかなり変形して、新しい状況を分析しようとする試みを検討する。第1節は、センのリベラル・パラドックス定理について述べる。この定理は第4章第3節の議論と関連があるもので、自由主義的権利をアロウの定理の条件1、条件2と組み合わせることにより、自由主義的権利の容認を求める個々人がつぎつぎと登場して、アロウの定理のような抽象的な内容とちがって、人間臭い内容のある定理になっている。第2節は、アロウの定理の応用であるセンのリベラル・パラドックス定理が生じる確率を計算してみようとするものであり、センのリベラル・パラドックス定理を現実の分析に当てはめてみようとする試みの1つである。

第1節　センのリベラル・パラドックス

　アロウの定理で使われている4つの条件のうち、定義域の無制約性、パレート原理を使い、そして非独裁制をより積極的な自由主義的権利の主張を容認するという新しい条件に代えてみると、この3つの条件のもとでは、一般的には、社会的選択関数が存在しないというのが、この第5章でのセンのリベラル・パラドックスといわれている定理の内容である。

　この定理は、アロウの一般不可能性定理とは関係ないという論者もいるが、他の3つの条件のもとで独裁制をとらない社会が存在しえるのかというアロウの問題意識と、他の2つの条件のもとで自由主義的権利の主張が容認される社会が存在しえるのかというセンの問題意識とは、関係ないと

はいえないと我々は考える。
　センのいう自由主義的権利とは、Berlin [75] のいう消極的自由にあたるもので、ミル [95] の中で展開されている「他人の同様な権利と両立しうる限りにおいて外部からの禁圧と強制を受けることなく、個人がそれぞれ自らが選ぶ行動様式を追求する権利を有する」（鈴村 [6] pp.235～236) という内容をもつというものである。こうして、パーリンのいう積極的自由に対しては疑問をもつ者でも、賛同しやすい内容である。

a．センのリベラル・パラドックス

　このaと以下のbについては、この分野での秀れた3つのサーベイである、Sen [89]、鈴村 [6]、Suzumura [59] を利用する。
　センのリベラル・パラドックスで使われているのは、今までの［条件1］、［条件2］と、新しい次の［条件3'］である。

　［条件3'］［自由主義的権利の主張の容認］
　それぞれの個人 i について、個人 i は $xP_iy \rightarrow xPy$ もしくは $yP_ix \rightarrow yPx$ のように、存在している社会状態の少なくとも1つの順序対 (x, y) について社会的選択を決める力をもっているものとする。

　この3つの条件のもとで、次の定理が成立する。

　［定理1］センのリベラル・パラドックス定理（鈴村 [6] pp.241～243)
　［条件1］（定義域の無制約性）、［条件2］（パレート原理）、
　［条件3'］（自由主義的権利の主張の容認）を満足する社会的選択関数Fは存在しない。

　このセンの定理は、アロウの独裁制定理と同様に、一般的に成立するものであるので、第1章の第2節の最後での「一般的」の定義②で述べたよ

うに、どんな社会的選択ルールを仮定せずに1例でも、この定理にあてはまる例があれば、証明されたことになる。

このセンのリベラル・パラドックスの証明に使われる例として、鈴村［6］をすこし変えた次の2例をあげておく。証明の明快さとともに、おもしろさ（冷笑的という意味でもあるが）の点では、ゲーム理論での「囚人のジレンマ」とともに経済学に登場する例として代表的な2例であろう。

（例1）「共産党宣言」（マルクス、エンゲルス作）を読むか読まないかの問題

登場人物2人
　A氏……自他とも許す反社会主義者
　B氏……自他とも許す社会主義文献愛好者
話の筋
　「共産党宣言」をA氏、B氏が読むか読まないか、悩みながら判断をくだすというもの

この時、考えられる（社会）状態として、記号化すると
$$\begin{cases} r_A : A氏だけが、この本を読む \\ r_B : B氏だけが、この本を読む \\ r_O : 誰もこの本を読まない \\ r_{AB} : A氏も、B氏も、この本を読む \end{cases}$$
という4つの状態が考えられるが、r_{AB}を除いてもr_A、r_Oがここでの中心テーマであるため、議論の展開には関係ないので、r_A、r_B、r_Oの3つの状態で考える。こうして$S=\{r_A, r_B, r_O\}$である。

A氏、B氏の選好順序については、次のようになるとする（左の方をより選好する）。

A氏の選好順序　$P_A：r_O, r_A, r_B$
B氏の選好順序　$P_B：r_A, r_B, r_O$

B氏の選好にはA氏へのサディスティックな選好が露骨にあらわれている。
次にA氏、B氏の自由主義的権利の主張としては、

Aの権利として、r_Oをr_Aよりも選好する。記号で示すと $(r_O, r_A) \in P_A$
Bの権利として、r_Bをr_Oよりも選好する。記号で示すと $(r_B, r_O) \in P_B$

こうした各個人の自由主義的権利の主張は容認されるべきであるので（ここでC（ ）は社会的選択集合を示す、C（S）＝F（R））
$(r_O, r_A) \in P_A$より$r_O \in S \rightarrow r_A \notin C(S)$ すなわち、r_Aは、社会的に選択されないことになる。……①
$(r_B, r_O) \in P_B$より$r_O \in S \rightarrow r_O \notin C(S)$ すなわち、r_Oは、社会的に選択されないことになる。……②

最後に、パレート原理が成立するということから、r_Aとr_Bとについては、P_A、P_Bがともにr_Aをr_Bよりも選好する。これを記号で示すと、

$(r_A, r_B) \in P_A \cap P_B$より、$r_A \in S \rightarrow r_B \notin C(S)$、すなわち、$r_B$は、社会的に選択されないことになる。……③

結論として、上記①、②、③より$C(S) = \phi$となり、自由主義的権利の主張の容認とパレート原理の成立とを同時に満足する社会的選択C（S）の決定をおこなうことは不可能であることがわかる。

第5章　アロウの定理と自由主義

（例2）エドウィンとアンジェリーナとが結婚するか、しないかの問題

登場人物3人
　エドウィン……結婚願望の強い独身男性
　アンジェリーナ……エドウィンの恋人で、独身主義を貫きたいと思っ
　　　ている女性
（わき役）
　モデル……エドウィンに好意を持つ女性
（話の筋）
　エドウィンとアンジェリーナ、モデルの結婚問題

この時、考えられる（社会）状態として、記号化すると
$$\begin{cases} W_E：エドウィンとアンジェリーナとが結婚する \\ W_J：エドウィンはモデルと結婚し、アンジェリーナは独身を続ける \\ W_O：エドウィンもアンジェリーナも独身を続ける \end{cases}$$
という3つの状態が考えられる。こうしてS＝$\{W_E, W_J, W_O\}$ になる。

エドウィンとアンジェリーナとの選好順序については、次のようになるとする（左の方をより選好する）。

　エドウィンの選好順序　　　$P_E：W_E, W_J, W_O$
　アンジェリーナの選好順序　$P_A：W_O, W_E, W_J$

アンジェリーナの強い独身願望、エドウィンの強い結婚願望があらわれている。
　次に、エドウィン、アンジェリーナの自由主義的権利の主張としては

　エドウィンの権利として、W_JをW_Oよりも選好する。記号で示すと

$(W_J, W_O) \in P_E$

アンジェリーナの権利として、W_OをW_Eよりも選好する。記号で示すと
$(W_O, W_E) \in P_A$

こうした各人の自由主義的権利の主張は容認されるべきであるので、
$(W_J, W_O) \in P_E$より$W_J \in S \to W_O \notin C(S)$ すなわちW_Oは社会的に選択されないことになる。……④
$(W_O, W_E) \in P_A$より$W_O \in S \to W_E \notin C(S)$ すなわちW_Eは社会的に選択されないことになる。……⑤

最後に、パレート原理が成立するということから、P_A、P_BがともにW_EをW_Jよりも選好する。これを記号で示すと
$(W_E, W_J) \in P_A \cap P_E$より$W_E \in S \to W_J \notin C(S)$ すなわちW_Jは社会的に選択されないことになる。……⑥

結論として、上記④、⑤、⑥より$C(S) = \phi$となり、自由主義的権利の主張の容認とパレート原理の成立とを同時に満足する社会的選択$C(S)$の決定をおこなうことは不可能であることがわかる。

上述の2例で［定理1］の証明は終了したことになる。

b．センのリベラル・パラドックスの解消方法

このbでは、aでの［定理1］が成立するのを回避する方法、すなわちセンのリベラル・パラドックスの解消方法についての現在までの研究成果について述べる。

第5章 アロウの定理と自由主義

b-1 自由主義的権利の主張の検討

i．Blau [76] による干渉的個人の権利の停止による解消方法

この解消方法は、aの（第1例）、（第2例）で示されるように、自由主義的権利の主張の中には、相手への干渉をおこなうという形で各個人の選好があらわれているが、こうした、おせっかいな各個人には、序数的選好の強度という概念（たとえば、$aP_ibP_icP_id$という選好順序の場合、aをdより選好する強度は、bをcより選好する強度よりも強いと考える）を導入して他人のことへの口出しを抑制するために、おせっかいな人の自由主義的権利を、停止を含めてせばめる。すなわち、おせっかいな人の自由主義的権利の修正をおこなうと、センのリベラル・パラドックスが解消されるというものである。

このiについての解消方法を上記の（例2）にあてはめると、(W_J, W_O) $\in P_E$、$(W_O, W_E) \in P_A$をまとめると、$w_J P w_O P w_E$となる。W_JをW_Eより選好する強度はW_OをW_Eより選好する強度よりも強いため、W_Jが解である。

この解消方法への批判として（i）選好順序をもつものが3人以上の場合には解消することにはならないこと、（ii）各個人の自由主義的権利の存在と、その行使とのちがいを考えに入れていないこと、（iii）おせっかいな人がいることで、センのリベラル・パラドックスが問題になるのであって、このおせっかいな人をなくすような試みはおかしい、という3点がSen [89]、鈴村 [6] によってなされている。我々としては、(iii) への批判については、疑問点があり、以下c、dでこの点について述べる。

ii．Farrell [59] による干渉的選好の体系的修正による解消方法

この解消方法は、iで述べたBlauのように序数的選好の強度を利用して、部分的に、干渉的個人の選好を修正するという生ぬるい方法ではなく、次のように、2段階にわけて、徹底的に干渉的個人の選好に修正を加えようとするものである。

第1段階としては、①どの個人も、他の人の自由主義的権利域に属する、一対の社会状態については、無差別的選好を示すようにすること、②、①の無差別的選好を示すように修正された後の各個人の選好順位には推移性が成立していること、とする。
　第2段階としては、第1段階のように修正された個人選好に対して、次のような強意のパレート原理によって、Sから社会的選択C（S）を導き出すこと、とする。

［強意のパレート原理］
　$(R_1, R_2……R_n)$をファレル的修正前のプロフィールとし、$(\bar{R}_1, \bar{R}_2……\bar{R}_n)$を修正後のプロフィールとすれば、
　$(x, y)\in P(\cap \bar{R}_i) \rightarrow \forall S \in Z^* : [x\in S \rightarrow y\notin C(S)]$ が成立する。

　このiiについての解消方法を（例2）にあてはめると第1段階としては、$(W_J, W_O)\in \bar{R}_E$、$(W_O, W_E)\in \bar{R}_A$と修正する。これに推移性を適用すると$w_J R w_O R w_E$となる。これに第2段階の強意のパレート原理を適用するとW_Jが最左辺にあることからW_Jが解である。
　こうしたFarrellの体系的修正は、Blauの部分修正をより徹底化したものであり、Blauの方法の問題点を回避しているが、Sen［89］、鈴村［6］によれば、この解消方法にも、（i）個人の私事に関する選好よりも第1段階の①のように、推移性を優先させることへの疑問、（ii）第1段階の①のように、彼らの表明する実際の選好を無視して彼らは「本当は」他人の私事に関して無差別なのだとして扱うこと、第1段階の②のように推移性を押出すと、他人の私事に関わらない部分に至るまで修正が及ぶことになり問題であること、という批判がなされている。この（ii）の批判についても、以下のc、dで我々の疑問点を述べる。

iii．Nozick［86］による社会的選択への制約条件として個人の権利を扱うことによる解消方法

この解消方法は、次のような方法である。各個人は、自由主義的権利を、彼の権利を望むままに行使しうる形で認められ、この権利行使により、関係する社会状態の世界が決まり、このため、この世界のある種の特徴が定まる。この定まった特徴のある世界の中で、もし、まだ選択しなければならないならば、パレート原理による社会的選択によって決定していくという方法である。自由主義的権利の主張と、パレート原理の成立という2つの条件に、相異なる役割を与えて、センのリベラル・パラドックスを回避する方法といえよう。iiiによる解消方法を（例2）にあてはめると（W_J, W_O）$\in P_E$、（W_O, W_E）$\in P_A$よりW_JかW_Eか決められない。このため、パレート原理を適用すると（W_E, W_J）$\in P_A \cap P_E$よりW_Eが解となる。この解消方法はFarrell［80］の論文にも述べてある「リベラル分割」の考え方、すなわち、選択を公共的選択と私的選択に分けて考えるという方法に近いものである。私的なものと公的なものとが、はっきりと区別できるかどうかに問題があるが、この区別ができれば、このNozickの方法はセンのリベラル・パラドックスという問題をはじめから問題としない明快な解消方法である。この方法は、徹底した個人主義を認める社会観が基本となっている。我々の考え方は、このNozickに近い立場をとる。

Sen［89］、鈴村［6］によれば、この解消方法にも、(ⅰ)権利の存在が、妥協・交渉・取り引きを伴うとは考えずにすぐ権利の行使を意味していることからあまりにも機械的な自由主義的権利観であり、近代社会の特徴である契約の自由を放棄していること、(ⅱ)Nozickの社会的選択関数は、チャーノフの公理を満足しておらず、合理性を欠く社会的選択関数であること、の2点で批判している。(ⅰ)については、批判として、我々は疑問をもっており、以下のc、dで述べる。

iv．Gibbard［83］による自由主義的権利の譲渡可能性を利用しての解消方法

このGibbardの解消方法は、センのリベラル・パラドックス論争で最も理論的に内容のある解消方法である。Gibbard自身も、このaでの（例2）と同じ型をとり挙げて、リベラル・パラドックスに取り組んでおり、豊富な内容を持っている。この方法の発想は、権利と行使とを明確に分け、他の個人の権利の行使があるか、あるいは、パレート原理との関連において、自分の権利の行使が、望ましからざる結論、すなわち、センのパラドックスが生じるという結論を生むとわかった時には、自分の自由主義的権利を放棄してしまうというものである。ivによる解消方法を（例2）にあてはめるとGibbard［83］により、W_Eが解となる。このGibbardの方法では、望ましからざる結論が生まれるという判断には、より多くの情報が必要となり、情報獲得に関する、いろいろな問題が、センのパラドックス解消問題以外に生じてくることになる。Sen［89］、鈴村［6］によれば、（i）このGibbardの方法では、（例2）に対する決定については、解消に成功してW_Eという非リベラルな決定が行われること、（ii）他人の権利が行使されるとの予測のもとに（誤解かもしれないが）自分の権利を抑制することによってもリベラル・パラドックスを解消することになり、Gibbardの解消方法には「訂正可能な誤算」という病理現象がありえること、の2点を批判している。

b−2　パレート原理の検討

v．Sen［89］、Suzumura［90］、鈴村［6］による他人の権利を尊重することによる解消方法

この解消方法は、コヒーレント（Coherent、首尾一貫的な）な自由主義的権利の主張、条件的パレート原理、リベラルな個人の存在、という新しい概念を使って、リベラル・パラドックスを解消する方法である。

［コヒーレントな自由主義的権利の主張の容認（CL）］
社会的選択関数はコヒーレントな自由主義的権利$D=(D_1, D_2 \cdots\cdots D_n)$を実現しているとする。
上のCL中のコヒーレントとは、次のようなD内に臨界的ループ（critical loop）を含まない権利体系をさす。

臨界的ループとは、
順序対の列 $\{x^\mu, y^\mu\}_{\mu=1}^t$（$t \geq 2$）であって
(a) $\forall \mu \in \{1, 2 \cdots t\}$、$\exists i(\mu) \in N : (x^\mu, y^\mu) \in D_i(\mu)$
(b) 全ての$\mu \in \{1, 2 \cdots t\}$に対して$i(\mu)=i*$を満足する$i* \in N$は存在しない。
(c) $x^1=y^t$、$x^\mu=y^{\mu-1}$（$\mu=2, 3 \cdots t$）が成立する。

［条件的パレート原理（CP）］
任意の個人的選好順序体系R^aと、任意の$x, y \in X$に対して
(a) $(x, y) \in R_N^{oa} = \cap R_N^{oa}$ならば$\forall S \in z^* : [x \in S \setminus C^a(S) \rightarrow y \notin C^a(S)]$
(b) $(x, y) \in P_N^{oa}$ならば$\forall S \in z^* : [x \in S \rightarrow y \notin C^a(S)]$
が成立する。

ただし、C^a…個人的選好順序体系R^aから決まる社会的選択集合、$C^a=F(S)$という関係がある。
　$(x, y) \in P_i^{oa}$…xをyよりもよいとする自分の選好が社会的選択ルールにおいて考慮に入れられること（社会的発言として認められること）を個人iが要求するという事実を示す。
$S \setminus C^a(S)$……Sという集合から$C^a(S)$の集合を除いた集合。すなわち、$x \in S$かつ$x \notin C^a(S)$である集合。

［リベラルな個人の定義］
　(CL) に登場するコヒーレントなDと、任意の個人的選好順序体系R^aに対して、$Q^a_i = D_i \cap R^a_i$ ($i \in N$) の共通な順序拡張R^aが存在する。この順序拡張のユニーク性は保証されないので、この順序拡張の集合をT^aと書くと、

$\exists R \in T^a : R^{oa}_j = R^a_j \cap R$

を満足する個人 j を、リベラルな個人という。

こうしてリベラルな個人とは、他人の権利域に属することについては自分の選好と両立する限りにおいて、自分の選好に対して社会的発言権が認められることを要求する個人をさす。

　これら3つの新しい条件、すなわち、CL、CP、リベラルな個人の存在と［条件1］（定義域の無制約性）が成立すれば、合理的な社会的選択関数が存在し、センのパラドックスは解消する（鈴村［6］p.260, Sen [89] p.243, Suzumura [90] p.332）。
　vによる解消方法を（例2）にあてはめる。パレート原理により $(W_E, W_J) \in P_A \cap P_E$ より W_J はありえない。W_O と W_J を比べると $P_E : W_E, W_J, W_O$ よりエドウィンでは W_O が下位であるので、リベラルな個人でありえない。このためアンジェリーナがリベラルな個人となり、W_O が解になる。

vi. 鈴村［6］、Suzumura [90] による分離可能な権利体系における解消方法

　vのようなコヒーレントな権利体系は、自分自身にだけ関係する行為については、個人的に絶対的主権が認められるべきという主張とはあいいれないため、こうした絶対的主権を認める時、CLに代わって、次のような分離的な自由主義的権利の主張という条件が必要となる。

［分離的な自由主義的権利の主張の容認（DL）］

権利体系$D=(D_1, D_2 \cdots\cdots D_n)$が分離的な権利体系である時、任意の$R^a$、$i \in N$、任意の$x, y, z \in X$に対して、

　$(x, y) \in D_i \cap P_i^a$

　$\forall z \in X_{)i(} : ((z:x_i), (z:y_i)) \in P_i^a$であれば

　$\forall S \in z^* : [x \in S \to y \notin C^a(S)]$が成立する。

但し、$z = (z_0, z_1 \cdots z_{i-1}, z_{i+1} \cdots z_n) \in X_{)i(}$

　　　$(z:x_i) = (z_0 \cdots z_1 \cdots z_{i-1}, x_i, z_{i+1} \cdots z_n)$

［G－リベラルな個人の定義］

vでの［リベラルな個人の定義］でのR、T^a、R_j^{oa}の順序集合のうち、推移性が成立する部分関係だけをとり出して、それぞれの集合を$\bar{R}$、$\bar{T}^a$、$\bar{R}_j^{oa}$とする。この時、個人$j \in N$が

　$\exists \bar{R} \in \bar{T}^a : \bar{R}_j^{oa} = R_j^{oa} \cap \bar{R}$

を満足する時、このjをG－リベラルな個人という。

このG－リベラルな個人とは、全個人の私事にわたって無条件的に認められるべき選好と両立する限りにおいて、自分の選好に社会的発言を要求するような個人をさす。

条件DLと、G－リベラルな個人が少なくとも1人存在すること、vでの条件CP、［条件1］（定義域の無制約性）が成立すれば合理的な社会的選択関数が存在し、センのパラドックスは解消する（鈴村［6］p.286、Suzumura［90］p.335）。

viによる解消方法を（例2）にあてはめると、$(W_E, W_J) \in P_A$により、W_Jはありえない。W_OとW_Eとを比べると$(W_O, W_E) \in P_A$からW_Eはありえず、

W_0が解となる。

c．定義域の無制約性条件の検討

　センのパラドックスの3つの条件のうち、[条件2]（パレート原理）と[条件3']（自由主義的権利の主張の容認）については、bで検討しているが、[条件1]（定義域の無制約性）については検討がない。これについては、Sen [89] で述べているように、[条件1]の検討は、パラドックスへの敗北を認めること（admission of defeat）であるという考え方からきている。定義域の制約性への、第3章でセンの業績にもかかわらずこの態度はアロウの一般不可能性定理の条件を検討する際に貫かれている。b－1のⅱ. Farrell [80] の「リベラル分割」方法と、ⅲ. Nozick [86] の自由主義的権利の主張とパレート原理という2つの条件に、はじめから相異なる役割を与えるという方法とは、[条件1]（定義域の無制約性）を、制約していることにならないだろうか。また、b－1のⅰ. Blau [76] への批判のうち（ⅲ）に関しての、おせっかいな人が示す選好をはじめから排除するということは、定義域の制約性になっているのではないか。鈴村 [6]、Sen [89] が（ⅲ）のような批判をするのは、[条件1]の検討をはじめから問題にしていないからである。Farrellへの批判点（ⅱ）、Nozickへの批判点（ⅰ）についても、Sen、鈴村のこの考えがみられる。

　[条件1]（定義域の無制約性）をはっきりと検討し、センのリベラル・パラドックスの解消方法を示した論文に、Breyer [77] がある。この論文は、技術的分離可能性の仮定、極度にリベラルな選好の条件、論争点についての自由主義という概念によって、社会的選択関数が存在しうることを以下のように示している。

[仮定1]（技術的分離可能性）
　M_hとM_lという2つの権利が与えられた時、M_hのどんな実現解もM_lの実現解と両立しうるものとする。ここで$X = M_1 \times M_2 \times \cdots\cdots \times M_s$とする。

[仮定2]（論争点の数）
個人の数（n）と、少なくとも同数の論争点（s）がある、すなわち、$s \leq n$。

[仮定3]（選択対象の数）
それぞれの権利集合M_j（$j=1, 2 \cdots s$）は少なくとも2つの選択対象からなっている。

[定義]（極度のリベラルな選好）
個人i、次の条件が成立すれば極度にリベラルな選好を持つという。もし、$x_i = m_i^h$, $y_i = m_i^k$（$i=1, 2 \cdots n$）（$h, k \in \{1, 2 \cdots k_i\}$）である、2つの社会状態x, $y \in X$に対して、$h < k$であればxP_iyとなる。但し、m_i^hは、個人iのM_iについての解決x_iが、個人hと同じ選好であることを示す。

この定義から、定義域に関する2つの条件を示す。

[条件USE]
分離可能で極度にリベラルな選好からなる、全ての論理的に可能な個人的選好順序体系がFの定義域に含まれている。

[条件USE（－1）]
分離可能な選好（少なくともこの選好のうちn－1は極度にリベラルな選好である）からなる、全ての論理的に可能な個人的選好順序体系がFの定義域に含まれてる。

条件IL（論争点についての自由主義）
個人iについて、xがj番目の論争点についてyとは異なる時、常にxP_iy

はxPyとなり、逆にyP_ixはyPxとなるような、$M_j \in M$となる論争点が必ず1つ存在する。

以上から、次の2つの定理が導き出せる。

［定理1］定義域の制約性によるパラドックスの解消定理（1）
$n \geqq 2$、［仮定1］、［仮定2］、［仮定3］のもとで、［条件USE（－1）］、［条件2］（パレート原理）、［条件IL］を満たす社会的選択関数Fは存在する。(Breyer［77］p.56)

［証明］
以下で示すことは、［条件USE（－1）］によれば、［条件2］、［条件IL］があれば、どんな循環性も生じないということである。これを証明するために、逆に社会的選好では、以下の(1)のような循環が生じていると仮定する。
(1) $x^{(1)}Px^{(2)}P \cdots \cdots Px^{(l-1)}Px^{(l)}Px^{(1)}$
(1)のような循環のl個の連鎖は、［条件2］があれば不可能である。その理由は、全ての個人的選好順序の推移性は、パレート原理の推移性（いいかえれば非循環性）を意味するためである。このことを、以下の2つの場合に分けて示す。
　（第1の場合）ただ1つの連鎖、たとえば$x^{(1)}Px^{(2)}$が［条件IL］を満たす場合。この時には、$(x^{(1)}, x^{(2)})$をPのj変形のうちの1つの組とし、
(2) $x^{(1)}P_jx^{(2)}$
となるような$V_j \in V$（$1 \leq j \leq n$）が存在する。他のすべての連鎖は［条件2］を満たすとする。そうすれば、パレート原理の推移性により、(1)から帰納していくと、次の(3)がでてくる。
(3) $\forall_i$ ($i = 1, 2 \cdots n$): $x^{(2)}P_ix^{(1)}$
しかし、この(3)は(2)と矛盾している。

第5章 アロウの定理と自由主義

（第2の場合）すくなくとも2つの連鎖が［条件IL］を満たす場合。この時には、［条件USE（－1）］から、関係する個人のうち、少なくとも1人は極度にリベラルな選好を持つ個人である。こうして、一般性を失うことなく、循環の第1連鎖を$x^{(1)}Px^{(2)}$とする選好集合V_1を考えることができる。このことが真である必要条件は、Pの1変形のうちの1つの組が$(x^{(1)}, x^{(2)})$であることである。ただし、この$x^{(1)}$、$x^{(2)}$を、次の(4)と定義する。

(4) $x_1^{(1)} = m_1^h$, $x_1^{(2)} = m_1^k$ $(h < k)$

第2連鎖$x^{(2)}Px^{(3)}$は、次の(a)、(b)のどちらかの方法によってつくられる。

(a)［条件2］によると

(5) $\forall_i (i = 1, 2 \cdots n): x^{(2)}P_i x^{(3)}$

V_1は極度にリベラルな選好集合であるので

(5)が$i = 1$で成立する必要条件は次の(6)が成立することである。($r < k$の時には$x^{(3)}P_1 x^{(2)}$であるため）

(6) $x_1^{(3)} = m_1^r$ $(r \geq k)$

(b)［条件IL］によると

$(x^{(2)}, x^{(3)})$がPのj変形のうちの1つの組となるような$j \neq 1$が存在することになる。この時、

(7) $x_1^{(3)} = x_1^{(2)} = m_1^k$

が成立する。帰納法により、同じことが、$(x^{(3)}, x^{(4)}), \cdots (x^{(l-1)}, x^{(l)}), (x^{(l)}, x^{(1)})$という組にも適用できる。(6) (7)から社会状態$x^{(1)}$について

(8) $x_1^{(1)} = m_1^r$ $(r \geq k)$

がいえるが、この(8)は(4)と矛盾している。結論として［条件2］、［条件IL］の両方を使い、さらに［条件USE（－1）］を考慮すれば、社会的選好の循環性を導くことはできない。こうしてFの存在が証明された。

（定理1の証明終了）

［定理２］定義域の制約性によるパラドックスの解消定理（２）
n≧２、［仮定１］、［仮定２］、［仮定３］のもとで、［条件USE］［条件２］［条件IL］を満たす社会的選択関数Fは存在する（Breyer［77］p.57）。

［証明］［条件USE］は、［条件USE（－１）］よりも緩い条件であるため、上記の［定理１］より直ちにいえる。　　　　　　　（定理２の証明終了）

ｃによる解決方法を（例２）にあてはめる。［仮定１］の定義域の技術的分離をおこなうと、W_OとW_Jとは両立しないし、W_OとW_Eとも両立しない。最後にW_EとW_Jとも両立しない。このため、このｃによる解消方法はあてはめることができない。

ｄ．問題点

上記のａ、ｂでSen［89］、鈴村［６］、Suzumura［90］によるリベラル・パラドックスについてのサーベイを中心に要約し、ｃでは、Sen［89］、鈴村［６］、Suzumura［90］が完全に無視している［条件１］（定義域の無制約性）の検討による、センのパラドックスの解消方法を示した。

このｄではセンのリベラル・パラドックス論争についての我々の疑問を述べる。

①センの自由主義の定義への疑問

アロウの独裁制定理の条件として、非独裁制条件があるが、この非独裁制条件が認められるならば、当然、少なくとも２人（１人ならば独裁制になる）に、自分の決定が社会的決定になる権利域を認めるという自由主義的権利の主張の容認の条件も認められると考え、センの自由主義的権利の定義を出してきたものと思われる。こうして自由主義的権利の存在そのものが生まれてきた理由はわかるが、自由主義という言葉の定義が、哲学、政治学の歴史ではいろいろな内容を含むものとしても「おせっかいな他人か

らの干渉を認めない」ということが自由主義の概念に含まれる最小限の要求と我々は考える。この最小限の要求を認めるならば、(例1)、(例2)に含まれるような、他人におせっかいな行為をなすという選好を持つ個人の存在は考えられなくなり、こうしたおせっかいな個人の選好は、定義域から、そもそもはじめから排除されるという形で定義域の制約がなされるべきだと考えられないだろうか。こうしたことを考えると、Blau［76］、Farrell［80］、Nozick［86］の定義域を修正しようとする試みも理由があり、それぞれへの Sen［89］、鈴村［6］からの批判点はおかしくなり、そもそもセンのリベラル・パラドックスを示す定理自体がおかしくなるのではないか、と考える。

②センと鈴村の、センのパラドックスの3つの条件の取り扱いへの疑問
　セン、鈴村は、［条件3'］（自由主義的主張の権利の容認）への批判・修正に対しては反論をしているが、我々にとっては、そもそも、この［条件3'］は［条件1］とも関連性をもつと考えられるものであり、セン、鈴村の Blau、Gibbard、Nozick への批判点にも疑問が生じる。セン、鈴村は、パラドックス解消のためには［条件2］（パレート原理）の修正しかないと考え、b－2でのⅴ、ⅵのような試みをしているが、我々には、ⅴ、ⅵでリベラルな個人の存在を定理の中に入れることがそもそも疑問となる。なぜなら、自由主義的権利をいうならば、無条件なリベラルな個人の存在は当然と考えるからである。

③定義域の無制約性を試みる論文の無視
　セン、鈴村の［条件1］（定義域の無制約性）の検討を、理論的な敗北という理由で無視することに対して、センのパラドックスについて、明確な形でBreyer［77］によって、［条件1］を理論的に修正して、センのリベラル・パラドックスの解消がおこなわれており、セン、鈴村の［条件1］の検討を無視する方法には疑問がある。このことは、アロウの独裁制定理の

条件の検討への試みにも表れており、Inada［39］の、［条件1］に対して制約を加えた秀れた論文を軽視している鈴村への疑問にも関連してくる。第3章で述べたように「アロウの定理」を現実的分析に適用する時、必ず、この［条件1］が問題になってくるからである。

第2節　センのリベラル・パラドックスが生じている確率について^(注)

　3つの前提条件のもとでは、市民的自由と社会的選択との両立性を問視すると主張するSen［4］、［88］のリベラル・パラドックスは、ソ連邦崩壊後、世界各地で、民族的違い、宗教的違いを強調する動きが高まっている現在、注目されるべき定理であろう。

　各民族、各宗教の主張を絶対ゆずれない主張とする立場をとる絶対的自由容認派にとっては、それでは国家統合を、この容認する立場とどう両立させるのかという問題にまず答えるべきであろう。こうした問題提起を定理化したのがこのセンのリベラル・パラドックス定理である。

　Sen［4］、［88］で3つの前提条件とは、①「定義域の無制約性、もしくは選好の無限定性」、②「パレート原理」、③「各自のリベラルな主張の容認」という条件で、これらすべてを満たすような社会的選択関数（1つの選択対象をbestとする選択ルール）は、一般的には存在しえないというのが、前節で述べたように、センのリベラル・パラドックスの内容である。

　この第2節では、aでFeldman［2］、［9］によるアロウの一般不可能性定理の、独特な表による証明法を利用して、アロウの定理の一変形であるセンのリベラル・パラドックスを表によって説明し、bで、この表による説明を利用して、センのリベラル・パラドックスが生じる確率を計算し、cで、bでの計算結果と、すでに得られているアロウの一般不可能性定理の具体的な例である投票のパラドックスが生じる確率と比較している。

　この2つの確率計算結果の比較により、センのリベラル・パラドックスが生じる確率は小さく、また人数が多くなるにつれて（2つのリベラルな

主張に限定して考えるという制約があるが)、急激に小さくなる傾向があるという結論が得られる。この結論から、センのリベラル・パラドックス状況は、投票のパラドックスより現実に起きにくいものであるといえる。

この第2節では3つの前提条件のうち、「定義域の無制約性」は、全ての選好順序の可能性を考えることと各個人とがとる選好とは、等しい確率 (equal likely) で生じると考えること、「パレート原理」は全員一致の選好は、そのまま社会的選好になるということ、「各自のリベラルな主張の容認」は、構成員が何名になろうと、2人の主張しか認めないことにする、という形にして、以下の議論を展開している。

a．センのリベラル・パラドックスの表による説明

2人、3選択対象の場合で考える。個人1、個人2は選択対象x、y、zに対して強順序 (P_i, i=1, 2) を持つとする。この節では、無差別性を認めている弱順序 (R_i) を持つ場合は除外する。こうして、個人1がxをyより、yをzより選好する場合を記号で示すとxP_1yP_1zということになる。個人2についても、例えばzP_2xP_2yというように記号化できる。2人、3選択対象の場合で、センのリベラル・パラドックスが生じるのは、前記の「定義域の無制約性」「パレート原理」「各自のリベラルな主張の容認」という3つの条件を認める場合は、たとえば、個人1がxP_1y、個人2がyP_2zというリベラルな主張をした時である。他に

$$\begin{cases} yP_1x \\ xP_2z \end{cases} \begin{cases} xP_1z \\ zP_2y \end{cases} \begin{cases} yP_1z \\ zP_2x \end{cases} \begin{cases} zP_1x \\ xP_2y \end{cases} \begin{cases} zP_1z \\ yP_2x \end{cases}$$

と、それぞれ個人1、個人2を逆にしたものがある。

Feldman [2]、[9] と同じように、センのリベラル・パラドックスの場合を表にすると、表1のようになる。

こうしてxP_1y、yP_2zの場合に、センのリベラル・パラドックスが生じるのは、全ての考えられるリベラルの主張 ($=_3\bar{P}_2 \times _3\bar{P}_2$) の場合のうち、3！×2＝12の場合だけである。すなわち、表1をすこし変形したものが他に

個人2 \ 個人1	xP_1yP_1z	xP_1zP_1y	zP_1xP_1y
xP_2yP_2z	xPy, xPz, yPz xで決定	xPy, xPz, yPz xで決定	xとzとは不定 xで決定
yP_2xP_2z	xで決定	xで決定	xで決定
yP_2zP_2x	xで決定	xで決定	xPy yPz zPx（パレート原理） の状況でセンのリベラル・パラドックス

表1

11枚の表として描けるが、ここではこれらの11枚の表は割愛する。ここで$\overline{P}$は順列、！は階乗を示す記号である。xP_iyP_izという強順序をxP_iy、yP_izという形に2分し、それぞれの各個人がリベラルな主張として持ち出した場合、表1のように、9つのケースのうち、1ケースのみ、センのリベラル・パラドックスが生じることが証明される。このことから、次のbの確率計算ができる。

b．センのリベラル・パラドックスが生じる確率計算の結果
　i．aで述べたことから、2人、3選択対象の場合で、センのリベラル・パラドックスが生じる確率が、次のように求められる。

全ての場合の数……$_3\overline{P}_2 \times _3\overline{P}_2 \times 3^2$
センのリベラル・パラドックスが生じる場合の数……$3！\times 2$

こうして、
　2人、3選択対象の時、センのリベラル・パラドックスが生じる確率は、

$$\frac{3！\times 2}{_3\overline{P}_2 \times _3\overline{P}_2 \times 3^2} = \frac{12}{324} = 0.037037$$

第5章 アロウの定理と自由主義

ⅱ．ⅰと同様にして、3人、3選択対象の場合に、センのリベラル・パラドックスが生じる確率は、

$$\frac{6 \times 5}{{}_3P_2 \times {}_3P_2 \times {}_3P_2 \times 3^2} = \frac{30}{6^3 \times 27} = \frac{30}{5832} = 0.005144$$

ⅲ．同様に、4人、3選択対象の場合で、センのリベラル・パラドックスが生じる確率は、

$$\frac{6 \times 14}{{}_3P_2 \times {}_3P_2 \times {}_3P_2 \times {}_3P_2 \times 3^4} = \frac{84}{104976} = 0.0008001$$

ⅳ．5人、3選択対象の場合の確率は、

$$\frac{6 \times 30}{({}_3P_2)^5 \times 3^5} = \frac{180}{1889568} = 0.0000952$$

ⅴ．6人、3選択対象の場合の確率は、

$$\frac{6 \times 62}{({}_3P_2)^6 \times 3^6} = 0.0000109$$

次に、4選択対象を考える。

ⅵ．3人、4選択対象の場合の確率は、

$$\frac{4! \times 6}{({}_4P_2)^3 \times 12^3} = 0.000482$$

ⅶ．4人、4選択対象の場合の確率は、

$$\frac{4! \times 36}{({}_4P_2)^4 \times (12)^4} = 0.000002$$

ⅷ．5人、4選択対象の場合の確率は、

$$\frac{4! \times 36}{({}_4P_2)^5 \times (12)^5} = 0.000000005814$$

c．投票のパラドックスが生じる場合の確率との比較

このcでは、bで得られたセンのリベラル・パラドックスが生じる確率と、アロウの一般不可能性定理の具体的な例である投票のパラドックスが

選択対象の数 \ 個人の数		2	3	4	5	6	7
3	センのパラドックスの確率	0.037034	0.005144	0.0008001	0.0000952	0.0000109	
3	投票のパラドックス		0.0556		0.0694		0.075
4	センのパラドックスの確率		0.000482	0.000002	0.000000005814		
4	投票のパラドックス		0.1111		0.14		0.15

(投票のパラドックスの確率については、Niemi and Weisberg [108] の表2より抜粋)

表2

生じる確率とを比較する。比較した表を、表2の形で示す。

d. 結論

上記 c の表2から明らかなように、アロウの一般不可能性定理の具体的な例である投票のパラドックスが生じる確率は、人数、選択対象の数とともに、増加傾向にあるのに対し、センのリベラル・パラドックスが生じる確率は、特に、人数の数とともに低下傾向にあるということがわかる。なお、この点について、この節の完成後、Kim and Roush [104] が我々と同じ結論になっていることを知った。

このことから、市民的自由と社会的選択との非両立性を主張するセンのリベラル・パラドックスは、この第2節の仮定の下では確率的にみると、重要性が低いということになる。人数が多くなると、それぞれの各人が等確率でそれぞれの選好を表現する場合、センのリベラル・パラドックスに陥る場合が、考えられるすべての場合と比較して、極端に少なくなるとい

うことを示している。このことから、現実には、リベラル・パラドックスを考える必要性が低いと結論されようが、こうした結論が生じる理由は、人数が増えるにつれて、2人の微妙な対立を含むリベラルな主張は、2人以外の人々のいろいろな選好の中に埋没してしまうためと考えられる。このモデルの仮定の範囲内で、リベラルな精神に対する「多数派の圧制」（トクヴィル）が生じていることを示している。

　（注）この節を書くにあたって、計算法についての助言を、国立独立法人奈良高等専門学校の市原亮教授（数学）からいただいた。ここで謝意を表したい。

第6章　アロウの定理と個々人の不正操作可能性問題

　この第6章は、今までの章の、個々人は、全て正直に自らの選好順序を表すものという前提をくずし、個々人は、他人の選好順序を何らかの手段によってあらかじめ知り、この知識をもとに自らの選好を不正直に表すことにより、正直に表すよりも、自らに有利な社会的決定になるように操作しようとする前提を採用する。この新しい前提を採用してアロウの定理を考えたものが、ギバート＝サタースウェイト定理といわれるもので、第1節では、この定理を、投票制をとる社会的選択関数のもとで、一般的に証明する。第2節では、わかりやすくするために表によって、この定理を証明する。第2節のこの表による証明は、第1章第2節のフェルドマンの証明方法の応用にあたる。この点、第2章第3節、第4節、第3章第3節、第5章第2節と同じく、フェルドマンの「アロウの定理」の表による証明法の有効性が高いことを示している。第3節は、このやっかいなギバート＝サタースウェイト定理を回避する方法についての研究を、最新のところまでサーベイする節である。

第1節　ギバート＝サタースウェイト定理

　公共財の最適供給に関して、公共財を利用する者が虚偽の選好を示すことにより、「ただ乗り」をして、公共財への負担をのがれながら、その公共財利用はちゃっかりおこなうという問題がおこりうることを、公共経済学では、はやくから指摘されてきた。こうした、自分の選好を偽って表示することにより、自分の利益を最大化しようとする戦略的行動を、アロウの一般不可能性定理に導入・研究しようとしたものが、この第6章の主題

となるギバート＝サタースウェイト（不正操作可能性）定理の目的である。人間が、自分の利益をはかるために自分の利益を正直に表現するとは限らないことは宗教、倫理からは非難されようが、経済・政治・軍事・社会活動の面からは日常よく経験するところである。アロウの一般不可能性定理の諸条件だけでも、社会的合意の得られない決定が一般的にはなされないというのに、さらに、虚偽の選好表示がないという条件を加えると、アロウの諸条件のうち、いくつかを除いても、一般的には社会的合意が得られないというギバート＝サタースウェイト定理の主張になる。この章では社会的選択関数の具体形として投票方式をとり上げている。この理由は経済的決定にかぎっては、市場機構と政府の自由裁量でなされることが多いが、投票方式によって決める部分も1989年の日本での消費税の是非をめぐる選挙でも明らかなように、あるためである。

　個人の選好が虚偽表示によるものとすれば、アロウの一般不可能性定理が問題とする、人工国家の基礎にある社会契約論の基盤がますます弱いものであることになり、Feldman [2] のいうように、投票によって選出されたものが政治をおこなうという政治権力の正統性そのものも批判の対象になってくる。この第1節の証明は、Blin and Satterthwaite [113] による証明を利用している。

a．記号の説明

以下のb、cで使う記号を説明する。

m……Xに含まれる要素の数、考えられる選択対象の数にあたる。＃X＝mと書く。

P……n人の真の選好の集合（$P_1, P_2, \cdots P_n$）で個人的選好順序体系と呼ぶ（別の個人的選好順序体系はP'で表す）。

v (P｜X)……投票方式vによって、選好順序体系Pと選択対象Xが決める投票結果を示す。例えばv (P｜X)＝x∈X⊂Sというように。

p……全体集合Zでの全ての可能な強選好順序の集合。p^nはpのn倍の直積。
A＼B……AからBを除いた残りの部分集合を示す。
u……投票方式vの基礎にある社会的選択関数。
P−{x_1}……個人的選好順序体系Pに含まれるx_1を、最下位におくという形で、もとのPを修正した個人的選好順序体系のこと。より一般化すれば、P−{x_1, x_2…x_n}となるが、これは、個人的選好順序体系Pを{x_1, x_2…x_n}のまま、最下位におくという形で、もとのPを修正した個人的選好順序体系を示す。ここで{x_1, x_2…x_n}の順序は、一定の特別な順序内体系できまっている順序そのままが維持されるものとする。
K_{xy}(B)……全てのi∈Bに対して、xP_iyとなるような、全ての個人的選好順序体系の全体集合P∈p^nの集合体をさす。ここでのBはB={i | i∈NでxP_iy}とする。

b．不正操作可能性について

不正操作可能性の定義については、次の様になされる。

［不正操作可能性の定義］
投票方式v(P | S)が個人的選好順序体系P∈p^nに対して不正操作可能であることの必要十分条件は、
ある実行可能な選択対象集合S⊂Zとある個人i∈Nに対して、1つの選好順序P'_i∈pが次のことを成立させることである。
　　v(P／P'_i | S) P_i v(P／P_i | S)
但し、
　　P／P'_i≡(P_1, P_2…P_{i-1}, P'_i, P_{i+1}…P_n)
　　P／P_i≡P≡(P_1, P_2…P_{i-1}, P_i, P_{i+1}…P_n)

条件SPとは、この不正操作可能性がないことを意味する。すなわち、

条件SP……Strategy Proofness（操作の余地がない）の略で、投票方式 v（P｜S）がSPを満たすための必要十分条件は、vが不正操作可能性を持つ、どんな個人的選好順序体系P∈p^{n}も存在しえないということである。

c. アローの一般不可能性定理からギバート＝サタースウェイト定理へ

このcでは、アローの定理を述べ、次に［113］を利用してこの第1節の主題であるギバート＝サタースウェイト定理の証明をおこなう。
この定理を証明する前に、bでおこなった不正操作可能性という条件以外の、以下の3つの定理で使われる諸条件について述べる。

条件R……Rationality（集団的合理性）の略で、投票方式vが条件R（連結性と非対称性と推移性との3条件を意味する）を満足するための必要十分条件は、vの基礎にある社会的選択関数uが条件Rを満足する形で存在することである。

条件IIA……Independence Irrelevant Alternative（無関係な選択対象からの独立性）の略で、投票方式vが条件IIAを満足するための必要十分条件は、全ての実行可能な選択対象集合X⊂Zに対して、Xで一致する選好体系P, P'∈p^{n}のすべての組に対してv（P｜X）＝v（P'｜X）が成立することである。

条件PA……Positive Association（正の相関）の略である。定義としては次の様になる。任意のx∈Zに対してY＝Z＼{x}、P, P'∈p^{n}を、次の(a)、(b)という性質をもつ任意の個人的選好順序体系の組とする。

　(a) PとP'はYで一致する。

　(b) 全てのi∈Nと全てのy∈Y対して、もしxP$_i$yならば、xP'$_i$yである。

投票方式vが条件PAを満足するための必要十分条件はv

(P│S)＝xとなるような、全ての実行可能な選択対象集合S⊂Zに対してv（P'│S）＝xが成立することである。

条件PO……Pareto Optimality（パレート効率性）の略で、今までのパレート原理にあたるもの。投票方式vが条件POを満足するための必要十分条件は、任意の選好体系P∈p^n、任意の実行可能な集合S⊂Z、最後に、任意の選択対象の組x, y∈Sに対しxP$_i$y（全てのi∈Nに対して）が成立する時には、つねにv（P│S）≠yが成立することである

条件ND……Non Dictatorship（非独裁制）の略で、投票方式vが条件NDを満足するための必要十分条件は、あるi∈Nと、全てのP∈p^{n}に対して、v（P│S）＝max$_s$P$_i$が成立する、どんな実行可能性をもつ選択対象集合S⊂Z、#S≧2が存在しないということである。

条件MB……Monotonic Binarity（単調性をもつ2項性）の略で、投票方式vとその基礎となる社会的選択関数u（P）が、条件MBを満足するための必要十分条件は、任意の選好順序体系P∈p^{n}と任意の選択対象の組x, y∈Zに対して、xu（P）yという社会的順序が、個人の部分集合B＝{i│i∈NでxP$_i$y}は、yよりxがいいと決定できる力をもっていることである。

①アロウの一般不可能性定理

定理1［アロウの一般不可能性定理］
R、IIA、PA、POを満足する投票方式vを考える。もし、#Z≧3ならば、全てのP∈p^{n}と全てのX⊂Zに対して、v（P│X）＝max$_x$P$_i$とする独裁者i∈Nが存在する。

系1［アロウの一般不可能性定理の別の表現］
もし#Z≧3ならば、R、IIA、PA、PO、NDを満足するような投票方式

vは存在しない。

②ギバート＝サタースウェイト定理
定理2［条件2を含めるギバート＝サタースウェイト定理］
もし投票方式vがR、SPを満足するならば、この投票方式vはIIA、PAを満足している。

系2［定理2の別の表現］
R、SP、POを満足する投票方式vを考える。もし$\#Z \geq 3$ならば、全てのP$\in$p^{n}と全てのX$\subset$Zに対して、v（P｜X）＝$\max_x P_i$とする独裁者i$\in$Nが存在する。

［補助定理1］
条件R、IIA、PAは条件R、MBと同値関係にある（［113］p.254の定理1にあたる）。

［補助定理2］
条件R、IIA、PAを満足する投票方式vは、条件SPを満足する（［113］p.258の定理にあたる）。

［定理2、系2の証明］
［補助定理1］より、R、IIA、PAという条件は、R、MBという条件と同値になるが、この同値関係を使えば、ここでの定理2での証明をするためにはR、SPという条件がMBという条件を意味するだけでよいことになる。R、SPというを満足する投票方式vを仮定するが、vの基礎となる社会的選択関数uはMBを満足しないと仮定しよう。uはMBを満足しないという仮定から、個人的選好順序体系P$\in$p^{n}と、選択対象の組x, y$\in$Zは、(i) xu（P）yと、(ii) B＝{i｜i$\in$NでxP$_i$y} という集合はy

よりxがいいと決定できる力がないという性質を持っている。こうして、$P' \in K_{xy}(B)$でyu(P') xが成立するP'∈p^{n}が存在することになる。このことから、次のような数列が考えられる。

(1) $\begin{cases} u(P_1, P_2 \cdots P_n) = P_N(0) \\ u(P'_1, P_2 \cdots P_n) = P_N(1) \\ \vdots \\ u(P'_1, P'_2 \cdots P'_{n-1}, P_n) = P_N(n) \end{cases}$

$xP_N(0)y$、$yP_N(n)x$であることより、$xP_N(j-1)y$と$yP_N(j)x$となるような、臨界的な個人j∈Nが存在することになる。L={x, y}, $P^* = (P'_1 \cdots P'_{j-1}, P_j \cdots P_n)$とすれば、$v(P^*/P_j | L) = \max_L P_n(j-1) = x$と$v(P^*/P'_j | L) = \max_L P_N(j) = y$となる。B={i | i∈Nで$xP_i y$}でP'∈$K_{xy}$(B)であることから、全てのi∈Nに対して$xP_i y$は$xP'_i y$を意味することになる。こうして、個人jについて、次の3つの可能性が考えられる。(a) $xP_j y$で$xP'_j y$か、(b) $yP_j x$で$yP'_j x$か、(c) $yP'_j x$で$xP'_j y$かの3つである。この3つの可能性は、全てvがSPを満足するという仮定に矛盾する。すなわち(a)、(c)については、$v(P^*/P_j | L) P'_j v(P^*/P_j | L)$であることから、SPに矛盾し、(b)についてはv(P^*/P'_j | L) P_jv (P^*/P_j | L)であることからSPに矛盾することになる。こうしてuはMBを満足するはずである。これで定理2の証明は終わり、定理1と定理2から系2の証明もできる。

(定理2、系2の証明終了)

③ギバート＝サタースウェイト定理（Ⅱ）（条件Rを含めない場合）
定理3　［条件Rを含めないギバート＝サタースウェイト定理］
SP、POを満足する投票方式gを考える。もし#Z≧3ならば、各々の実行可能な選択対象集合L⊂Zに対して#L≧3で、全てのP∈p^{n}に対してg(P | L) = $\max_L P_i$とする独裁者i∈Nが存在する。

系3 ［定理3の別の表現］
もし#Z≧3ならば、SP、PO、NDを満足する投票方式gは存在しない。

［定理3、系3の証明］
SP、POを満足する投票方式gを考える。#Z≧3とする。ここでの証明方法は、R、SP、POを満足する前掲の定理2での投票方式vをgから導き出そうとする方法をとる。系2よりvは独裁者を持つ。最終的には、vの独裁制によって#L≧3となり、こうして、それぞれZ⊂Lに対してgは独裁制を持つことが示せる。

　aで説明した、$P-\{x_1\}$、$P-\{x_1, x_2\}$、$P-\{x_1, x_2, x_3\}$等の表記法の利用によって、vの基礎にある選択関数uを定義し、つづいて定理2でのようにv（P｜X）＝$\max_x$u（P）であることを考慮すれば、集団的合理性Rを持つ投票方式vをつくり出すことができる。また、vはPOを満足している。任意で、所与の選好順序体系$P \in p^n$に対して、社会的順序P_N＝u（P）は、この表記法を使えば、次の様に定義されよう。まず最初に、P_Nは選択対象x_1をx_1＝g（P｜X）、つづいてx_2をx_2＝g（$P-\{x_1\}$｜X）等々、最後にx_mをx_m＝g（$P-\{x_1, x_2 \cdots x_{m-1}\}$｜X）というように定義できる。この順序$P_N$は、gがPOを満足することによりg（$P-\{x_1, x_2 \cdots x_L\}$｜X）＝$x_{L+1}$を最適の選択対象とするが、この$x_{L+1} \notin \{x_1, x_2 \cdots x_L\}$であること、さらに、このことからgが推移性を持ちえることがわかる。所与のuに対してvは全ての$P \in p^n$と全てのX⊂Zに対して、g（P｜X）＝$\max_x$u（P）∈Xとなるし、またvは、そのuの性質上Rを満足し、さらにvはPOをも満足することがわかる。こうしてvがR、POとともに、SPをも満足しているということの証明は、もとの投票方式gについて、以下の要求がいえるかどうかによる。すなわち、その要求とは、任意の$P \in p^n$と任意のL⊂Zに対して、g（P｜Z）∉L、g（P｜Z）＝g（P－L｜Z）が成立するというものである。この要求が成立するかどうかの証明をするために、ある$P \in p^n$、あるX⊂Zに対しては、この要求が成立しないと仮定しよう。こうして、

第6章　アロウの定理と個々人の不正操作可能性問題

$g(P|Z) = x \neq g(P-L|Z) = y$、但し $x \notin L$ とし、$P-L = P' = (P'_1, P'_2 \cdots P'_m)$ と定義する。$P-L = P'$ という定義と $x \notin L$ という仮定から、任意の $i \in N$、任意の $y' \in Z$ に対して、$xP_iy' \rightarrow xP'_iy'$ がいえる。

ここで、次の様な数列を考える、

　$g(P_1, P_2, \cdots P_n | Z) = x$
　$g(P'_1, P_2, \cdots P_n | Z)$
　　　　　$\vdots$
　$g(P'_1, \cdots P'_{n-1}, P_n | Z) = y$

上記の数列より、$g(P'_1, P'_2 \cdots P'_{j-1}, P_j, \cdots P_n | Z) = g(P^*/P_j | Z) = x$ と $g(P'_1 \cdots P'_{j-1}, P'_j, P_{j+1}, \cdots P_m | Z) = g(P^*/P'_j | Z) = y'$（$y'$ は y に等しいこともありえる）が成立するような、臨界的な個人 j が存在することになる。P_j については、xP_jy' か $y'P_jx$ かの2つの可能性が考えられるが、まず xP_jy' の可能性についてみると、xP_jy' は xP'_jy' ともいえる（上記の $xP_iy' \rightarrow xP'_iy'$ より）。こうして、$g(P^*/P_j | Z) P'_j g(P^*/P'_j | Z)$ と書き換えられるが、これもまたSPを満足するという仮定に反する。こうして、任意の $P \in p^n$、任意の $X \subset Z$ に対して、$g(P|Z) \neq x$、$g(P|Z) = g(P-L|Z)$ が成立するということがわかった。このことを使えば、以下でみるように、vは必ず条件MBを満足するということを示せるわけである。［補助定理1］と［補助定理2］とから、MBを満足するvはSPを満足することになる。MBを満足することを証明するために、逆に、$v(P|X)$ とその社会的選択関数 $u(P)$ とはMBという条件を満足しないと仮定しよう。定理2での(1)式とほぼ同じようにして、$xu(P/P_j)y$ と $yu(P/P'_j)x$ となるような選好順序体系 $P \in p^n$、2つの選好順序 $P_j, P'_j \in p$、選択対象の組 $x, y \in Z$ が存在することになる。定理2と同じ方法により、P_j と P'_j とが x, y を順序づける3つの可能性がある。すなわち、(a) xP_jy で xP'_jy か、(b) yP_jx で yP'_jx か、(c) yP_jx で xP'_jy の3つである。まず(a)について考えてみると、社会的選択関数 u からつくられる g には、以下の2つの式が成立するような集合 $L = \{x_1, x_2 \cdots x_k\} \subset Z$ と $L' = \{x'_1, x'_2 \cdots x'_L\} \subset Z$ が存在することに

なる。

その式とは

(2) $g\ [(P/P_j)-L\mid Z]=x$

(3) $g\ [(P/P'_j)-L'\mid Z]=y$

である。但し、$x\notin L$、$y\notin L$、$x\notin L'$、$y\notin L'$とする。$y\notin L$となるようなLがどうして選ばれるのかの理由は、もし、$y\in L$ならば、uのつくり方からyu (P/P_j) xとなり、これは、はじめの仮定xu (P/P_j) yと矛盾することになるからである。

$Y=L\cup L'$とすれば、$x\notin Y$、$y\notin Y$となることは明らかである。

$\tilde{P}/\tilde{P}_j\equiv(P/P_j)-L$、$\tilde{P}/\tilde{P}'_j\equiv(P/P'_j)-L$と定義しよう。

$x\notin L$、$y\notin L$ということとP_j、P'_jとから$\tilde{P}_j$、$\tilde{P}'_j$をつくると、P_jと$\tilde{P}_j$は{x, y}という選択対象について意見が一致し、P'_jと$\tilde{P}'_j$とからは{x, y}という選択対象について意見が一致している。このことから、(a)の場合は、xP'_jy、$x\tilde{P}'_jy$と書ける。$x\notin L$、$y\notin L$と(2)、(3)の式より、$g\ (\tilde{P}/\tilde{P}_j\mid Z)=x$、$g\ (\tilde{P}/\tilde{P}'_j\mid Z)=y$ということになる。こうして定理2での証明と同じ様にして、$g\ (\tilde{P}/\tilde{P}_j\mid Z)\ \tilde{P}'_j g\ (\tilde{P}/\tilde{P}'_j\mid Z)$ となり、gがSPという条件を満足していることと矛盾する。(a)の場合、こうしてvはMBという条件を満足することになる。(b)、(c)の場合も(a)の場合と同じ背理法によって証明できる。結果として、vはMBを満足し、さらにSPをも満足することになる。

vはR、PO、SPを満足しているので、系2が適用されうる。こうして、もし$\#Z\geq 3$ならば、全ての$P\in p^n$、全ての$X\subset Z$に対して、$v\ (P\mid X)=\max_x P_i$とする独裁者$i\in N$が存在することになる。gのつくり方から、全ての$P\in p^n$に対して$v\ (P\mid Z)=g\ (P\mid Z)$となっている。そのため、全ての$P\in p^n$に対して

(4) $g\ (P\mid Z)=\max_Z P_i$

がいえる。

(4)で、ここでの証明がほとんど終わったことになるが、完全な証明のた

第6章 アロウの定理と個々人の不正操作可能性問題

めには、以下が必要である。
全体集合Zに対してと同様に、任意の実行可能な集合X⊂Zに対しても(4)がいえるためには、次の2つの段階を踏む必要がある。第1段階として、gはSPを満足しているため、あとはIIAも満足していることを示すことである。gはSPを満足するが、IIAを満足しないとし、背理法による仮定をおこなう。この仮定より、(i) P, P'はXについては一致し、(ii) g (P│X)=x≠g (P'│X)=yとなる集合X⊂Zと、選好順序体系P∈p^n、P'∈p^nが存在することになる。(ii) からg (P*/P_j│X)=x∈X, g (P*/P'_j│X)=y'∈X、但し、y'≠x, P*=(P'_1, P'_2…P'_{j-1}, P_j,…P_n) となる、臨界的な個人j∈Nが存在することになる。P, P'はXで一致しているので、(a)xP_jy'でxP'_jy'か、(b)y'P_jxでy'P'_jxかという2つの場合が考えられる。(a)の場合には、g (P*/P_j│X) P'_j g (P*/P'_j│X)、(b)の場合には、g (P*/P'_j│X) P_j g (P*/P_j│X)となり、いずれの場合もgがSPを満足するという仮定に反することになる。こうしてgはIIAを満たすことになる。
次の第2段階には新しい表記法が必要となる。所与の選好順序体系P=(P_1, P_2…P_n)∈p^nに対して、P_x=(P_{x1}, P_{x2}…P_{xn}) をそれぞれのP_iからXに含まれない全ての選択対象を削除した選好順序体系と定義する。Xの要素だけを順序づけたP_xとZ\X (ZからXを削除した場合) ではない要素を順序づけたP_zとは、Xで一致することになる。新しい投票方式をg_x (P_x│X)≡g (P│X) と定義する。この定義によりgはIIAを満足していることから、もしP, P'とがXで一致しているならば、g (P│X)=g (P'│X)=g_x (P_x│X)=g_x (P'_x│X) と書ける。こうして、新しい表記法を使えば、g (P│X)=g_z (P_z│X) となる。ここから、g (P│X)≡g_x (P_x│X) はg (P│Z)≡g_z (P_z│X) と同一構造を持っていることがわかる。こうして、(4)はg (P│X)≡g_x (P_x│X) として使える。すなわち、#X≧3ならば、g (P│Z)≡g_x (P_x│X)=$max_x P_{xj}$=$max_x P_j$とする独裁者j∈Nが存在することになる。

(定理3、系3の証明終了)

d．第3節との関連について

ギバート＝サタースウェイト定理の発見以降、この定理に関係する発展方向として、次の4つの方向がある。

① 社会的決定を1つと定めずに2つもありえる（tieの状態）とし、この定理の主張を回避する方向。

② tie の状態や、戦略的行動をはじめから封ずるために、社会的選択関数に偶然性機構を導入して社会的決定を得ることによって、この定理を回避する方向。

③ 選好に制約を加えることにより、戦略的行動を封じようとする方向で、具体的には Black などの単峰性の仮定、ミクロ経済学での凸性、連続性、線型性などの仮定によって、この定理を回避する方向。

④ 条件SPは、ゲーム理論の均衡概念では Nash 均衡概念にあたるが、この Nash 均衡概念以外の新しい均衡概念を使って、この定理を回避しようとする Moulin ［120］ et al の方向。

第3節では、この4つの方向のうち、③を除いた方向を検討する。第3節で述べるように、これらの回避方法はいろいろな問題を持っている。こうして、不正操作可能性問題は選好を表現する時に、制度的考慮があれば、実際に起きる確率は低くなる問題であるのに、起きると回避が難しい問題である。

第2節　ギバート＝サタースウェイト定理の表による証明

第6章の第1節では、個々人の不正操作可能性問題を一般的な形で証明したが、この第2節では、第1章の第2節で行った、Feldman ［2］［9］の表による証明法と同様の方法によって、第1節での不正操作可能性問題が証明できることを示す。この証明方法を示した Feldman ［10］は、フェルドマン自身によるこの定理問題への貢献を示す論文である。

第1章と同様に、2個人、3選択対象モデルで考える。こうして、個人1については6通りの選好順序の可能性が考えられ、個人2についても同

第 6 章　アロウの定理と個々人の不正操作可能性問題

選択順位＼個人	1 2	1 2	1 2	1 2	1 2	1 2
第1位 第2位 第3位	x x y y z z	x x y z z y	x y y x z z	x y y z z x	x z y x z y	x z y y z x
第1位 第2位 第3位	x x z y y z	x x z z y y	x y z x y z	x y z z y x	x z z x y y	x z z y y x
第1位 第2位 第3位	y x x y z z	y x x z z y	y y x x z z	y y x z z x	y z x x z y	y z x y z x
第1位 第2位 第3位	y x z y x z	y x z z x y	y y z x x z	y y z z x x	y z z x x y	y z z y x x
第1位 第2位 第3位	z x x y y z	z x x z y y	z y x x y z	z y x z y x	z z x x y y	z z x y y x
第1位 第2位 第3位	z x y y x z	z x y z x y	z y y x x z	z y y z x x	z z y x x y	z z y y x x

表 1

じく 6 通りの選好順序の可能性が考えられる（第 1 章の第 2 節と同じく強意の順序Pについてのみ考える）。2 個人からなる社会での選好順序の全可能性は、$6 \times 6 = 36$ 通りになる。表にすると、次の表になる。この表 1 は第 1 章の第 2 節での表 1 と同一のものである。

この 36 通りの組合わせのそれぞれに対して、3 選択対象の存在から、当然 3 つの可能な社会的選好結果があり得ることになる。このため、考えられる社会的選好関数の数は 3^{36} で、近似的には、1.5×10^{17} という大きな数になる。考えられる社会的選択関数の 1 つづつに対して、それぞれ、別の 6×6 の行列があるわけである。次の表 2 は、こうした社会的選択関数の 1 例である。

表 2 のそれぞれの個所の社会的選択は、表 1 のそれぞれの個所に対応し

149

た2個人の選好から導き出されたものである。この表2は、非常に特殊な社会的選択関数を示してる。というのは、表2の36個所それぞれの箇所の社会的選択結果は、個人1の個人的選好の最高位をしめる選択対象である。このことは、個人1が独裁者でありえることにしてしまう。もう1つ、別の、独裁的な社会的選択関数もありえる。それは、表2の転置行列で、この場合は個人2が独裁者となる。

x	x	x	x	x	x
x	x	x	x	x	x
y	y	y	y	y	y
y	y	y	y	y	y
z	z	z	z	z	z
z	z	z	z	z	z

表2

この第6章の第2節で、注目しなければならない社会的選択関数の性質は、不正操作可能性を持つかどうかというものである。

社会的選択として、以下の表の形を考え、この場合に、表1の第1行目の選好の組合わせに対応する4つの社会的選択結果を、個人1か個人2のいずれかの人が知っていると仮定する。

表3は、3^{36}の社会的選択関数のうちの1部分を示すものとなっている。

| x | x | y | z | ? | ? |

表3

表3は、1行1列目の個々人の選好では、xが社会的選択となり、1行2列目では、同じくxが、1行3列目ではyが、1行4列目ではzが選択対象となり、それぞれ社会的選択となることを、ある個人が知っているが、1行5、6列目については何も知らないと仮定している。

ある個人を個人2とすれば、個人2は自己の選好を偽って表現することにより、自己に利益をもたらすことができる。たとえば、表1の1行4列目で個人2が選好 $\begin{bmatrix} y \\ z \\ x \end{bmatrix}$ を正直に表現すれば（この場合、個人1は正直に自己の

選好を表現すると前提している）社会的選択結果は、表3によればzになる。しかし、ここで、個人2が偽って、自己の選好を$\begin{bmatrix} y \\ x \\ z \end{bmatrix}$と表現すれば、社会的選択結果は、表3の1行3列目のyと同じように、yに変わる。このyは、正直に自己の選好を表現した場合のzよりも、個人2にとって望ましくなる。

　表3に比べて、表2は、操作可能性を持っていないことは明らかである。各個人の選好は、決して、この表2の社会的選択結果に影響を及ぼしていないからである。こうして、独裁者は、不正操作可能性という特性を持つことになる。こうした個々人の選好に全く反応しない社会的選択関数は、「退化性を持つ」社会的選択関数と定義する。こうして退化性とは、「x、y、zという3つの選択対象のうちの1つが、2個人の選好順序から決定されるような性質」をさす。

　この第2節でのギバート＝サタースウェイト定理は、非退化性という、より厳密な性質を加えた形になって、次の様に表現される。

　［Feldman［10］によるギバート＝サタースウェイト定理］
　アロウの一般不可能性定理での条件1、条件4と2つの公理を前提にする場合、非退化性と操作不可能性を持つ社会的選択関数（ルール）は、一般的には（1つの例の存在も認めないという意味で）存在しない。

　［補助定理］
　非退化性と操作不可能性とを持つ社会的選択関数について、2個人がともに、あるxに対してyよりもxを選好するならば、yは社会的選択結果とはなりえない。

　（ギバート＝サタースウェイト定理の証明）
　上の補助定理によって、次の表4は条件1、4、2つの公理、非退化性と操作不可能性とを持つ、どのような社会的選択関数であれ、存在しな

いことを示す。

例えば、表1の1行2列目の、個人1、個人2の選好順序は$\begin{bmatrix}x\\y\\z\end{bmatrix}\begin{bmatrix}x\\z\\y\end{bmatrix}$である。この場合、xは、2人によってy、zよりも選好されている。こうして、補助定理により、y、zはともに社会的選択とはなりえない。表4のように、xが社会的選択結果となる。次に、表1の1行3列目の各個人の選好順序は、それぞれ$\begin{bmatrix}x\\y\\z\end{bmatrix}\begin{bmatrix}y\\x\\z\end{bmatrix}$である。xは、2人によって、zよりも選好されているので、補助定理により、zは社会的選択結果とはなりえないことになり、表4の結果となる。

社会的選択の表

x	(x)	zではない	zではない	yではない	
x	x	zではない		yではない	yではない
zではない	zではない	y	y		xではない
zではない		y	y	xではない	xではない
yではない	yではない		xではない	z	z
	yではない	xではない	xではない	z	z

表4

このことを、表1の第1行目全体にあてはめる。表1の第1行目全体は次の表5である。

第6章　アロウの定理と個々人の不正操作可能性問題

1	2	1	2	1	2	1	2	1	2	1	2
x	x	x	x	x	y	x	y	x	z	x	z
y	y	y	z	y	x	y	z	y	x	y	y
z	z	z	y	z	z	z	x	z	y	z	x

表5

補助定理により、この行の社会的選択の結果の表は、次のようになる。

x	x	zではない	zではない	yではない	

表6

この表6の3列目をxと仮定してみると、次の表7になる。

x	x	x	zではない	yではない	

表7

ここで、かりに、表7の4、5、6列目をyとすれば、個人2は、表7の3列目について操作可能なチャンスを持つことになる。というのは、個人2の正直な選好が$\begin{pmatrix}y\\x\\z\end{pmatrix}$であるにもかかわらず、4、5、6列目をyとなるようにするため、偽って4列目と同じように3列目を$\begin{pmatrix}y\\z\\x\end{pmatrix}$と表現すれば、表7でのxの代わりに、yとすることができる。しかし、4列目は操作不可能性を前提としているので、4、5、6列目は、yとなることはできない。4列目はyではなく、zでもないのだから、xとなる他はない。こうして、表7は表8になる。

x	x	x	x	yではない	yではない

表8

153

表8での5列目、6列目をzとすれば、個人2は4列目を操作可能となる。というのは、個人2の正直な選好は$\begin{bmatrix}y\\z\\x\end{bmatrix}$であるのに、偽って$\begin{bmatrix}z\\x\\y\end{bmatrix}$と表現することにより、4列目はxの代わりにzにすることができる。ところが操作不可能性を前提としているので、4列目はxであり、5列目、6列目もzとすることはできない。こうして、5列目はyではなく、zでもないわけであるから、xとなる。こうして、表8は、次の表9になる。

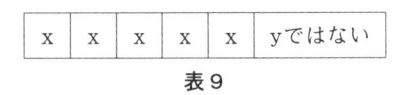

| x | x | x | x | x | yではない |

表9

この表9の6列目をzとすれば、個人2は5列目が操作可能となる。というのは、個人2の正直な選好は$\begin{bmatrix}z\\x\\y\end{bmatrix}$であるにもかかわらず$\begin{bmatrix}z\\y\\x\end{bmatrix}$と偽って表現することにより5列目のxに代えてzにすることができる。当然操作不可能性を前提としているので、5列目をzとすることはできず、こうして、6行目もzではありえない。6行目はもともとyではないのであるから、zではないとすれば、xとなるしかない。こうして、表9は、次の表10になる。

| x | x | x | x | x | x |

表10

結局、補助定理と、操作不可能性とを、次々に適用していくことにより、表1での第1行目全体は、表10のようになる。同様のことを、表1の、第2、第3、第4、第5、第6行目に、おこなうと、結局、表1からの操作不可能性を持つ社会的選択関数の表は、全体として表2になる。こ

第 6 章　アロウの定理と個々人の不正操作可能性問題

の表 2 は、個人 1 が独裁者となっていることを示している。これは、ギバート＝サタースウェイト定理での非独裁制条件に反している。

また、もし、1 行 3 列目をyと仮定し、表 6 ～表 9 のようなことをしていけば、個人 2 が独裁者となる社会的選択関数の表が得られる。この場合も、非独裁制条件に反する結果を得たことになる。

こうして、2 個人、3 選択対象の場合の、ギバート＝サタースウェイト定理は証明された。　　　（ギバート＝サタースウェイト定理の証明終了）

第 3 節　不正操作可能性の回避について

この第 3 節は、ギバート＝サタースウェイト定理を回避する方法について議論しようとするものである。第 1 節では、dにおいて 4 つの方向を挙げた。このうち、ここでは、dで述べた①での社会的選択結果を 1 つとしないで、2 つもありえるという集合値社会的選択関数の存在（＝tieの状態）を認めて、ギバート＝サタースウェイト定理を回避する方向、②、①でのtieの状態の発生、上記のSP（操作の余地がないという条件）を破る戦略的行動をはじめから封ずるために、社会的選択関数を導く前に、確率的に等しい選択機能を持つ偶然性機構や、議長裁定などの社会的決定力に偏りをもつ人物の存在とかを認めることなどを、はじめから、社会的選択関数を導出する時の条件とする形で、ギバート＝サタースウェイト定理を回避する方向、③SPという条件がゲーム理論での、最適反応原理から出てくるナッシュ均衡概念に対応していることから、ゲーム理論という、理論の一般化を試みる時に役立つ理論を利用することによって、一般的に社会的選択関数の存在の必要十分条件を求めることにより、ギバート＝サタースウェイト定理を回避する方向、の 3 方向について、サーベイ的に検討する。

a．Tie の状態関連の回避方法

社会的選択関数は唯 1 つに限るという内容のギバート＝サタースウェイト

定理に対して、2つ以上の社会的選択結果になってもいいのではないかという提案が、Gibbard [117] によって、まずなされ、これを受けて、Gardenfors [116]、Kelly [132]、Baebéra [126]、Feldman [128] らが2つ以上の社会的選択を持つ集合値社会的選択関数についての議論をした。

提案者の Gibbard [117] pp.592〜593では、2つ以上の社会的選択結果の場合でも、一種の等確率で決定できる偶然性機構（例えば、抽選で1つに決定するとか）や、国民の選好を総合的にまとめ上げる社会的選択機構（これが社会的選択関数にあたる）以外にある特定の人物に決定権を与える（例えば、議長裁定で1つに決定する）とかの新しい機構を持つ社会システムを考え、これを導く方法を考えればいいのだと主張している。この主張によれば、そもそもアロウの一般不可能性定理が、はじめから排除していた偶然に頼って社会的決定をおこなうこと（古代の占いより、戦争をやるかどうかを決定したようなこと）や、国民全体の選好によって社会的決定をおこなわれず、はじめから国民外の存在を認めること（一種の政治上の超越者の存在、日本の古代の天皇のような存在を認めること）になり、ギバートの提案の出発点自体に疑問だ。

集合値社会的選択の場合をより展開した Gardenfors [116] の場合では、操作不可能な集合値社会的選択関数では、社会的選好の中立性（2つの選択対象の選好位置を互換しても、社会的選好は不変）、匿名性（個人間で選好順序を互換しても、社会的選好順序は不変）という2つの性質が失われてしまうという結論になる。また、Kelly [132] の場合では、社会的選好の性質に、非賊課性（選好プロフィール $R^a \in A$ が存在し、$C^a = F(R^a)$ と $C^a(X) = X^*$ を満足すること、Xは任意の機会集合、X^* はXの非空部分集合）、径路独立性（どういう選択順位で選択しても、同じ社会的選好になるという性質）という制約条件を新たに加え、さらに寡頭支配グループ（＝弱い独裁者）の存在を認めて、やっと操作不可能な集合値社会的選択関数が存在しえるという結論になる。Baebéra [126] も寡頭支配制（見識ある個人）の存在が必要ということを主張し、前の Kelly [132] の結論とよく似てくる。Feldman [128] は

第6章　アロウの定理と個々人の不正操作可能性問題

ある個人に拒否権を与えなければ操作不可能な社会的選択関数は存在しえないという結論になっている。こうして、この回避法には問題が多い。

b．ゲーム理論関連の回避方法

社会的選択関数とゲーム理論との関連は、まずNakamura［134］によって本格的になされた。第7章の第1節、第2節でも触れるが、その結論は、社会的選択関数をゲーム理論によって一般化して検討した時、社会的選択関数の必要十分条件は、①拒否権を持つ1人の個人が存在するか、②選択対象集合の要素の数がNakamura Numberという数より未満であるか、のどちらか一方の条件が成立していることであるというものである。このNakamura［134］による結論はIshikawa＆Nakamura［130］によって、SP（操作不可能な）という性質を持つ社会的選択関数の存在条件を考える時にも、ほぼ有効であることがわかっている。

Ishikawa＆Nakamura［130］p.291の定理6．1によれば、SPという性質を持つ社会的選択関数の存在の条件は、次の定理で表現できる。

［定理］

選択対象の数は3つ以上とする。Fを社会的選択関数とし、G_FをFに対応した単純ゲームとする。Fが、ギバート＝サタースウェイト定理でのSPよりも一般化したC.SP（個人間で提携した場合でも操作不可能な）という性質を持つ社会的選択関数であるための条件は、次の（A）、（B）いずれか一方が成立する場合だけである。

　　（A）G_FはproperでstrongかつW（G_F）＞選択対象の数、であること
　　（B）Fは独裁者の存在を認める関数であること

この定理での単純ゲームとはゲームG（N, W）において、特性関数vの値が

　　V（S）＝0　　　　　　　　N：個人の数

            か（$\forall S \in N$）　　W：勝利提携集合
　V（S）= 1　　　　　　　　S：1つの提携

で与えられるゲームGのことをいう。V（S）= 0 の時、敗北提携となり、V（S）= 1 の時、勝利提携となる。勝利提携のみが全ての利得を得るので別払いのある投票ゲームともいわれている。

またW（G_F）は上記した②での Nakamura Number にあたり、W（G_F）= min ｛T集合の要素の数｜T⊂W,∩｛S｜S∈T｝= φ｝で定義されている。

さらに、proper とは、ゲームG（N, W）において、互いに共通点のない2つの勝利提携が存在しないこと、つまり S∈W→N－S∈L, $\forall S \in N$ をいう。

最後に、strong とは、ゲームG（N, W）において、全ての敗北提携の補集合が勝利提携である時、つまり、S∈L→N－S∈W、$\forall S \in N$ をいう。この時、Lは敗北集合を示す。

この定理での（A）が Nakamura [34] での②にあたり、（B）が①にあたるわけであるが、（B）はギバート＝サタースウェイト定理の内容そのものになっており、このbでの回避方法としては、（A）の検討が考えられるが、第7章の第1節、第2節でも述べるが、この（A）の意味内容の社会・政治・経済的な意味はいまだ与えられていない。

Moulin [133] et al の Elimination Procedure とは、2つの選択対象を、1回づつ優位順位（選択決定）をつけ、次にその優位対象と別の新しい選択対象との優位順位をつけていって、選択対象をしだいに排除していく方法である。この方法ならパレート原理を満たす社会的選択関数になりうると主張する。これだけなら、ゲーム理論との関連はないのであるが、Peleg [136] がこの Elimination Procedure を使うことにより、社会的選択関数は、proper で対称性を持つ単純ゲームとして表現できることを示してから注目された。しかし、表現できるための条件の社会・政治・

経済的な意味の検討がいまだになされず、単なる数学的条件に終わっている。なお、Moulin［133］の論文に関連してImplementation of Social Choice Functionという表題の論文が多数あるが、これらは、Moulin［133］のElimination Procedureのような方法で、SPという条件を満たす社会的選択関数を何らかのProcedureによって作り出そうという試みであり、理論的基盤はなく、むしろ、こんな方式ならどうかという1つの実験的試みの方向に近い。我々は評価しないが、今後、こうした実験的方法によってSP条件を満たす社会的選択関数を求める動きが多くなるであろう。

c. 結　論

　この第3節が目的とした、操作不可能性のため、個人が戦略的行動をとる余地がないような、社会的選択関数を捜そうという試みは、aで述べたように、tie状態を容認しても、やはり1つの社会的決定を得るために、偶然性機構や議長裁定に頼るという②の回避法は、現実にはこれらがなされていることとしても、アロウの一般不可能性定理の発想からは認めることができないという結論になる。また、bで試みた社会的選択関数の存在問題を、ゲーム理論を使ってより一般化しても、その存在のための条件は、定理での（A）のような単なる数学的条件になってしまい、定理（B）のような明確な意味のある条件では、ギバート＝サタースウェイト定理と同じ結論になってくる。

　我々は、ゲーム理論による解の数学的条件を、より展開して今後、社会・政治・経済的意味があるかどうかの検討をすることによって、ギバート＝サタースウェイト定理の回避方法が若干でもわかるのではないかと思っている。bでのゲーム理論による回避の方法はElimination Procedureには疑問があるが社会的選択問題の研究には1つの方法だと考える。

第7章　アロウの定理とゲーム理論・数学理論

　この第7章は、今までアロウの一般不可能性定理を、ゲーム理論、位相空間論、確率論によって解釈しなおそうという試みをサーベイするものである。他の分野の理論によって、アロウの一般不可能性定理を再解釈することにより、新たな分析道具による、新しい内容、結論が得られる可能性が今後示されるかもしれないという点では、将来、有望な研究であるといえる。こうした方向の研究の深化は、アロウの定理が、一定の成熟段階に達していることを示していると考えられる。第1節ではアロウの一般不可能性定理のゲーム理論展開を試み、第2節では第6章でのアロウの定理に個々人の不正操作を入れたギバート＝サタースウェイト定理のゲーム理論的展開を試み、第3節ではフィルター概念という位相数学概念を利用してアロウの一般不可能性定理を再解釈の試みをサーベイする。最後の第4節では、アロウの定理の代表的な例である「投票のパラドックス」現象の確率計算の結果を表にして要約している。

第1節　アロウの定理とゲーム理論

　Arrow［1］で自身が述べているように、アロウの一般不可能性定理はゲーム理論によっても展開できる。このことを、はじめて展開したのがWilson［145］であるが、できることを示しただけで、特にアロウ以上の新しい理論内容を持つものではなかった。ゲーム理論と社会的選択論との関連で新しい内容を持つ最初の論文は、Nakamura［134］、［135］、［143］、Ishikawa and Nakamura［141］である。この第1節の目的は、社会的選択論の邦文論文のうちでSurveyとして最も秀でている鈴村［6］でさ

えふれていないゲーム理論と社会的選択論との関連性を問題にしている[134]、[135]、[141][143]の内容を述べ、さらにそこで展開される拒否権者存在制についてのNakamura Theoremを記し、最後に我々独自の寡頭支配制定理、王制定理のゲーム論的表現を試みることにある。アロウの独裁制定理はWilson [145] によって、マス・コレル＝ソネンシャインの拒否権者存在制定理は、Nakamura [134]、[135]、[143]、Ishikawa and Nakamura [141] によって、ゲーム理論化されているが、寡頭支配制定理、王制（もしくは世襲制）定理は、いまだゲーム理論化されていない。これらのうち、王制定理は、独裁制定理の表現を変えたものである。我々による寡頭支配制定理のゲーム理論化は、意義のあるものと考えている。

a．記号の説明

主に、以下のb、cに出てくる記号の説明をおこなう。dについては、当該個所で特にふれていなければ、b、cと同じ内容である。

A………X（選択対象集合）と非空の部分集合、こうしてA⊂X（今までの定義とは異なる）。

D………b、cでは、X上での個々人の非循環的で強意の選好関係を示し、dではX上の個々人の準推移的で強意の選好関係を示す。

K………Dの集合。

S………ある提携（この章では今までのXの部分集合とは異なる）。

xP_Sy……全ての個人i∈Sに対してxP_iyならば、xP_Syと記す。

xF_Dy……上のSがFについて勝利提携である時、社会的選択関数Fと、これに関連している単純ゲームGとを結びつける関係。

P（X）……Xの部分集合の級（Class）。

＃………集合の基数（要素の数）を示す記号、濃度ともいわれる。

C（ ）……コア解の集合。

A×B……集合Aと集合Bとのカルテシアン積、すなわち、順序対（x, y）、x∈A、y∈B全体の集合。

W_G………単純ゲームGに関連させる時の、Fについての勝利提携の集合。
V_F………Fと関連された単純ゲームGの特性関数の集合。

b．Nakamura Theoremについて

Nakamura [134]、[135]、[143]、Ishikawa and Nakamura [141] では、社会的選択関数を、ゲーム理論の中の1ゲームの形である単純ゲームと関連させ、単純ゲームのコア解の存在条件と、社会的選択関数の存在条件とを対応させて、社会的選択関数の存在条件すなわちアロウの一般不可能性定理の回避条件を求めようという方法をとっている。結論も同じで、発表時期が後の論文ほど、内容の記述が洗練されたものになっている。

社会的選択関数は、いくつかの選択対象から、社会的選択プロセス（選挙、市場、慣習、独裁者、拒否権者、寡頭支配グループ、王など）によって、1つの選択対象が選択されることの数学的表現であるが、これを、人間の現実の行動現象を、より生々しくするゲーム理論によって記述しようとすると、特性関数Vが次のような単純ゲームによって表現できる。すなわち、

$$V(S) \begin{cases} 1 & S \in W \text{の時} \\ 0 & S \notin W \text{の時} \end{cases}$$

Wは勝利提携、Sはいろいろな提携集合。

この特性関数から勝利提携はすべてを得る。すなわち、自らの決定が社会的決定になる（＝社会的選択関数になる）。他方、勝利提携に属しない提携は何も得られないことになる。すなわち、絶対に社会的決定になりえない。

以下で単純ゲームの弱性の定義をする。

［単純ゲームの弱性の定義］
単純ゲームを$G_F=(N, W)$とする。この時、$W_G = \cap \{S \mid S \in W\} \neq \phi$が成立する時、Gは弱性を持つという。

単純ゲームと社会的選択関数とを結びつける、重要な概念である勝利提携の定義は次のようである。

もし $[\forall x, y \in X, x \neq y, \forall D \in K, xP_Sy] \rightarrow xF_Dy$ が成立するならば、提携SはFについての勝利提携W_Fという。

Nakamura Theoremで使われている4つの条件と4つの補助定理を述べる。

P*（パレート効率性）の条件
$F : A \times K \rightarrow P(X)$ を2項の変数を持つ社会的選択関数とする。
もし、$[\forall x, y \in X, x \neq y, \forall D \in K, xP_Ny] \rightarrow \sim yF_Dx$、かつ $[\forall x, y \in X, x \neq y, \forall D \in K, xP_Ny] \rightarrow xF_Dy$ が成立するならば、このFはパレート効率性を満たすという。

IIA（無関係な選択対象からの独立性）の条件
$F : A \times K \rightarrow P(X)$ を2項の変数を持つ社会的選択関数とする。
もし、$x, y \in X, x \neq y, D, D' \in X$で $\{x, y\}$ 上のDが $\{x, y\}$ 上のD'と等しい時、$\{x, y\}$ 上のF_Dが $\{x, y\}$ 上の$F_{D'}$に等しいことが成立するならば、このFは無関係な選択対象からの独立性を満たすという。

NPR（非正の感応性）の条件
$F : A \times K \rightarrow P(X)$ を2項の変数を持つ社会的選択関数とする。
$x, y \in X、x \neq y$とし、(x, y)という順序対が決まっている場合を除いてDがD'に一致するような$D = (R_1 \cdots R_n)$、$D' = (R'_1 \cdots R'_n)$を考える。$\sim yF_Dx$とし、xR_iyに対して、すべての$i \in N$に対してxR'_iyを仮定した場合に、もし$\sim yF_Dx$が成立するならば、このFは非正の感応性を満たすという（前章までの定義では、正の感応性といっていた条件）。

PT（パレート推移性）の条件
x, y, z∈Xとする。もし、
（i）xF_DyかつyR_Nz→xF_Dzまたは
（ii）xR_NyかつyF_Dz→xF_Dz
が成立するならば、Fはパレート推移性を満たすという。

［補助定理1］
F：A×K→P（X）を、反射性をもつ2項からなる社会的選択関数とし、G_FをFに関連した単純ゲームとする。また♯X≧3とする。この時、Fが反射性をもつための必要十分条件はFが条件P*、IIA、NPR、PTを満たすことである。

［補助定理2］
G_F=(N, W)を単純ゲームとし、Yを有限集合とする。この時、すべてのD∈KについてC（G, Y, D)≠0である必要十分条件は、Gが弱性をもつか、W（G_F）>♯Yかである。

［補助定理3］
F：A×K→P（X）を反射性をもつ2項からなる社会的選択関数とし、さらにG_FをFに関連した単純ゲームとする。この時、V_F=V_G^Fが成立する。

［補助定理4］
G_F=(N, W)を単純ゲームとし、♯Y≧nとする。この時、もし、すべてのD∈KについてC（G, Y, D)≠0ならば、Gは弱性をもつ。

こうした4つの条件のもとで、次のNakamura Theoremが導かれる。

Nakamura Theorem（社会的選択関数の存在定理）

$F：A×K→P(X)$ を2項の変数を持つ社会的選択関数とする。G_F をこの社会的選択関数Fに対応した単純ゲームとする。また、このFは、$\#X≧3$と上記P*、IIA、NRP、PTという4つの条件を満足するものとする。この時、次の（ⅰ）、（ⅱ）がいえる。

（ⅰ）Yを全ての$y∈A$に対しての有限集合とする。この時、Fが非空である（すなわち、存在する）必要十分条件は、$V_F≠\phi$か、全ての$Y∈A$に対して$W(G_F)>\#Y$か、が成立することである。

（ⅱ）ある$y∈A$に対して$\#Y≧n$とする。この時、Fが非空ならば（すなわち、存在しているならば）、$V_F≠\phi$が成立している。

[証明]

［補助定理1］により、Fは反射性をもつ。もし、Fが非空であれば、すべての$Y∈A$と$D∈K$について、$C(G, Y, D)≠0$となる。また、すべての$Y∈A$についてYは有限集合とする。この時、［補助定理2］と［弱性の定義］により、$W_G≠\phi$か$W(G_F)>\#Y$かである。Gの弱性は、Yに依存していないので、すべての$Y∈A$について、$W_G≠\phi$か$W(G_F)>\#Y$か、が成立している。また、［補助定理3］により、$V_F=V_G^F$がいえ、（ⅰ）の必要条件が示せた。次に、ある$Y∈A$に対し、$\#Y≧n$とする。そうすると［補助定理4］により、Gは弱性を示し、$V_G^F≠\phi$、すなわち$V_F≠\phi$となる（ⅱ）が示せた。最後に、（ⅰ）の十分条件を示す。［補助定理3］により、$V_F≠\phi$か、すべての$Y∈A$に対して$W(G_F)>\#Y$がいえる。［補助定理2］により、すべての$Y∈A$と$D∈K$について、$C(G, Y, D)≠\phi$がいえ、Fの定義により、$F(Y, D)≠\phi$となり、Fが非空集合であることを示している。　　　　　　　　　　（Nakamura Theoremの証明終了）

このNakamura Theoremの内容が注目されるのは、前記したように、ゲーム理論と社会的選択関数との関連性から全く新しい結論を一部もつ、

上記の（ⅰ）、（ⅱ）を導いているためである。次のcで述べるように、$V_F \neq \phi$で表わされる（ⅰ）、（ⅱ）の拒否権者が存在すればアロウの一般不可能性定理が回避されることは、第2章の第2節で述べたように、Mas-Colell and Sonnenschein [25] et al で明らかにされたが、問題なのは、Nakamura Theorem での（ⅰ）の $W(G_F) > \#Y$ という第6章第3節bでも出てきた Nakamura Number といわれる条件である。中村 [146] p.65 でこの条件について中村自身は、「この単純ゲームにおいて P^N (N→D) があらゆるパターンをとる時、コアが存在する必要十分条件は、拒否権を持つプレーヤーが存在するか、またはこのゲームに固有に定まる濃度が Ω（ここではY）の濃度より大きいことである」と述べており。たんに、濃度という数学用語にいいかえているにすぎず、政治経済社会学的用語で述べていない。Nakamura Number の解釈が、問題となる原因がここにある。Rouch [144] は、$W(G_F)$ について「勝利提携の積集合が空集合となる最小の勝利提携集合の構成数値である」としか述べておらず、$W(G_F)$ の中村の定義

$$W(G_F) = \# \min [T \subset W, \cap \{S \mid S \in T\} = \phi]$$

を言葉で表現したものにすぎない。

dで述べるように、この $W(G_F)$ が無限大の値をとる場合には、$W(G_F) > \#Y$ は常に成立する条件になり（ⅱ）が存在する理由がなくなる。

c．Nakamura Theorem とアロウの一般不可能性定理

アロウの一般不可能性定理は、社会的選択関数が存在するためには、独裁制ルールが必要であるという内容をもつ。この社会的選択関数の存在に対応するのが、Nakamura Theorem では単純ゲームのコア解の存在である。アロウの定理での独裁制ルールの必要は、他の条件を変えなければ個人的選好順序での完全合理性（反射性、連結性、推移性を満たす選好順序の性質）から生じている。単純ゲームでは、この完全合理性の条件は、「支配

関係の強さ」の条件に対応する。

アロウの一般不可能性定理での、完全合理性（特に推移性）を、非循環性という条件に代えると、第2章第2節で述べた、次のようなマス・コレル＝ソネンシャイン定理（拒否権者存在制定理）が出てくる。

拒否権者存在制定理［25］
　♯X≧3とする。2項の変数をもつ社会的選択関数Fが、条件1、2、3、4、非循環性、正の感応性を満足するならば、Fは拒否権者存在制ルールを必要とする。

　bでのNakamura Theoremと、この拒否権者存在制定理は、ともに定義域の無制約性を前提としており、Nakamura TheoremでのNPRは、拒否権者存在制での正の感応性を意味している（Bloomfield［140］p.112）ことから、Nakamura Theoremと拒否権者存在制定理とは、同じ構造、同じ内容の定理であることがわかる。こうして、Wilson［145］がアロウの一般不可能性定理をゲーム理論によって表現したように、Nakamura［134］、［135］、［143］、Ishikawa and Nakamura［141］でのNakamura Theoremは、マス・コレル＝ソネンシャイン定理（拒否権者存在制定理）のゲーム理論による表現となっている。この時、問題となってくるのが、bで議論したようにNakamura Numberの意味である。

　bで述べたRouch［144］は、また、Nakamura Theoremについて「非循環性を満たす個々人の選好順序の、すべての集合に対するコアの中に、少なくとも1人の選好順序が非循環性を満たす形で、いつも存在するのは、どんなゲームかという疑問に、このNakamura Theoremは答えている」と述べているにすぎず、やはりNakamura Numberの政治経済社会学的意味については述べていない。

d．寡頭支配制定理、王制定理のゲーム理論的表現

アロウの一般不可能性定理から展開された、もう1つの定理は、これも第2章の第2節で述べたが、寡頭支配制定理と呼ばれるもので、その内容は次のようなものである。

寡頭支配制定理 [25]
＃X≧3とする。社会的選択関数Fが、条件1、2、3、4、準推移性を満足するならば、Fは寡頭支配制ルールを必要とする。

この寡頭支配制定理のゲーム理論化を、このdで試みる。

このdでは、まず、Nakamura [134]、[135]、[143]、Ishikawa and Nakamura [141] の一連の、拒否権者存在制定理のゲーム理論化の論文を利用して、寡頭支配制定理のゲーム理論化をおこない、さらに、Wilson [145] のアロウの一般不可能性定理のゲーム理論化を利用して王制定理のゲーム理論化をおこなう。

(a)Nをプレーヤーの一定値をもつ非空集合とする。Xを選択対象から結果する、非空の集合とする。X上の2項関係Pは、次のことがいえれば準推移性を満たすという。すなわち、もし、どんな整数値mに対して、また、どんな$x_1, x_2, x_3 \cdots\cdots x_m \in X$に対しても、
$x_2 P x_1, x_3 P x_2 \cdots\cdots x_m P x_{m-1}$は$x_m P x_1$を意味する。
ここでm＝1の時は、$x_1 P x_1$すなわち反射性が成立する。

X上の、準推移性を持ち、強意な全ての選好関係の集合を、Dとする。NからDへの関数P^Nを個々のプレーヤー達の個人的選好順序体系とする。また、全ての個人的選好順序体系の集合をD^Nとする。
特性関数Vによるゲーム表現をすれば (N, X, V) で、ゲーム表現でき

る。但し、Vは

$V(\phi) = \phi$

$V(N) = X$

となるような 2^N から 2^X への写像である。

$P^N \in D^N$, $x, y \in X$ ($x \neq y$) とする。

もし、$x \in V(S)$ で、すべての $i \in S$ に対して $xP_i y$ となるような $S \subset N$ が存在するならば、P^N に関しては x は y を支配するといい、$x\text{dom}(P^N) y$ と書く。こうして P^N に関してのゲーム G のコア C は、次の式によって定義される。

$C(G, P^N) = \{x \in X \mid \sim y\text{dom}(P^N) x$、すべての $y \in X$ に対して$\}$

(b) ある $x \in X$ について、$S(x) \in W^F(x)$ とする。但し、$W^F(x) \not\ni \phi$ とする。こうした $S(x)$ の存在を、existence property (EP) をもつと呼ぶことにする。以上のことから Ishikawa and Nakamura [141] p.60 の Th.2.1 に対応する定理として、次の［定理 d－1］が導ける。

［定理 d－1］

$G = (N, X, V)$ を特性関数によるゲーム表現とする。もし、すべての $P^N \in D^N$ に対して $C(G, P^N) \neq \phi$ ならば、この時、G は EP を満たしている。さらに、もし X が有限ならば、先の $C(G, P^N) \neq \phi$ という必要条件は十分条件でもある。

［証明］

G は EP を満足しないと仮定する。この時、$\bigcap_{x \in X} S(x) = \phi$ となる1つの選択集合 $\{S(x)\}$ が存在する。$(X, \geqq)$ を、線形順序 $\geqq$ をもつきちんと順序づけられた集合とする。それぞれのプレーヤー i の選好関係を P^i と定義する。$i \in N$ とすると、$i \notin S(\hat{x})$ となる $\hat{x} \in X$ が存在する。任意に、こうした $\hat{x}$ を決め、それを $\hat{x}^i$ とする。こうして $X(\hat{x}^i) = \{x \in X \mid x < \hat{x}^i\}$ と

第7章　アロウの定理とゲーム理論・数学理論

定義する。そして、次のような辞書的順序の直和を考える。
$\{\hat{x}^i\} + (X - X(\hat{x}^i) - \{\hat{x}^i\}) + X(\hat{x}^i)$ とすると、今までと別の、きちんと順序づけられた集合 $(X, \geq^i)$ が得られる。
この時、どんな x, y∈X に対しても、xP^iy が成立する必要十分条件は y $<^i$ x となることである。x≠$\hat{x}^i$ となる、すべての x∈X に対して、$xP^i\hat{x}$ になることに注意しておくことが必要である。P^i は X 上で線形順序となっている。この時、P^N という選好順序体系を定義できる。以後、$C(G, P^N) = \phi$ であることを示す。
x∈X とする。次の2つの場合にわけて考える。
第1の場合として、x は $(X, \geq)$ の最大要素でないと仮定する。
この時、$\geq$ に関し、x の直近の大きい要素として、y∈X が存在する。
それぞれの i∈S(y) について y≠$\hat{x}^i$ であり、yP^ix となっている。S(y)∈E(y) であるため、ydom(P^N) x となる。
第2の場合として、x は $(X, \geq)$ の最大要素であると仮定する。x^0 を $(X, \geq)$ の最小要素とする。それぞれの i∈S(x^0) に対し、x^0≠$\hat{x}^i$ であり、x^0P^ix となっている。S(x^0)∈E(x^0) であるため、x^0dom(P^N) x となる。
こうして、x は常に支配的な立場にあり、$C(G, P^N) = \phi$ となる。
最後に、X は有限であると仮定し、これが矛盾することを示す。
もし、ある $P^N∈D^N$ に対し、$C(G, P^N) = \phi$ ならば、
$x_2$dom(P^N) x_1, $x_3$dom(P^N) x_2,…$x_P$dom(P^N) x_{P-1}, $x_1$dom(P^N) x_P となる P 個の異なる x_1,…x_P を見つけることができる。
S_i (i=1, 2…p) をそれぞれの支配関係の有効集合とする。
それぞれの P^i は非循環性を持っているので、$\bigcap_{i=1}^{P} S_i = \phi$ となる。
$S(x) = S_i \{x = x_i (i=1, 2…P)\}$, $S(x) = N, \{x≠x_i (i=1, 2…P)\}$ と定義する。
この時、$\bigcap_{x∈X} S(x) = \phi$ となるが、これは X が有限である仮定と矛盾している。

（証明終了）

この［定理d－1］より、この単純ゲームのコア解が存在する時、勝利提携が必ず1つ存在すること、すなわち、寡頭グループ支配制がおこなわれていることになる。

(c)ここではNakamura [134] の方法によってこの単純ゲームを、社会的選択関数に結びつけようとする。これによって、寡頭支配制定理のゲーム理論的表現が完成する。
まず、単調性を次の様に定義する。
但し、Δ (x, y) を、提携の中で非空集合の級で、かつ、Xでのx、yのそれぞれの順序が決まっている順序対（x, y）とする。

M（単調性）の定義
S∈Δ (x, y) かつT⊃Sの時、T∈Δ (x, y) が成立するならば、この単純ゲームは単調性を満たすという。

X上での2項関係δ (D) は次の様に定義される。
どんなD∈Kに対してもx δ (D) yが成立する必要十分条件は、xP_syとなるS∈Δ (x, y) が存在することである。

ここで、H (X, {Δ (x, y)}, δ) を支配形態ゲームと呼ぶことにする。δを支配関係と呼ぶ。
H (X, {Δ (x, y)}, δ) とδ、bで述べたP*、IIA、NPRから次のBloomfield [140] の定理が導かれる（Nakamura [134] のTh.4.3。由来はBloomfield [140] のTh.1である）。

［定理d－2］
もし、2項の変数をもつ社会的選択関数F：A×K→P (X) がP*、IIA、

NPRを満たすならば、この時どんなD∈Kに対しても、xδ(D)yが成立する必要十分条件は、xF_Dyである時一意的な支配形態ゲームH_F＝(X, {Δ(x, y)}, δ)が存在することである。

(d) bでのPTの代わりに、ここでは次のパレート準推移性（PQT）という仮定をする。

PQT（パレート準推移性）
x, y, z∈Xとする。もし、
（ⅰ）xF_DyかつyP_Nz→xF_Dz または
（ⅱ）xP_NyかつyF_Dz→xF_Dz
が成立するならば、Fはパレート準推移性を満たすという。

そして、ゲーム理論を社会的選択関数と結びつけるため、2つの定理を述べる。

［定理d−3］
F：A×K→P(X)を2項の変数を持つ社会的選択関数とする。♯X≧3を仮定し、さらにP*、IIA、NPRをFは満たすものとする。
この時、H_FのΔ(x, y)が、(x, y)に依存しないための必要十分条件は、PQTが成立することである。

証明は、Nakamura［134］のTh.4.4と同じである。

［定理d−4］
F：A×K→P(X)を2項の変数を持つ社会的選択関数とする。また、G_FをFに対応した単純ゲームとする。♯X≧3を仮定した時、Fが反射性を持つための必要十分条件は、FがP*、IIA、NPR、PQTを満たすことで

ある。

証明は、Nakamura［134］のTh.4.5と同じである。

W^Fを、決定力を持つすべての個人の集合とすれば次の定理も成立する。

［定理d－5］
F：A×K→P（X）を2項の変数を持つ社会的選択関数とする。また、G_FをFに対応した単純ゲームとする。この時、$W^F = G_F$が成立する。

証明は、Nakamura［134］のTh.5.1と同じである。

以上の準備作業を終えると、この第1節が目的とする、ゲーム理論によって表現した寡頭支配制定理が導かれる。

寡頭支配制定理（ゲーム理論からの）
F：A×K→P（X）を2項の変数を持つ社会的選択関数とし、G^Fをこの社会的選択関数Fに対応した単純ゲームとする。また、このFは、#X≧3、bで述べたP*、IIA、NPR、このdで述べたPQTという5つの条件を満たすものとする。さらに、YをすべてのY∈Aに対する有限集合とする。この時、このFが非空である（すなわち、存在する）必要十分条件は、S≠φである。

Nakamura TheoremのW（G_F）については、この場合∞の値をとるため、常にW（G_F）＞#Yが成立しており、必要十分条件となりえない。

最後にWilson［145］のアロウの独裁制定理を変形すれば、次の王制定理が導かれる。

王制定理（ゲーム理論からの）
（i）王もしくは慣習法もしくは、ある法典が、勝利提携を形成するか、（ii）弱意の選好に対応した社会的選好順序は、循環性か非推移性かを示すか、（i）、（ii）のいずれか1つが成立せざるをえない。

e．結　論

アロウの一般不可能性定理の諸条件のうち、推移性を、準推移性、非循環性へと変えていくと、寡頭支配制定理、拒否権者存在制定理、民主制定理になっていくことは［25］などで示されているが、ゲーム理論を利用した［134］、［135］、［141］、［143］の手法を使って、寡頭支配制定理のゲーム理論化を試みるのが、この節の目的であった。まず、寡頭支配制定理（ゲーム理論での）は、非正の感応性という条件を、今までの寡頭支配制定理とはちがって、dでは必要とされるという点が表れてくる。また、dでは、Nakamura Theoremでの Nakamura Numberが∞となり、常に成立し、必要十分条件としては、無意味になる。以上、2点については、結論として注目されるべきであろう。

第2節　不正操作可能性問題とゲーム理論

第1節では、ゲーム理論とアロウの一般不可能性定理との関連性を問題にして、まず、一応の成果をおさめた場合としての Nakamura Theoremに含まれる拒否権者存在制定理のゲーム的表現とさらに Nakamura Theoremを利用して展開を試みた寡頭支配制定理のゲーム的表現と、最後に Wilson［145］による Arrowの独裁制のゲーム的表現の3つの場合を述べた。第1節につづいて、この第2節では、第6章で議論された、Strategy-Proof性をもつ社会的選択関数の存在可能性問題を議論する。この問題は、Gibbard［117］、Blin and Sattherthwaite［113］によっ

て、第6章で述べたように提起された。Strategy（戦略）というゲーム理論で常用される用語から推察することができるように、不正操作可能性問題の登場とともに、ゲーム理論によって不正操作可能性を問う問題を解明しようとする研究は、すぐにはじまっている。まず、Bumment and Farquharson [149] という投票ゲームでの均衡解の安定性を問う論文を利用して、Dutta and Pattanaik [151]、Peleg [156] が、同時期に独立した形で、Strategy Proof（不正操作不可能性）をより一般化したConsistent性という概念によって、この存在可能性問題を議論し、さらに、Exactly and Strongly Consistent性という概念によって展開し、最後にc、dで述べるように、ゲーム的表現による解決をさらに一般化しようとしたのがImplementation Theoryである。この理論は、Dasgupta, Hammond and Maskin [150] により、最初に展開され、最近、論文が頻出している分野である。Peleg [157] とSen (guputa) [158] が、c、dのSurveyとしてすぐれている。

ゲーム理論の適用により、今までの経済理論を他の分野に応用できるようにより一般化し、より新しい成果を得ようとするのが現在の経済理論の1つの方向であるが、以下のc、dも、この方向の1つであるといえる。

a．記号の説明

以下、この第2節で使われる記号の説明をおこなう。特にことわらなければ、その記号は第1節と同じ意味を持つ。

X……実行可能な選択対象の全集合、x, y∈X。

m……選択対象の数、$m \geq 3$ と仮定する。

R……弱意の順序（連結性、推移性を満たす）の全集合。

P……線型順序（上記の弱順序の性質＋非対称性）の全集合。

D^i……個人 i の戦略。

R^i……個人 i の選好を示す（$R^i \subset R$ の時と、一般的に個人 i の選好を示す時、の2つがある）。

P^i……$P^1 \subset P$。

iff……必要十分条件を示す。

Gauss［　］……ガウス記号で、［　］の値を、切り下げた結果、もっとも近い整数値を示す。

F……成果関数。

N－{i}……プレーヤーの全集合（N）から個人iを除いた集合。また＃N＝n。

$F(Q^{N-(i)}, T^i)$……$F(Q^1, Q^2……Q^{i-1}, T^i, Q^{i+1}……Q^n)$ の形の関数を示す。

b．不正操作不可能な社会的選択関数の存在について

不正操作不可能な社会的選択関数の存在問題については、次のアロウの一般不可能性定理の一展開であるギバート＝サタースウェイト定理がある。

ギバート＝サタースウェイト定理（第6章の系3を一部利用）

もし、＃X≧3ならば、SP（不正操作の余地がない条件）、PO（パレート原理の条件）、ND（非独裁制の条件）を満足する投票方式（これが社会的選択関数にあたる）vは存在しない（SP, PO, NDについては第6章第1節を参照）。

この不正操作不可能な社会的選択関数は存在しないという定理を、ゲーム理論で記述し、新しい展開を持たせるための議論が、cのExactly and Strongly Consistent性という概念の利用や、dのImplementation Theoryとなってくる。

c．exactly and strongly consistent性という概念について

ゲーム理論の最初の本格的体系書である［159］のp.264で展開された概念とナッシュ均衡概念を使って、［149］は投票ゲームでの安定性を論じた。この［149］での安定性概念を利用して、不正操作不可能な社会的選択関

数の議論をゲーム理論によって表現し、より一般化して新しい展開を試みたのが a で述べたように [151]、[156] である。これらの論文では、まず exactly and strongly consistent 性という新しい概念を定義する。[151] では nicely consistent 性という概念を使っているが、exactly and strongly consistent 性の方が、より一般的な概念であるため、以下では Peleg [156] によって、この c は議論を展開していく。

[CSCF関数の定義]
制約された社会的選択関数（CSCF）は、n個の変数からなる関数 $f=(D^1, D^2 \cdots\cdots D^n ; F)$ である。但し、全ての $i \in N$ に対して $D^i \subset R(X)$ で、また F は D^n から X への成果関数であるとする。

CSCF関数のうち、全ての $i \in N$ に対して $D^i \subset R(X)$ の時、f は SCF（社会的選択関数）になる。

[勝利提携の定義]
$f=(D^1, D^2 \cdots\cdots D^n ; F)$ を CSCF とする。1つの提携 C は、次の条件が成立するならば勝利提携という。その条件とは $[R^N \in D^N, x \in X$ かつ、すべての $i \in C$ と $y \in X-\{x\}$ に対して $xP^iy] \rightarrow F(R^N)=x$ である。

[条件（W_h）の定義]
もし、h 人からなるすべての提携が勝利提携ならば CSCF 関数 f は条件（W_h）を満たすという。

次に、投票での戦略面についての定義をする。

[f と R^n とに関連したゲームの定義]
$f=(D^1, D^2 \cdots\cdots D^n ; F)$ を CSCF とし、また $R^N \in D^N$ とに関連したゲームは、

正規形のn人ゲームG（$D^1, D^2\cdots\cdots D^n ; F ; R^N$）と記述できる。但し、ここでDはプレーヤー$i\in N$の戦略集合、Fは成果関数、$R^i$は成果空間A上の、プレーヤー$i\in N$の選好関係とする。

［ゲームGの均衡点（e. p）の定義］（第6章のSPとは逆の定義）
fをCSCFとし、$R^N\in D^N$とする。$Q^N\in D^N$は、もし、それぞれの$i\in N$に対して
$F(Q^N) R^i F(Q^{N-(i)}, T^i)$、（全ての$T^i\in D^i$に対して）が成立する時、ゲームG（$D^1, D^2\cdots\cdots D^n ; F ; R^N$）の均衡点（e. p）という（この$R^i$は$R^i\subset R$である）。

この均衡点（e. p）の定義を使えば、もし、$R^N\in D^N$に対してR^NがGの均衡点ならばCSCF関数fは、不正操作不可能性をもつということになるわけである。bのギバート＝サタースウェイト定理によれば、$\#X\geqq 3$の時、このfは独裁性を持つことになる。均衡点（e. p）とstrongな均衡点（e. p）とのちがいは、次のstrongな均衡点（e. p）の定義より明らかとなる。

［strongな均衡点（e. p）の定義］
fをCSCFとし、$R^N\in D^N$とする。この時、$Q^N\in D^N$は、もし、すべての提携Cと、すべての$T^C\in D^N$とに対して、
$F(Q^N) R^i F(Q^{N-C}, T^C)$となる1人の個人$i\in C$が存在するならば、ゲームG（$D^1, D^2\cdots\cdots D^n ; F ; R^N$）のstrongな均衡点（e. p）という（この$R^i$は$R^i\subset R$である）。
　(e. p)とstrong (e. p)とから、それぞれexactly consistent性とstrongly consistent性との2つの概念が導かれる。

［exactly consistent性の定義］
fをCSCFとする。fは、もし、
①それぞれの$R^N\in D^N$に対して、Q^Nは、ゲームGに対する（e. p）である

こと

②F（Q^N）＝F（R^N）となること

という2つの条件を満足するような$Q^N \in D^N$が存在するならば、exactly consistent性を持つという。

[strongly consistent性の定義]
CSCF関数fは、もし、すべての$R^N \in D^N$に対し、ゲームGがstrong (e. p)を持つならば、strongly consistent性を持つという。

こうして、このcで問題とするexactly and strongly consistent性という概念が、次のように定義される。

[exactly and strongly consistent性の定義]
CSCF関数fは、もし、
① それぞれの$R^N \in D^N$に対し、Q^NはゲームGに対するstrong (e. p)であること
② F（Q^N）＝F（R^N）となること、という2つの条件を満足するような$Q^N \in D^N$が存在するならば、exactly and strongly consistent性を持つという。

まず、このexactly and strongly consistent性の概念を投票ゲームで使う。Q^Nに関する相対多数によって選択対象を選ぶ方式V（Q^N）を次の様に定義する。V（Q^N）＝$x_t \leftrightarrow$ [（i<t→v_i<v_t）and（i>t→$v_i \geq v_t$）]
但し、v_i＝# ｛j｜j∈N & $x_i Q^j x_h$、但し、h＝1，2……mに対して｝とする。$Q^N \in D^N$ (X) で1≦i≦mである。$x_1, x_2 \cdots x_m \in X$とする。

exactly and strongly consistent性を使う場合のギバート＝サタースウェイト定理（[156] p.156のTh.2.13）

第7章　アロウの定理とゲーム理論・数学理論

もしn≧3で、Xが、すくなくとも3個の選択対象からなっているならば、投票ゲームv＝(P^1……P^N；V)はexactly and strongly consistent性を持たない。

このexactly and strongly consistent性の概念から、新しい別の定理を導くためには、W_hの定義をすこし強いものにする必要がある。

［条件（W_h^*）の定義］
fをCSCFとする。提携Cは、もし、
　［$R^N∈D^N$, x, y∈X、全てのi∈Cに対して、xP^iy］→F（R^N）≠yであるならば、stronglyに勝利提携であるという。
もし、h人からなるすべての提携が、stronglyに勝利提携である時、fは条件（W_h^*）を満たすという。

以上の準備作業から、次の定理が導かれる。

exactly and strongly consistent性を持つCSCF関数の存在定理
　（［156］pp.159～160のTh.4.3）
k（n, m）〜Gauss［n（m－1）／m］＋1とする。もし、n≧m－1ならば、AN（無名性）と条件W_h^*を満足するCSCF関数f＝（D^1, D^2……D^n；F）が存在する（D^i＝Pとする）。

ここで $\begin{cases} k=k（n, m）\cdots n=tm（t≧1）か、\\ \qquad\qquad n=tm+r（t≧0, 0<r<m）の時 \\ k=k（n, m）+1\cdots 上記以外の時 \end{cases}$

上の定理でAN（無名性）とは、次のような性質である。

［AN（無名性）の定義］
$R^N∈D^N$とNのすべての置換えσに対してf（R^N）＝f（$R^{σ(1)}$……$R^{σ(n)}$）が成

181

立する時、fはAN（無名性）を満たすという。

　この定理は、Peleg [157] p.107でも再掲され、普通選挙問題での1つの解決とされている。普通選挙問題とは社会的選択関数fがANとM（単調性）を満たし、かつ、exactly and strongly consistent性をもつ時、勝利提携のうち、最小の集合の基数（要素の数）kの最小値を求めるという問題であり、上記の定理のk [n (m－1)／m]＋1が、この値になる（M（単調性）についてはこの章の第1節を参照）。

d．Implementation Theory について

　cのexactly and strongly consistent性の概念を、より一般化したものが、Implementation性の概念である。
　cの議論と、このdの議論との関係については、見通しをよくするためには、次の2つの定義が有意義である。

　[implementation性の定義]（Moulin and Peleg [154] p.142）
　fをCSCF関数とする。このfは、もしゲームGがstrongly consistent性を持ち、すべての$R^N \in D^N$に対してF [strong e. p (G, R^N)]＝f (R^N) が成立する時、
　ゲームG (D^1, D^2……D^n; F; R^N) によってimplementation性を持つという。
　[partially implementation性の定義]（[154] p.142）
　fをCSCF関数とする。このfは、もしゲームGがstrongly consistent性を持ち、すべての$R^N \in D^N$に対してF [strong e. p (G, R^N)]⊃f (R^N) が成立する時、
　ゲームG (D^1, D^2……D^n; F; R^N) によってpartially implementation性を持つという。

第 7 章　アロウの定理とゲーム理論・数学理論

さらに、次の定理の証明のためには、次の定義と 2 つの補助定理が必要となる。

［WP（弱いパレート効率性）の定義］
すべての $x \in f(X)$ かつ $R^N \in D^N$ に対し、さらにもし、すべての $i \in N$ に対し、aP_ix となるような $a \in [f(X) - \{x\}]$ が存在するならば、$f(R^N) \neq x$ となる。この時、f は WP をもつとされる。

［補助定理 5 ］
f は partially implementable であれば、f は WP をもつ。

［補助定理 6 ］
すべての $i \in N$ に対し、$D^i = R$ か $D^i = P$ がいえ、f を社会的選択関数とする。ゲーム形式 G が、f を partially implementable にするものとする。この時、すべての $x \in X$ に対し、$\bar{B}(f, x) = \bar{B}(G, x)$ がいえる（ただし、$\bar{B}(f, x)$ を、f のもとで x について、強く妨害する（block）集合とする）。

partially implementation 性を使うと、次の定理が導ける。

拒否権者存在制定理（Sen（guouta）［158］p.19のTh.4.11）
f を CSCF 関数とする、すべての $i \in N$ に対して、$D^i = R$ か $D^i = P$ かであるとする。$m \geq n$ で $m - n = k$ とおく。この k は非負の整数である。この時、f が partially implementable であるための必要条件は、m という選択対象から選んだ結果のうち、k ＋ 1 のそれぞれに対して、一人の拒否権を持つプレーヤーが存在することである。

〔証明〕
$f(X) = \{x_1, \cdots x_m\}$ を、X における一定の選択対象集合とする。

183

$X = \{x_1, \cdots x_k \cdots x_m\}$ である。まず、ある $x \in \{x_1, \cdots x_m\}$ に対し、一人の拒否権者が存在することを、以下で示す。$Z \in P$ を線形順序とする。以下のことが成立する $R^N \in D^N$ を考える。そのことは、すべての $i \in N$ とすべての $x \in f(X) = \{x_1, \cdots x_k, x_{k+1} \cdots x_m\}$ に対し $x_i P_i x_{i+1} P_i x_{i+2} \cdots P_i x_k P_i x_1 P_i x_2 P_i \cdots P_i x_{n-1} P_i x_{n+1} P_i x_{n+2} P_i \cdots P_i x_m$ がいえ、次にすべての $x_j \in f(X)$ と $x_t \in [X-f(X)]$ に対し $x_j P_i x_t$ がいえ、最後に $x_q, x_s \in [X-f(X)]$ に対し $x_q P_i x_s$ がいえることである。そして、このことがいえる必要十分条件は、$x_q Z x_s$ が成立することである。この場合、すべての $x \in \{x_1, \cdots x_n\}$ に対し、$x P_j y$ となり、すべての $i \in [N-\{j\}]$ に対し $y P_i x$ となるような $j \in N$ かつ $y \in [\{x_1, \cdots x_n\} - \{x\}]$ が存在することが明らかである。

f は partially implementable であるので、[補助定理 5] より、f は WP を満たし、$f(R^N) \cap \{x_{k+1}, \cdots x_m, x_{m+1}, \cdots x_s\} = \phi$ となる。一般化するために $f(R^N) = x_1$ とおくと、f は partially implementable であるため、ある $s_n \in S_n$ に対し、$g(s_n) = x_1$ かつ $s_n \in E(G, R^N)$ となるゲーム形式 $\bar{G}$ が存在する。この時、すべての $\bar{s}_{-1} \in S_{-1}$ に対し、$g(s, \bar{s}_{-1}) \neq x$ となる。この理由は、すべての $i \neq 1$ に対し、$x_n P_i x_1$ で s_n が R^N に関して強いナッシュ均衡点であるためである。こうして $i = 1$ は G というゲームの中で、x_n について強く妨害 (block) していなければならない。すべての $x_i \in [X-\{x_n\}]$ に対し、$x_i \bar{P}_1 x_n$ となる $\bar{R}^1 \in D^N$ を考えよう。この時 f は partially implementable であるので、すべての $R^{*-1} \in D^{-1}$ に対し、$f(\bar{R}^1, R^{*-1}) \neq x_n$ となる。

これは、[補助定理 6] より、G のもとでの $x \in X$ に対して強く妨害 (block) する提携は、f のもとでの x を強く妨害していなければならないということが成立しているからである。$R'^N = Q[R^N, (x_{n+1}, x_n)]$ となる $R'^N \in D^N$ を考える。

f は partially implementable であるので、前述したように、[補助定理 5] より f は WP を満たしそして $x_i \in \{x_1, \cdots x_{n-1}, x_{n+1}\}$ に対し、$f(R'^N) = x_i$ となることは明らかである。

第7章　アロウの定理とゲーム理論・数学理論

一般化するために、$x_1=x_2$とする。$x_1=x_1$とおいた場合と同じことを繰り返すと、i＝2がxについて拒否権者となる。次に$R"^N=Q[R'^N,(x_{n+1},x_1)]$になるような$R"^N \in D^N$という選好順序体系を考えると、ある$x_i \in \{x_2,\cdots x_{n-1}, x_{n+1}, x_{n+2}\}$に対し、一人の拒否権者を作り上げることができる。そして、同じことを繰り返すと、mという結果の中で、k＋1のそれぞれに対して、一人の拒否権をもつプレーヤーが存在することが示せた。
　　　　　　　　　　　　　　　（拒否権者存在制定理の証明終了）

この定理の系として、次の3つのものが得られる。

系1（[158] p.20のCorollary 4.13）
fをpartially implementableなCSCF関数とする。またm≧nと仮定する。nは所与の値。
この時mが増加する時、$\frac{q}{m}$は1に収束していく。
（ここでqは、1人の拒否権を持つプレーヤーが存在するfのもとでの成果の数である）

第2の系として
系2（[158] p.21のCorollary 4.14）
もし、CSCFの関数fがpartially implementableな関数ならば、fのもとでのm個の成果のうち、m－2個のそれぞれの選択対象には、1人の拒否権を持つプレーヤーが存在している。

最後の系として
系3（[158] p.21のCorollary 4.16）
fをCSCF関数とする。全てのi∈Nに対して、$D^i=R$か$D^i=P$かであるとする。m≧nとする。この時、
①もし、fがpartially implementableでかつ、AN（無名性）を満たす

ならば、F（X）の中でのm－2個の選択対象のそれぞれに対して、それぞれのi∈Nは、拒否権を持つプレーヤーである。

② もし、fがpartially implementableでかつ、NT（中立性）を満たすならば、F（X）の中でのm－2個の選択対象のそれぞれに対して、あるi∈Nは、拒否権を持つプレーヤーである。

この系3で中立性の定義は次のようである。
[NT（中立性）の定義]
R^N, $R^{N'}\in D^N$に対し、またXのすべての置換えσに対して、もし、xR^iy iff $\sigma(x) R^{i'}y \sigma(y)$ならば、$\sigma[f(R^N)] = \sigma[f(R^{N'})]$（ただし、すべてのi∈Nに対して、またx, y∈Xとする）が成立するならば、fは中立性を満たすという。

このdでの定理、系1、系2、系3では、拒否権者の存在を認めることにより、partially implementable性を持たせる、つまり、操作不可能な社会的選択関数の存在が可能となるという内容は、拒否権者を一種の独裁者ととらえるギバート＝サタースウェイト定理に近いといえる。

e．終わりに

この第2節は、strategy-proof（不正操作の余地がない）の社会的選択関数の存在問題をゲーム理論的に展開している現在の研究のサーベイである。Ishikawa and Nakamura [130] のTh.6.1でも、ギバート＝サタースウェイト定理のゲーム理論化をおこなっており、①独裁制の必要、②Nakamura Numberによる制約の必要性、を条件としている。これについては、第2節でのNamkamura Theoremの拡張であるため、この第2節では省略した。この第2節のbからc、dへと一般化することによる新しい結果と、このstrategy-proofな問題自体との統合理論が、これからの研究目標であろう。

第7章　アロウの定理とゲーム理論・数学理論

第3節　アロウの定理と位相空間論

この第3節は、位相空間論での収束で使われるフィルター概念が、まず、一見、無関係にみえるアロウの一般不可能性定理にどう適用されるか、第2に、アロウの条件のどの部分を議論の対象にしているか、第3に、アロウの一般不可能性定理の証明で、一般に使われる決定集合による証明法とフィルター概念による証明法との対応関係とを示すこと、最後に、フィルター概念を使うことから得られる新しい結果を述べることを目的としている。以上の目的を果たすために、ゲーム理論での単純ゲームによって投票ゲーム（社会的選択関数にあたる）を定式化し、単純ゲームにつけ加える諸性質がフィルター概念の定義に対応している関係があることを利用して、社会的選択関数へのフィルター概念の適用を行なう。

a．諸条件と定義

アロウの一般不可能性定理の諸条件を再び定義する。さらに、フィルター概念が関連している、いろいろな社会的合理性について定義しておく。

アロウの一般不可能性定理の諸条件とは、以下の（A－1）〜（A－5）からなる。以前の定義とやや異なるのでこの節でも記す。

　（A－1）＃X≧3とする。＃XはXという選択対象集合に含まれる要素の数を意味する。

　（A－2）社会的選択関数 σ はF上でPへの関数である。
　　　　　ここでのFはN（個人の集合）からP（X上のすべての弱順序の集合）への関数の定義域（個人の選好の特色）になりどんな制約も加えていない。「定義域の無制約性」という。

（A－3）全てのa, b∈X, f∈Fに対してaf (N) bならばaσ (f) bという「全員一致制」を示す。「パレート原理」ともいわれる。

（A－4）全てのa, b∈X, f、g∈Fに対して (a, b) 上でf＝gならば、(a, b) 上でσ (f) ＝σ (g)。a, b以外の選択対象に、社会的選択結果は影響されないという意味で、「無関係な選択対象からの独立性」といわれる。

（A－5）全てのa, b∈X, f∈Fに対して、af (Vo) bならばaσ (f) bとなるようなVo∈Nは存在しないという意味で、「非独裁制」といわれる。

　上の条件には、明記されていないが、（A－2）の社会的選択関数の諸性質として、社会的選好の合理性は、連結性、非対称性、推移性を満たしていることを前提としている。これらの性質のうち、推移性を、準推移性、非循環性、Semi-order性に変えていくと、（A－5）の独裁条件がどう変わるかが、以下b、cで問題となる。
　ここで、今まで出てこなかったSemi-order性の定義をする。
Semi-order性の定義：
　　Interval-order性（∀x, y, z, w∈X：$_xP_y$, $_yI_z$, $_zP_w$ならば$_xP_w$が成立する）とSemi推移性（∀x, y, z, w∈X：$_xP_y$, $_yP_z$, $_zI_w$ならば$_xP_w$が成立する）との共通集合となる性質をもつものである。

　ただし、前に何度もでているが、Iは2つの選択対象の選好について、無差別状態にあることを示す。Pは2つの選択対象について、無差別状態にはなくどちらかをより選好する状態（→強意に選好するともいう）を示す。

b．フィルター概念とその適用について

フィルター概念は、次のように定義される。

(1) $N \in \Omega$、$\phi \notin \Omega$

(2) $(G \in \Omega \ \& \ G \subset J)$ ならば $J \in \Omega$

(3) $(G_1, G_2 \cdots\cdots G_k \in \Omega$、ただしkは有限値とする) ならば $\cap G_i \neq \phi$

(4) $(G, J \in \Omega)$ ならば $G \cap J \in \Omega$

(5) $(G \notin \Omega)$ ならば $N - G \in \Omega$

ただしNは{1，2，3…n}からなる個人の集合、Ωは個人がつくっている決定集合、G、J、G_i (i=1，2，3…n) は、Ωの部分集合とする。－は集合の差を意味する（たとえばN－Gは、集合Nと集合Gとの差、すなわちXという集合要素を考えると、$X \in N$ かつ $X \notin G$ というXの全体集合になる）。

上記のΩがプレフィルター（prefilter）であるための必要十分条件は、Ωが(1)、(2)、(3)という条件を満たすことである。

上記のΩがフィルター（filter）であるための必要十分条件は、Ωが(1)、(2)、(3)、(4)という条件を満たすことである。

上記のΩが極大フィルター（ultrafilter）であるための必要十分条件は、Ωが(1)、(2)、(3)、(4)、(5)という条件を満たすことである。

フィルター概念をアロウの一般不可能性定理に適用するためには、社会的選択関数をゲーム理論によって表現し直す作業が必要となる。次に、この作業を行なう。

投票ゲームに参加するプレーヤー{1，2，3…n}の集合をNとし、各プレーヤーの持つウェイトを{$W_1, W_2, W_3 \cdots W_n$}とし、また決定ルールをrとする。このrは、次のような決定ルールとなる。

$W > r \Sigma W_i$

という投票ゲームによる決定方式（一種の社会的選択関数）を考える。ただし、Wは、勝利提携の濃度とする。たとえば、r＝1／2の時には単純多数決投票方式、r＝2／3の時には、3分の2多数決投票方式を意味する。

この勝利提携Wの性質として、次のような5つを考える。
（ⅰ）N∈W、φ∉W
（ⅱ）（G∈W＆G⊂J）ならばJ∈W（単純ゲームでの単調性を意味する）。
（ⅲ）（G_1, G_2, …G_k∈W、ただしkは有限値とする）ならば、∩G_j≠φ（単純ゲームでのweak性を意味する）。
（ⅳ）（G, J∈W）ならばG∩J∈W
（ⅴ）（G∉W）ならばN－G∈W（単純ゲームでのstrong性を意味する）。

(1)〜(5)と（ⅰ）〜（ⅴ）とを比べるとわかるが、フィルター概念の条件と決定集合Ωと、単純ゲームの性質と勝利提携Wとの関係は、完全に対応している。こうして、決定集合Ωを勝利提携Wと呼び換えてもいいわけである。Ωが極大フィルターを満たすならば、（ⅰ）〜（ⅴ）を満たすわけだから極大フィルターを持つWは、（ⅴ）により、この投票ゲームは独裁者を持つことになる。次にΩがフィルターを満たすならば、（ⅰ）〜（ⅳ）を満たすわけだから、フィルターを持つWは、（ⅳ）により、GとJとの共通集合が寡頭グループになる投票ゲームである。最後に、Ωがプレフィルターを満たすならば、（ⅰ）〜（ⅲ）を満たすわけだから、（ⅲ）により拒否権を持つ個人が存在する（特に、（ⅲ）の最小値が、Nakamura Numberになる）拒否権者を持つ投票ゲームになる。

c．決定集合による証明とフィルター概念による証明との対応関係について

社会的合理性を、アロウの一般不可能性定理での、推移性（もちろん、連結性、非対称性を含んでのことだが）から、準推移性・非循環性と弱い条

件に「支配関係の強さ」を変化させると、決定集合による証明によって、アロウの独裁制定理から、寡頭支配制定理、拒否権者存在制定理へと変化していく。すなわち、鈴村［6］を利用して列挙していくと、

アロウの独裁制定理（アロウの一般不可能性定理と、普通呼ばれている。Arrow［1］による）
♯X≧3とする。社会的選択関数 σ が、定義域の無制約性、推移性、無関係な選択対象からの独立性、パレート原理を満足するならば、σ は独裁制ルールを必要とする。

寡頭支配制定理（Sen［4］, Mas-Colell and Sonnenschein［25］による）
♯X≧3とする。社会的選択関数 σ が、定義域の無制約性、準推移性、無関係な選択対象からの独立性、パレート原理、非独裁制を満足するならば、σ は寡頭支配制ルールを必要とする。

拒否権者存在制定理（Mas-Colell and Sonnenschein［25］による）
♯X≧4とする。社会的選択関数 σ が、定義域の無制約性、非循環性、無関係な選択対象からの独立性、パレート原理、非独裁制、正の感応性を満足するならば、σ は拒否権者存在制ルールを必要とする。

さらに、社会的合理性をSemi-order性としてみると、アロウの独裁制定理と同じように独裁制ルールを必要とすることが証明されている。

Semi-order性の場合の独裁制定理（Blair and Pollak［23］による）
♯X≧4とする。社会的選択関数 σ が、定義域の無制約性、Semi-order性、無関係な選択対象からの独立性、パレート原理、非独裁制を満足するならば、σ は独裁制ルールを必要とする。

以上の4つの定理の結論と、bの最後で述べたフィルター概念によって社会的選択関数を単純ゲームと解釈することからの結論との、対応関係に注目すれば、Sen［5］のp.1090の、次のような表現になる。

(a) 推移性は極大フィルターにあたる。
(b) Semi-order性は極大フィルターにあたる。
(c) 準推移性はフィルターにあたる。
(d) 非循環性はプレフィルターにあたる。

　また、この章の第2節でのアロウの条件に、不正操作不可能性条件をさらに加えて議論するギバート＝サタースウェイト定理についても、社会的選択関数を、不正操作不可能性を持つ社会的選択関数と一般化して考えれば、全く同じように、単純ゲームによって解釈し直され、そして、フィルター概念によっても表現される。こうして、不正操作不可能性まで考えに入れた独裁制定理（ギバート＝サタースウェイト定理そのものになる）、寡頭支配制定理、拒否権者存在制定理（この定理はIshikawa and Nakamura［130］によってなされた）が同様に導かれることになる。

d．新しい結果と、この第3節の結論

　この第3節は、まずゲーム理論と社会的選択関数との関係を探る時には、この関係を媒介する概念として、位相数学で使われるフィルター概念を利用できることを示している。そして、こうして登場したフィルター概念を利用すると、アロウの定理への従来の結果とどう対応するのか、また、得られた新しい結果から、従来の結果と異なる展開が可能かを述べようとしている。従来の結果との対応関係については、cで述べたように、非循環性はプレフィルターに対応し拒否権者存在制ルールに、準推移性はフィルターに対応し寡頭支配制ルールに、最後に、推移性、Semi-order性は極大フィルターに対応し独裁制ルールにいきつくという結論になる。

以上では述べていないフィルター概念による新しい結果としては、まず、Brown [166] で展開されたような、フィルター概念と同様な収束概念を展開するLattice理論を利用して、個人の数が無限大になった時、測度論を利用して、プレフィルターは独裁者ではないが、共通集合として完全には削減できない要素（寡頭支配グループ、拒否権者のことだが）が存在することを主張する議論がある。こうした要素の存在の条件を示すことにより、社会的選択関数が一般的に存在し得ることを示し、個人の数が有限値としても近似的にアロウの一般不可能性定理の否定と解釈しえることを示すわけだが、この要素の存在条件の、政治・社会・経済的意味が、上述したフィルター概念と社会的合理性概念との対応関係のようには明らかではない点に問題がある。今後、研究の待たれる個所である。

次に、フィルター概念の(3)から出てくるIshikawa and Nakamura [130] で展開されたNakamura Numberも、ゲーム理論と社会的選択関数との関係を探る研究から展開された新しい結果で、これによって非循環性を持つ社会的合理性の場合に、存在する拒否権者の最小数がわかることになる。また、cでも述べたように、不正操作不可能性を持つ社会的選択関数の議論でも新しい一般化された結論が得られる。

最後に、このゲーム理論概念やフィルター概念の利用による社会的選択関数研究は、過度に数学的で、政治・社会・経済学的解釈が困難になる問題点があるが、これからのアロウの一般不可能性定理研究の1つの新しい有望な方向であると我々は考えている。

第4節　アロウの定理と確率論

アロウの一般不可能性定理の、もっともわかりやすい例として、単純多数決制で生じる「投票のパラドックス」現象がよく挙げられる。この投票のパラドックスとは、3個人、3選択対象の場合で

$$\begin{cases} 個人1 \cdots x, y, zの順で強い選好を示す \\ 個人2 \cdots y, z, xの順で強い選好を示す \\ 個人3 \cdots z, x, yの順で強い選好を示す \end{cases}$$

の時、単純多数決制を社会的選択ルール（関数）とし、x, y, zの社会的選好順序を求めようとすると

　xとyとを比べると2：1でxと決まり、yとzとを比べると同様に2：1でyとなる。推移性により、これらの結果により、xとzとを比べると、xとなるはずだが、xとzとを多数決制により比べると1：2によりzとなる。こうして、社会的選好順序が決定できない。x、y、zについては社会的選好順序の循環性が生じているため、社会的選択順序の推移性が成立してないためである。

　この3個人、3選択対象の場合、投票のパラドックスが生じる確率は、$6×6×6=216$という全可能性のうち、12通りの投票のパラドックスが生じているため、$\frac{12}{216}=0.056$となる。ちなみに、上の例でいえばアロウの一般不可能性定理とは、この12通りのうち、1通りだけでも存在するだけでも、3個人、3選択対象の場合で単純多数決制という社会的選択関数の場合、条件1、2、3、4と連結性を満たしていても、単純多数決制は社会的選択関数として、アロウの定理からみて推移性の公理が不成立ということより不適格と主張する定理である。

　3個人以上、3選択対象以上の場合で、この投票のパラドックス現象が生じる確率を求めてみると、表1になる（Kelly［169］のp.21の表1を修正して利用している）。

　投票のパラドックスの確率が0に近ければ、投票のパラドックスは理論的面から注目すべきものとは考えられず、単純多数決制は社会的選択関数として適格であり、アロウの一般不可能性定理の否定的結論の妥当性への批判となりえるが、この表1からみられるように、0に近づくどころかかなり大きな値となっている。そして、この値が、どの位なら許容できるかという問題も考えられる。確率論の統計分野への適用から生じる、t分布

第 7 章　アロウの定理とゲーム理論・数学理論

選択対象の数＼個人の数	3	5	7	9	11	13	15	17	19	21
3	0.056	0.160	0.239	0.299	0.346	0.385	0.418	0.445	0.469	0.490
5	0.070	0.200	0.296	0.368	0.423	0.468	0.540	0.561	0.561	0.584
7	0.075	0.215	0.318	0.394	0.453	0.499	0.547	0.569	0.594	0.618
9	0.078	0.224	0.330	0.409	0.466	0.514	0.553	0.585	0.612	0.635
11	0.079	0.229	0.336	0.415	0.476	0.525	0.564	0.599	0.623	0.649
13	0.081	0.232	0.341	0.422	0.483	0.532	0.571	0.603	0.631	0.654
15	0.082	0.235	0.345	0.426	0.488	0.537	0.576	0.609	0.636	0.659
17	0.083	0.237	0.348	0.430	0.492	0.541	0.580	0.613	0.640	0.663
19	0.083	0.239	0.350	0.432	0.495	0.544	0.583	0.616	0.643	0.666
21	0.084	0.240	0.352	0.434	0.497	0.546	0.586	0.618	0.646	0.669
23	0.084	0.241	0.354	0.436	0.499	0.549	0.588	0.621	0.648	0.671
25	0.084	0.242	0.355	0.438	0.501	0.550	0.590	0.622	0.649	0.672
27	0.085	0.242	0.356	0.439	0.502	0.552	0.591	0.624	0.651	0.674
29	0.085	0.243	0.357	0.440	0.503	0.553	0.593	0.625	0.652	0.675
31	0.085	0.244	0.358	0.441	0.504	0.554	0.594	0.626	0.653	0.676
33	0.085	0.244	0.358	0.442	0.505	0.555	0.595	0.627	0.654	0.677
35	0.085	0.244	0.359	0.443	0.506	0.556	0.595	0.628	0.655	0.678
37	0.085	0.246	0.360	0.443	0.507	0.556	0.596	0.629	0.656	0.679
39	0.086	0.246	0.360	0.444	0.508	0.557	0.597	0.629	0.656	0.679
41	0.086	0.247	0.361	0.444	0.508	0.558	0.597	0.630	0.657	0.680
∞	0.087	0.251	0.369	0.455	0.519	0.569	0.609	0.642	0.669	0.692

表 1　投票のパラドックスが生じる確率について

(Kelly [169] p.21 の表 1 より計算をおこなった。明らかに誤植と思われるものについてはこちらで計算して訂正した。)

検定による棄却域の設定などにみられる、ある程度納得できるような棄却点がこの場合にも決定できると、この問題に一応の解決も可能であるが、棄却点の決定もできない。これも一因となってアロウの一般不可能性定理の研究の中心が、こうした確率論的分析に向かわず、理論的分析に向かう傾向がおきている。しかし、アロウの定理は、かなり高い確率で投票のパラドックス現象が生じるという単純多数決制という社会的選択ルール（関数）に代わり得る、他のルールを見つけようという試みの途上でアロウが考えついた産物ともいえるものなので、いろいろな場合についての確率論

的分析は、アロウの定理の原点を考える上で一定の意義があると我々は考える。

第8章 アロウの定理の問題点

　この章では、「アロウの定理」に対する批判を中心に述べる。アロウは、この定理によって社会的厚生関数の「一般的」不存在を証明したと主張しているが、この社会的厚生関数は、バーグソンによって、はじめて分析道具として使われた内容とちがっていたため、バーグソンからの批判があり、「社会的厚生関数の定義」論争が両者の間に生じたこと、さらに、「厚生」という言葉のため、厚生経済学の基礎となる社会的厚生関数の存在を否定する定理と誤解されたことについて、第1節では述べている。バーグソンの社会的厚生関数と、アロウのいう社会的厚生関数は異なっていること、そして、このアロウの社会的厚生関数は、より一般的な内容を持つため、直接的に厚生経済学と結びつけるわけにはいかないこと、が第1節の結論である。

第1節　厚生経済学にしめる「アロウの定理」の位置について

　アロウの一般不可能性定理は、一般的に、社会的「厚生」関数が存在するとは限らないということを主張する定理であることから、当然、「厚生」経済学の一理論と考えられようが、実は、このことは未だ、はっきりとは決着がついていないことである。このアロウの定理が、経済学のどの分野に属するのか、はっきりとはいいきれない最大の理由は、この定理が、あまりに「一般」理論の内容を持つためと、「政治学的な」内容を持つためと考えられる。このため、社会的厚生関数を、より具体的ないろいろな内容を持つ目的関数ととらえることにより、厚生経済学以外に、経済政策論、公共経済学、財政学、国際経済学、経済計画論、数理政治学、行動科学、

倫理学、哲学etcにアロウの一般不可能性定理が適用されることになる。

この第1節では、パレート原理を含むことからもっとも近いと考えられている厚生経済学とアロウの一般不可能性定理との関連性を改めて問おうとするものである。第8章で使われている社会的厚生関数とは、前章までは、社会的選択関数と表現されていたものである。

a．アロウの出発点

アロウはArrow [176] で、アロウの一般不可能性定理を創り出した過程は、第2次大戦後のアメリカ社会での、第2次大戦中のドイツ、イタリア、日本etcでの独裁制への嫌悪感と民主主義諸国の戦争勝利という現実の政治的雰囲気と、アロウ自身の合理的発想が、組合わさってできた過程であることを示唆している。

具体的には、投票のパラドックス現象の認識→社会的決定を導くメカニズムチックな方式としての投票方式への疑問→より一般的な社会的厚生関数の存在への疑問→「合理性」、「民主主義」、「独裁者排除」ectの内容を持つ、2つの公理と5つの条件のもとでの、社会的厚生関数の一般的存在の否定→アロウの一般不可能性定理の完成、という過程を経たのである。アロウが著述する時には、Arrow [1] でみられるようにこの過程と逆の形で記述している。そして、社会的厚生関数の一般的存在の否定を証明した後、その具体的な例として投票のパラドックス現象を挙げている。

b．厚生経済学の他の理論との関連性

社会的厚生関数は、本来、経済的厚生の3つの必要十分条件（①商品間の限界代替率の、すべての個人における均等、②投入要素間の技術的限界代替率の、すべての商品生産における均等、③消費者各個人において、生産の限界変形率が交換の限界代替率に均等になること）が満たされている状態が、社会的にもっとも望ましい状態をあらわしているか、いないかを判定する基準を与えるために導入された分析概念である（村上 [186]）。この社会的厚

第8章　アロウの定理の問題点

生関数の極大条件を求めると、社会的厚生関数の極大化が達成されたことになる。アロウは、前にも何度も述べたように、この経済的厚生の極大化のための判定基準となるべき社会的厚生関数を、2つの公理と5つの条件も加えることによって、一般的に存在しえるかどうかを、問題にしようとしたわけである。

こうして、社会的厚生関数自体としては、厚生経済学との関連性は明白であるが、アロウが存在、不存在を問うことにより厚生経済学の基礎そのものを問いかけるという形に変質させたような錯覚をひきおこした。

完全競争がパレート効率状態を導くという厚生経済学の第1定理より、完全競争市場そのものが社会的厚生関数になりえないかどうか、という議論は、アロウが、投票とともに市場も、社会的厚生関数となりえないと、あっさり断定しているためか（Arrow [1]）、あまり議論されていない。この点については、熊谷 [183]、[185] が言及しているが、熊谷 [185] が第15章で述べる「市場機構が社会的厚生関数として不満足であるというアロウの断定は、言葉をかえていえば、所得の異なった分配を含むさまざまな社会状態に対して、それが最終的な社会的評価序列を形成しえないということにすぎないのである。これはむしろはじめから明白であるといわなければならない」（p.364）がアロウの断定への1つの理論的解釈であろう。要するに契約曲線のうち、どのパレート効率状態を選択するかを、市場が理論的に決める基準がないため、社会的厚生関数としての資格を、完全競争市場の条件は持たないという解釈である。

こうして、少なくとも一人の経済状態を悪化させないかぎり、他の一人もしくは何人かの経済状態を良化させえないというパレート効率状態の概念は、社会的厚生関数としては不満足であるということになる。我々としてはこうした解釈に対しては疑問点があるが、アロウの定理にパレート原理を含むことから、当然生じた解釈である。

このパレート効率概念を修正した考え方として、ある経済政策の結果として、政策結果の利得者が、政策結果の損失者に対して補償を与えても、

まだ残余があれば、この経済政策の選択結果は、社会的厚生関数たりえるのではないかという議論がある。この修正した補償原理（Kaldor [179]、Hicks [178]、Scitovsky [182]、Little [180] et alで展開された）に、アロウは、かなりの期待をかけていたが、今では①カルドア＝ヒックスの補償原理の基準では、経済政策以前とその以後とどちらからどちらへの移動も補償原理が妥当する状況があるという矛盾が生じ、②シトフスキーの補償原理の基準についても選択対象が3つ以上の時には推移性を失うことが生じ、③リットルの補償原理の基準についても、経済政策（現状維持を含む）の結果としての、いかなる状態が、いいのかという判断を、このリットルの基準からは導けないという欠点があることが判明している。こうして、アロウは [1] の中で、社会的厚生関数として、補償原理も不満足だという結論することになる。以上のことから、アロウの、この定理は、それまでの厚生経済学の諸理論では、問題提起さえされていない分野（社会的厚生関数の存在問題）で議論し、さらに、アロウ以前の厚生経済学の諸理論では、この関数の存在を肯定できるような理論はないという形で、社会的厚生関数の一般的な不存在の証明の独自性を、明らかにしている。このため、アロウは、厚生経済学での分析概念であり、Bergson [181] が、はじめて使った社会的厚生関数を使いながら、その社会的厚生関数の存在自体を問うという形をとるという次の段階へと議論を進めたことにより、むしろ、厚生経済学の理論の枠内から飛び出し、質的に異なったより一般的な内容を持つ理論を展開していったといえる。こうして、鈴村 [203d] のように、なんとか関係づけようとする業績があるにもかかわらず、厚生経済学とアロウのこの定理との関係を、最大限関係づけても、せいぜい次の様な表現に留まるのが妥当だと我々は考える。「要するに我々の結論は、満足できる社会的厚生関数の非存在を理由としていっさいの部分的な政策的判断をさしひかえるよりも、むしろ既存の厚生命題の妥当性の限界を鋭く意識するにとどめるべきだろうということである。とりわけアロウの分析がわれわれに教えているのは、様々な社会的価値判断を単純に所与として受け取

るだけではなしに、経済学者の立場においても、それら相互間の整合性を
たしかめることに格別の留意を要するということであろう」(熊谷 [185] p.
367)。

c．終わりに

　アロウ自身の秀れた業績として、厚生経済学の第1定理、第2定理につ
いての論文 [175] があるためか、このアロウの一般不可能性定理は、ミク
ロ経済学テキストの中の1つの章の、厚生経済学の中の終りの方の1項目
として位置づけられているのが普通であるが、この第1節bで、我々が述
べたように、厚生経済学の諸定理、諸理論を否定して、より新しい、より
一般的な別の分野をも包含しようとする内容を、このアロウの定理は持つ
ものと位置づけるのが妥当だと思う。
　またbで述べたように、本来、経済的厚生の極大条件も求めるため(こ
れは、実は、所得分配の基準を求めるためともいえるが)に、社会的厚生関数
が分析概念として、経済分析の中で登場してきたわけであるが、厚生経済
学の基礎部分と全く無関係ではありえないが、登場理由はともかく、その
定理な内容は、今までの厚生経済学の枠外に出ていることは明白であろう。
　さらに、この第1節で最初に述べたように、経済学の諸分野はもちろん、
政治学、行動科学、哲学という、経済学の隣接科学まで、このアロウの定
理が最近ますます引用されている事実は、Arrow [8] の初版刊行直後か
らサミュエルソン、リットル、バーグソン et al からの厚生経済学の枠内か
枠外かという議論に対して、彼らがいうように、枠内ではおさまりきれな
い理論と考えるのが妥当であることを示すと、我々は考える。

第2節　「アロウの定理」批判の検討―2つの公理について―

　Arrow [1] の第8章で、[8] の初版 (1951) 発表後の、アロウの定理
への批判に対して反批判を試みている。いろいろの批判に対し、初版の内

容に対して根本的な誤りはないとして、初版のままの内容に、この反批判と1963年までのサーベイを内容とする第8章を加えて、［1］の第2版(1963)を出版している。この第2節は［1］の第8章の第3節「社会的選択問題とは何か？」でのアロウの反批判の妥当性を考えようとするものである。第8章の他の節についてのアロウの反批判の妥当性については、次の第3節で論じる。

社会科学についての秀れた業績に関して、その業績の理論面での問題点については、その業績が発表された直後の批評・批判が、的をついていることが多い。ただし歴史的展望を含む理論は、現実によってしだいに問題点が明らかになることもある。たとえばソ連の社会主義体制の崩壊にみられるように70年余もかかって、体制としての無理が明らかになったマルクスの歴史理論の例がある。しかし、マルクスの歴史的展望を一応無視した純粋の政治理論・経済理論の問題点については、マルクス理論への初期の頃の批判が的についていたことは、現在、明らかである。

アロウの定理についても、初期の頃の批判に鋭いものがあると我々は考える。また、アロウの理論的展開がすべて正しいと考えられがちな現在の状況には問題があると考える。この第2節は［8］の発表直後発表されたいろいろな論者の批判論文によってアロウの定理への批判を検討していく。

アロウの一般不可能性定理は、［8］では、2つの公理（連結性と推移性）と5つの条件（定義域の無制約性、正の関連性、無関係な選択対象からの独立性、市民主権性、非独裁制）とを満足するような社会的厚生関数は、一般的には（どんな特定の社会的厚生関数を考えることなく、1つの否定的例だけで十分だという意味で）存在しないという定理である。［1］の第8章では上記の5つの条件のうち、正の関連性と市民主権性の2つの条件をパレート原理条件という形で1つにまとめて、2つの公理、4つの条件でアロウの定理の再定式化をはかっている。

この第2節では、4ないし5つの、アロウの条件についての直接の批判はせず、以下のa、bでは、2つの公理（連結性と推移性）を中心にア

ロウの定理への内在的批判をする。c、dはやや異なった内在的批判の方向である。これらの批判は、4つないし5つの条件に対しての批判よりも、より根本的なものであるが、アロウは［1］で、これらの批判に対して批判者達のelementary confusion or word play (p.108)による批判と、実にそっけなく扱っている。社会科学の重要なポイントは、出発点の、ちょっとした違いであるという考え方をすれば、このアロウのそっけなさには、後には、重要な差異になることをアロウが感じており、実はこの点にアロウの定理の、最も弱い点が隠されていることをアロウ自身が自覚しているためとはいえないだろうか。

a. Buchananの批判

Buchanan ［24］、Buchanan and Tullock ［48］のアロウの定理への批判は、次のbとともに痛烈である。cでのLittle ［189］、dでのBergson ［177］が独特の内容をもつ批判をしながらも、別の個所で、アロウの定理を一応認めるような形で、アロウの各条件を批判しているのに対して、特に［24］では、アロウの社会観（合理的な政府の存在を基本とする）、政治観（多数決合理性の追求）に対して、痛烈な社会哲学批判をおこなっている。

アロウは、アロウの定理（社会的厚生関数の一般的な不存在）を示す例として、投票のパラドックス現象を示す。この現象は個々人（社会）が、選好の連結性（何らかの選好についての判断を示すという性質）と、選好の推移性（AをBより選好し、BをCより選好するという人（社会）は、必ずAとCについては、AをCより選好するという性質）とを持って投票行動をしても、社会的な投票集計過程をへると、投票結果は連結性や推移性を（特に推移性）を失うという現象をさす。こうして、社会的厚生関数（社会的選好の決定関数）に、一貫性（consistency、連結性と推移性と両方を含む性質）を求めるアロウの立場からすれば、社会的厚生関数は存在しないことになる。

このアロウの主張に対して、ブキャナンの批判は、こうである。「社会的順序（投票の集計結果のこと）に、個人的順序と同じ様な一貫性を持つ順序

が要求される必要があろうか？」（[24] pp.116〜117）、すなわち合理性（一貫性のいいかえ）は、個人には要求できるが、社会的厚生関数の具体的な形をとる社会機構の意思決定では、要求できないという主張なのである。Tullockも [48] の中でアロウが政府の役割は適切な（合理性をもつという意味で）ものであるべきとアロウが考えた、[8] の出版時期からくる社会的状況に対して一定の理解を示しながらも、政府という一種の社会的厚生関数的存在に対しては、合理性は絶対的必要条件ではないと批判している。本来、社会機構による意思決定には、合理性も非合理性も全く関係がないのだ、というのが彼らの社会観なのである。価格メカニズム信奉者であるアロウは、同時にまた、政府が経済に介入する時に、合理性を求めるケインジアンであることを、ブキャナン、タロックによって批判されているのである。ブキャナンは「個人選好は社会的選好を導くための手段と考えるべきものではなく、それ自体として目的であるべきものである」（p.119）と主張し、個人選好をそれ自体尊重し、投票結果としての集団的選好に一貫性がないことは、むしろ、投票方式の乱用を防ぐという意味では、政治的民主制度のためにはいいことだと主張する（p.118）。こうして政府の決定という形の社会的厚生関数の意思表示は、一貫性を持たねばならないと、無意識に考えがちな社会観に対して、逆説的と思える形で批判する。ブキャナンは投票のパラドックスを避ける2つの場合として

　①多数の人々の選好順序が選択対象すべてについて同一の順序を持つ場合
　②すべての考えられる社会的選択は、意思決定しようとする社会的厚生関数とは無関係な選択対象の場合

を考えている。①からは「多数派の圧制」になり、②からはそもそも、個人選好から社会的選好を導くというアロウの社会的厚生関数そのものが不用のものであることになる。こうして、この②についてブキャナンの批判は批判になっていないと考えられる。

　最後にブキャナンはアロウの論争の対象とした「多数派の意思」のデモ

クラシーとは、議論やlogrollingをとおして政府・政策をつくることを意味し、ここから「相対的な全員一致をめざすことになる」(p.121) ものだとし、投票方式に固執して、デモクラシーを考えようとするアロウに対して批判をおこなっている。

b．Mishan, Kempの批判

Mishan［190］は、アロウが2つの公理を定義する時、個人1がxをyより選好し（xP_1yと書く）、個人2がxよりyを選好する（yP_2x）場合には、社会的順序はxIyという無差別になるとする点について、この状態に社会的な状況で個人間の厚生分配を考えに入れると、むしろ「xとyとが比較不可能な状態」と考える方がよいとし、ここで、連結性が成立するというアロウの公理を否定する。またxI_1y, yI_2zの時、zPxが社会的順序となるのは、アロウによれば矛盾だと批判するが、アロウのように、xI_1y, yI_2z→xIzとならねばならないという推移性の公理は、社会的順序において、推移性が成立しなければならないという、アロウの先験的に基づくもので、現実には、正当な根拠はないとミシャンは批判する。アロウは、シトフスキーの無差別状況は推移性を満たさないとシトフスキーの補償原理を批判したが、xI_1y, yI_2z→zRxが成立する時、補償原理を、一種の社会的厚生関数とみなせるとミシャンは主張する。

ミシャンのアロウ批判に対しDavis［187］は契約曲線上の、どの点にするべきか、社会的厚生関数により決めようとするのがアロウの問題意識であって、xI_1y, yI_2z→zPxを認めるならば、アロウが問題にしようとする点をはじめから無視していると、ミシャンの批判を反批判している。アロウの社会観を批判せずにミシャンのようにアロウの連結性、推移性のみを批判すれば、ディヴィスの反批判のとおりであろう。

Kemp［188］は、彼の論文の第2節で、社会的厚生関数は社会的推移性を持つ必要はないことを論じている。社会的に選択されたものは、あくまで、いろいろな価値観の妥協の産物にすぎないもので、その社会的選択対

象が、何らかの倫理性（アロウは、推移性をこれに含めるとケンプはいう）を持つ必要はないという。もし社会的順序が非推移性を持つことが不愉快に思う論者がいれば、推移性という性質は、公理よりも、もう1つの付加的条件として考える必要があるという。何か先験的なものとして、推移性を、社会的順序の本質と考えることはおかしいという。こうして、推移性の欠如のため批判された補償原理が、社会的厚生関数として復活できると主張する。このケンプの批判には我々は賛成できる点がある。

c．Littleの批判

Little [189] の批判の独特の点は5つの条件に対する個別的な批判は別にすれば5つの条件を総体として考えてみると、正の連関性条件が、taste（嗜好）が変化する場合で考えられる条件であるのに対して、他の諸条件は嗜好が不変の場合で考える条件であるとし、アロウの定理のように諸条件を総体として、社会的厚生関数の不存在を証明するために利用することは矛盾するという批判である。リットルが認めているバーグソンの社会的厚生関数では、嗜好が変化すればこの社会的厚生関数の関数形そのものが変化すると考えられている。アロウのように、あくまでアロウの社会的厚生関数はバーグソンの社会的厚生関数と同じものであることにこだわり、バーグソンの社会的厚生関数に諸条件を加えて、その不存在を証明したと主張するならば、諸条件全部に一つの整合性（この場合は、嗜好の不変性）が必要であると批判し、正の連関性条件が整合性という面から逸脱していると批判する。この批判は、アロウの社会的厚生関数の関数形は特殊な形しか通用できないという数学的批判につながるものである。この点についてInadaの別の研究がある。

d．Bergsonの批判

Bergson [177] はそのch. 1 の論文で、1938年に厚生経済学に社会的厚生関数という概念を導入し、厚生経済学のいろいろな体系を社会的厚生関

数のもとで、統一的に把握しようとしたという。アロウが、この社会的厚生関数という同じ概念を用いて、関数の存在を一般的に否定したかのような印象を経済学者に与えたことに対し、バーグソン流社会的厚生関数とアロウ流社会的厚生関数とのちがいを説明しようと、[177]のch.2、3の論文で試みている。バーグソンのアロウへの批判点は、アロウの諸条件への批判を別にすれば、次の2点である。

①バーグソン流の社会的厚生関数は人々の選好の変化によって変化するもので、アロウ流の関数のように、人々の選好の変化にもかかわらず、関数の不変性を前提としていないこと。前述のcと同じ内容を持つ。

②アロウが社会的厚生関数の例として、多数決の投票方式を挙げていることとアロウの諸条件の内容とからもわかるように、アロウの議論は政治学に関するものであって、厚生経済学とは無関係であること。

Samuelson[191]の、アロウの定理への明快で鋭い批評論文も、上の2点に集中しており、アロウの定理は、数理政治学へ輸出すべきもので、そうすることが社会科学全体の業績の最適配分をもたらすと皮肉っている。

e．終わりに

この第2節は、アロウの定理の前提となる、2つの公理と4ないし5つの条件のうち、2つの公理に対する批判を中心に「アロウの一般不可能性定理」批判を検討したものである。

aでのBuchanan、bでのMishan, Kempの批判は、社会観からアロウの2つの公理（連結性と推移性とが成立しているという公理）に批判を向けたものである。批判対象となった、社会的機構には推移性が成立しなければならないというアロウの、無意識的ともいえる社会観には問題があり、ヘーゲル[192] et alの一種の社会的有機体論が、今なお社会・政治理論として一定の意義があることからも、「アロウの一般不可能性定理」の中でも、この点についてとり上げられ深く検討されるべきものであろう。

連結性を問題とする部分のMishanの批判は、もともと選好され順序づ

けられる対象のみを考えて、社会的順序を求められえるかどうかを問題とするのがアロウの定理だと考えられるので、批判としては的はずれだと考える。しかしMishanもKempもともにアロウの公理を批判することにより、補償原理を何とかいかそうとしている点では、注目される批判といえよう。

　4つないし5つの諸条件全体の整合性問題で批判するLittleの批判は独特の批判である。社会的厚生関数に価値判断を加えるために考え出されたアロウの諸条件をもし数学的に解釈するならば、正の連関性条件は微分の形を、微分を除くために積分すれば（できるとして）やはり、他の条件の場合の関数とは、特殊な関数の場合を除けば、異なると考えられる。こうしたことから、特殊な社会的厚生関数の場合以外は、Littleの批判も検討されるべきであろう。

　Bergsonの批判点は、厚生経済学とアロウの定理との関係を否定するもので、この批判は第1節で述べたように今もって決着がついていない問題である。バーグソンが主張した社会的厚生関数という概念を使うアロウの定理は、政治理論に属するものとしているが、この差異の問題は、アロウが社会的厚生関数という表現に、固執したために生じたと考えられる。バーグソン流の社会厚生関数とのちがいが明らかであるにもかかわらず、アロウは厚生経済学に強引にアロウの定理を位置づけたいためにアロウ自らがword playをして、混乱をおこしたと考えられる。しかしアロウが混乱させたのが原因であるとするBergsonの批判点は、正当ではあるが大した内容を持たない批判である。また、政治学に属するという②の批判点は、これだけでは、アロウの定理への批判となりえるかどうか、アロウの定理の持つ「一般性」からも、疑問を我々は持っている。ブキャナン、タロック、ケンプのようなアロウの推移性公理への根本的な内在的批判が、最も痛烈で的をついた批判であると我々は考える。

第8章　アロウの定理の問題点

第3節　「アロウの定理」批判の検討―諸条件について―

　ここでは、この章の2節に続いて、Arrow［8］出版直後のアロウの一般不可能性定理に対する内在的批判を検討してみることを目的としている。ただし、第2節が、主として、アロウの2つの公理（選好の連結性公理、選好の推移性公理）を中心とした、アロウの諸前提の基礎的な面での批評を検討したのに対し、この第3節では、アロウの4ないし5つの条件に対する批判と、アロウが市場機構を投票方式と同一視している点とに対する批判を検討しようとするものである。前述したように、本来のアロウの一般不可能性定理は、前述の2つの公理と、5つの条件である条件1（アロウのいう社会的厚生関数の定義域の無制約性）、条件2（正の連関性）、条件3（無関係な選択対象からの独立性）、条件4（市民主権性）、条件5（非独裁制）とからなる定理である。Arrow［1］以降は、条件2と条件4とを1つにまとめて、パレート原理の条件として、2つの公理と4つの条件とからなる定理とすることが多い。

　以下では、これらの条件が、どんな考え方から批判されているのかを検討するのであるが、a以下の批判内容を明確にするため、今までの章と重複するが、あえて次に5つの条件を具体的に記す（Arrow［8］ch.3より、邦訳を少し変えた、我々自身による訳）。

条件1（定義域の無制約性）
　全選択対象の中で、次のような性質を満足する3つの選択対象部分集合Sが存在する。S上での個人的順序T_1……T_nのどんな組合わせの集合に対しても、全選択対象集合上の個人的順序R_1……R_nという考えられうる集合が存在しており、そしてそれぞれの個人に対して、S上のx, yについてxT_iyならばxR_iyが成立し、逆にxR_iyならばxT_iyが成立している。

条件2（社会的価値と個人的価値との間の正の連関性）

R₁……RnとR'₁……R'nを個人的順序の2つの集合とし、RとRとを、それぞれに対応している社会的順序とし、またPとP'とをそれぞれに対応している強意の社会的順序とする。それぞれのiに対して、2つの集合の個人的順序関係は、次の様に関連していると仮定する。すなわち、所与の選択対象とは異なるx'、y'に対してx'R_iy'の時には必ずx'R'_iy'となり、逆もまた成立する。また、すべてのy'に対して、xR_iy'はxR'_iy'となり、すべてのy'に対して、xP_iy'はxP'_iy'となる。こうした時、もしxPyならば、xP'yが成立している。

条件3（無関係な選択対象からの独立性）
R₁……RnとR'₁……R'nをそれぞれ、2つの個人的順序の集合とし、C(S)、C'(S)を上のそれぞれの個人的順序に対応している社会的選択関数とする。もし、すべての個人iと所与の環境Sについて、xR_iy'ならばxR_iyであり、逆もまた成立しているならば、C(S)、C'(S)は同一となる。

条件4（市民主権性）
社会的厚生関数は決して賦課的（強制的―訳者）なものではない。ただし、ここで賦課的であるとは、もし、異なる2つの選択対象x、yという、ある順序対について、個人的選好順序R₁……Rnのどんな集合に対してもxRyが成立することである。ただし、RはR₁……Rnに対応している社会的順序である。

条件5（非独裁制）
社会的厚生関数は、決して独裁的なものではない。ただし、ここで独裁的であるとは、すべてのx、yに対し、i以外のすべての個人的順序R₁……Rnとは無関係に、xP_iyがxPyとなる1個人iが存在することを意味する。ただし、PはR₁……Rnに対応している強意の社会的順序である。

第 8 章　アロウの定理の問題点

　以上の5つの条件に対する批判への、アロウの反応は、条件1については、すでに［8］の第7章の2での、単峰型選好の場合という節により論じていることからわかるように、現実には各個人の社会的態度には類似性があるということは認めており、この条件は厳しすぎ、非現実的条件であることを認めている。また条件3については、［1］の第8章の4で、批判を受けて、アロウの考える範囲内で条件を緩和した場合に生じる困難さを5つに分けて議論し、条件3の批判へ反批判を試みている。

　条件5については、［1］の第8章の2で、Murakami［42］を使って独裁者の条件を弱めていることによっても、やはりアロウの定理の成立するという形で反批判している。

　条件2、条件4への批判については［1］ではアロウは全く反批判していない。

a．条件1への批判

　Inada［37］では、この条件1と、cで論ずる条件3が、アロウの5つの条件の中で、非常に厳しい条件であることを示している。第3章で証明したように、社会的厚生関数として多数決による投票方式を考える時、Black［30］、Downs［34］によって、個人的選好順序に特定の制約性（1例として単峰性）を加えると、一般的に（例外なくという意味で）多数決投票方式という形での社会的厚生関数が存在することがわかっている。村上［186］は、当然だが単峰性以外に社会の全員が同一の選好順序をもつ場合も同じことがいえるとしている。この条件に対しては、「社会的協力編成と成果分配のルールを、各プレーヤーの持つ諸特性が『無知のヴェール』に隠された『仮説的原初状態』において設計するという、われわれの問題設定のもとではきわめて自然な要求である」（鈴村［6］p.104）との、この条件への擁護論があるが、現実的にわれわれの社会をみれば、Tullock［203］でいうように、多数の人々の選好には、互いに確率的に差異があるにしても、類似性や、ある種の規則性があることは事実である。こうして、

タロックはアロウの一般不可能性定理の例として投票のパラドックスがあるにもかかわらず、現実の多数決による投票の結果は、人々に一定の満足感をもたらすものになっていると主張する。Kemp [188] は、われわれが選択する場合、近い未来に表れる限られた数の選択状況への考察のみから選択することによって、予想結果について知識を得ているとし、「すべての考えられる限りの選択対象」というアロウの条件は、人々にとって何の意味を持たないものだと批判する。我々もこの通りだと考える。こうして、すべての考えられる選択対象にもとづいて考え出された意思決定は、全く何もあらかじめ考えない選択対象から考えだされた意思決定と同じ位の成果しか与えないであろうとする。そしてケンプは結果として、特殊な選択状況下においてのみ、個人は、条件もしくは、条件の集合を評価しえるのだとしている。熊谷 [185] も、この条件だけが他の 4 つの条件とは異なって、最近の厚生経済学では使わないものであり、この条件 1 の緩和によって、アロウの定理が示す困難を回避できないかといい、さらに、どの程度の人々の選好の類似性によって、アロウの定理を否定できるかが、今後の研究の方向の 1 つであると問題提起している。第 3 章で述べたように単峰性以外の人々の類似性を求めて、Inada [39]、Sen et al [20] の研究が、またどの程度の類似性が必要かの研究が Kuga and Nagatani [106] によっておこなわれている。この条件 1 は現実の選択過程を観察すればわかるように社会厚生関数にとって厳しすぎるものであり、条件 3 と並んで批判されるべき条件であろう。このためアロウの条件のうち、この条件の緩和の研究が現実分析との関連で最もよくなされている。

さらに、民主主義は、多数の意見を討論によって社会的選好にまとめる方法と考えると、この討論と妥協とは、個人的選好をせばめていく過程とも考えられるということによってもこの条件 1 は批判される。

b．条件 2 への批判

この条件 2 は、条件 4 と組み合わせられて、パレート原理条件とされ、

条件4への批判と結びついているためか、特に取り上げられて批判されることの少ない条件である。批判としては、この章の第2節で述べたようにLittle [189] による①他の条件と異なって、この条件は、選好の変化を前提としていることから、他の4つの条件との整合性問題を生じさせる条件であるということ②バーグソンの社会的厚生関数では、個々人の好みは一定との前提のもとで考えられていたのに、アロウは社会的厚生関数に個々の好みの変化を意味するこの条件を加えることにより、バーグソンのものとアロウのものでは、同じ社会的厚生関数という概念を使っているにもかかわらず、この条件は、互いは無関係であることを示す条件ということ、という2つの考え方からの批判がある。また、Kemp [188] の鋭い批判は、条件2への、ある個人の評価は、この条件と結びついた選好についての変化が、彼の状況の改善に結びつくかどうかの確信によるとし、そしてこの確信は、選好が変化すると考えられる方向と選択対象集合とのいかんによるとし、必ずしも常に正の連関性があるわけではないと批判している。Bergson [177] の批判は、簡単明瞭なものである。すなわち、他人への配慮をおこなうのは当然であり、そもそも、アロウのこの条件は、現実そのものであり、特に、条件として取り上げるべきものではないとしている。

またConti [195] によれば、この条件は、選択集合が連結集合である時には、不要な条件となり、5つの条件からなるアロウの一般不可能性定理は条件2が不要なものであることから、問題となりえない定理となると批判する。このユニークな批判は、残念ながら、Majumdar [199] からの反例を示す形での反批判があり、一般性を持たない。

c．条件3への批判

aで述べたように、この条件3は厳しい条件で、Inada [37] は、もし、条件1と条件3がなければ、社会的厚生関数が存在し得るかどうかという問題は、特に議論されるべき問題ではなくなるとさえ述べている。擁護論としては、この条件は「社会的意思決定のための組織費用投入量を最小限

に留め、情報収集・処理・伝搬のための組織費用を最大限に節約しうることを保証する魅力的な要求である」(鈴村 [6] p.104) がある。この擁護論は、理論の世界だけでアロウの定理を考えればよしとする立場を取らないならば、現実を全く無視した議論で、この条件を正当化するために、人々の選択時の状況を完全に無視して、単なる正当化のための理屈を無理につけたもので、問題とされねばならない議論であると考えられよう。現実の投票状況を考えてみれば、この条件は成立していないので、アロウの結果は、一見したほど、厚生経済学理論に対して破壊的なものではないと主張されるほどである (Baumol [193])。さらに Bergson [177] は、この条件について社会的厚生という概念そのものが他人への配慮を含んでいるのだ、と一刀のもとに、この条件を切り捨てている。よく似た形で熊谷 [185] は、この条件は、何らかの第3の選択対象を媒介とする間接的比較を通じて、異なった個人の「効用」を共通の次元にもたらすことを可能にするのを排除していると批判する。Little [189] は、我々は、必ず他人の判断を考慮に入れていること、さらに、人間はまた、他人への同情を考えに入れて社会的状態の優劣を考えるケースが多いという事実を無視しえないと批判している。Kemp and Asimakopulos [197] の批判は、やや異なっている。すなわち、この条件は、序数的効用を暗黙のうちに含んでいるので、アロウの定理の例で基数的効用に基づいて議論する（多数決原理etc) という主張と矛盾していると批判する。さらにこの論理をすすめて、かれらはこの条件3は、①序数的効用の前提があること、②異人間の効用比較を前提としないこと、③2つの選択対象からの選択は、第3の選択対象から独立していること、という3点を含んでいるが、これらの点は、アロウの他の議論と矛盾していると批判する。Hildreth [196] は、上の [197] の批判と同じような趣旨で、アロウは序数的効用により各個人間の効用の比較不可能性を前提が前提とされており、序数的効用と多数決原理との両立には矛盾があると批判する。現実に、投票行為をみると、擁護論で主張されるような、最小の情報のもとで、意思決定されることはないのが一般的であ

る。

　この条件は、アロウの定理の内容をよく理解した理論経済学研究者から、アロウの定理を構成する2つの公理、5つの条件のうちで最も厳しいものであり、除くべき条件とされている（Samuelson [191], Feldman [9]、林 [203b] がその例である）。確かに、我々が選択状況下にある時、必ずといっていいほど、2選択対象以外の、第3のもの、第4のもの、その性格によっては、第5のものまでを考えて、Bestの選択対象を決めているのが現状である。しかし、この著作の第1章で見たように、アロウの証明過程を少し吟味すれば、除くべきと主張するのに簡単に賛成するわけにはいかないほど、この条件3はアロウの定理での証明過程で強力かつ適切な役割を演じていることがわかる。もし、除くべきという主張どおりにすれば、アロウの定理の証明が全く進まなくなり、その時点で、アロウの定理の証明が不可能なことがわかる。

　物々交換時に、突然、貨幣という第3者が登場して、それまでの2つの物の交換比率をはっきりさせ、現実の経済活動を拡大し、活発化させたように、我々は選択状況において、常に第3の選択対象を1種の計算単位のようなものとしてイメージに描き、大きな視野のもとで2選択対象間の選好順序を決めていると考えられる。こういう考えを発展させ、具体化させると、アロウの定理の存立基盤を問う次のような批判につながる。すなわち、投票制をとる時には、選択時に、各人は一種の効用による計量化を必ず行なっており、序数的順序ではなく、この計量化の規準となる第3の選択対象を媒介にして、基数的順序がおこなわれているわけで、この時、既に、この条件3の成立は否定されており、第2章第1節や、第3章で単純多数決制を社会的選択関数として考え、その存在自体の是非を問うことは、はじめから意味がないことになってしまうという批判である（第8章第3節で述べたLittle [189], Hildreth [196], Kemp and Asimakopulos [197] の批判の我々の解釈）。

　また、鈴村 [6] のいうように「情報の効率化」のために必要な条件と

してそのまま是認して検討しなくてもよい条件とは、とても考えられないにもかかわらず、我々の知る範囲では、この条件3の検討から、この著作の第2章から第4章までのような、条件3のための積極的なモデルの再構築がおこなわれた研究はない。条件3を除いたモデルとして、第5章でのセンのリベラル・パラドックス定理があるが、このモデルでの自由主義的権利の容認というのは、第3の選択対象への配慮を一切無視して自己の自由主義的権利により選択を決め、それを社会全体にまで認めさせようという権利であるという意味では、実質上、条件3の変形といえるもので、このセンのリベラル・パラドックス定理も条件3をとり除いたモデルとはいえないのである。

　この条件3という、あまりにも現実離れしすぎた条件により「アロウの定理」の、他の、いろいろな有益な現実分析への応用を困難にしている点を挙げておきたい。

　最後に、Inada [37] も述べているが、条件1とこの条件3がアロウの定理を構成する条件でないならば、アロウの問う社会的選択関数の一般的存在問題などは議論されるべき問題とはなりえなかっただろうというほど、「アロウの定理」において、この条件3は重大な位置を占めるものと我々は考える。

d．条件4への批判

　bの正への連関性と、このdの市民主権性とを合わせて、パレート原理（政治的な意味をも含めて）の条件として考え、特に記さない場合には、ここでは、このパレート原理の条件を対象に批判する。パレート以来、厚生経済学は、このパレート原理を、暗黙か明示か、いずれにしろ基礎としておいている。このため、このパレート原理への批判は、現代の厚生経済学理論の根本的な批判になる。現代の厚生経済学は、倫理性もしくは価値判断をおびる条件を出来る限り排除することを目的として構成されていることからも弱い価値判断を示すパレート原理を排除してしまうと、一般的す

第8章　アロウの定理の問題点

ぎて内容のない理論になる。こうして、他の条件に対して厳しく批判するリットルでさえ、この条件への批判を全くおこなっていない。あのBergson [177] も、市民主権性について文句は全くないとしている。Leibenstein [198] もバーグソンと同じように、市民主権性は厚生経済学の中心であって無視しえないとする。代表的な擁護論は、第4章でも引用したが、次のようなものである。「現代の（新）厚生経済学になじみの深い読者は、［要請BP］（パレート原理のこと—引用者による）を前掲のアロウ流不可能性定理がそれぞれ課す諸要求のうちでも最も異論の余地の少ないものであると認められることであろう。なるほど人々の選好の背後に潜む動機にまで遡って考えれば、全員一致しての選好を社会的に是認することが常にそして必然的に『良いこと』であるとは限らない状態が常に存在しうることは確かであって、われわれが第6章（社会的選択と市民的自由—引用者による）においてかような状況に関心を集中することになる。しかしながら、他の諸要素を維持し続ける限りにおいて、なんらかの理由でパレート原理の一般的妥当性を否認したとしても、それにより一般不可能性定理の暗雲を一挙に払い除けることはできないのである」（鈴村 [6] p.105）。

　この条件に対する批判としては、Buchanan and Tullock [48] でのタロックの批判とKemp [188] とが目につく程度である。タロックは次のように批判する。自由主義社会での全員一致が非常に稀なことを考えるとこの条件を認めると、logrolling（政治的な投票の取引行為）がある場合に得られる全員一致以外のすべての投票ルールが排除されてしまい、こうした全員一致をみたさない投票ルールで決定されない場合、一種の賦課性（強制性）のある決定結果になってしまう。こうして、市民主権性（パレート原理性を意味する）の条件に反することが、現実の投票がおこなわれる場合に生じている。このため、全員一致で、決定がおこなわれることは、絶対無いわけではないが、きわめて稀であることを考えれば、現実のほとんどの決定は、強制性をおびたものになるとしている。もともと現実の投票ルールはこうした強制性を帯びていることから、この条件を現実にさら

に適用すれば、「多数派の圧制」という形の強制性をおび、民主主義の大きな弊害の1つである「少数派意見の無視」という形の多数派による圧制、すなわち、一種の独裁制に近い形になると批判している。この点から見れば、この条件4と次の条件5の両立性は、微妙な問題を含むということになる。我々は、第4章の第1節で同じ立場から、より詳細に、批判を試みた。次に、ケンプは、人々がこの市民主権性の条件を認めるかどうかは、ある人が他の人々と同じ意思を示せば自らの状況がよくなるかどうかによるのであって、いいかえると、特殊な選択状況と強制される選択状況と比較して考えることによるのであって、必ずしも、常に市民主権性の条件が成立するとは限らないと批判する。第4章でもふれたが、今日の独裁国家は、表面上民主主義をうたっていることから、このパレート原理は、全員一致への強制をともないやすい点からも問題点が多い。

e．条件5への批判

この民主主義の根幹にかかわる主張に対しても批判者がいる。Little[189]は、独裁者の定義そのものが誤りだとしている。その理由として、個人は価値判断に関するかぎり、すべての人は独裁者であり、決定判断については全員一致の場合以外にはアロウの意味で、だれ一人として独裁者たりえないといい、後者の全員一致の場合、一種の全員（多数）の圧制になるという。この全員一致の場合については、前の章のdで条件4への批判点とも重複している。また、社会的厚生関数を、master-orderを決める機械ととらえると、この機械は、独裁制をとる規制のようなものであるため、社会的厚生関数の条件として、非独裁制云々の議論は矛盾しているとする。さらに、リットルは、自分と社会的厚生関数との判断が、全く正反対の場合に、どこまでも自分の判断を貫く時、そのひとは独裁者といえないのかとか、貧困ゆえに自己の意思を貫こうとする貧困者も、独裁者というのかとか、ややこじつけ気味の例によって、倫理性を含む、この非独裁制条件を批判している。

第 8 章　アロウの定理の問題点

　May［200］も、実証的にみて組織は、しばしば、ただ 1 つの要素（意思といってもよい）を考えることによってのみ社会的選好を決定している場合が多いことから、この非独裁制条件は、現実的にみれば、厳しすぎると批判する。Kemp［188］は、この条件が成立するかどうかは、自らが独裁者の立場にあるかどうかによる個々人の有利不利の推察の程度によって、この条件を認めるかどうかによっているとし、この推察の程度は、選択対象の状況しだいで変化するものであって、すべての人々が、常に非独裁制条件を認めているわけではないと批判する。ケンプの批判はここでも鋭い。

f．市場機構と投票との同一視に対する批判

　投票のパラドックス現象により、社会的厚生関数の一般的存在の不可能性を示すのがアロウの定理の主旨であるが、アロウは、この結論は、投票以外の社会的厚生関数としてもう一つの例である市場機構に、ほとんど説明を加えることなく、あてはまるとし、われわれの社会の、2 つの重要な社会的厚生関数——投票と市場機構——は共に一般的には 2 つの公理と 4 ないし 5 つの諸条件を同時に満足する形で存在しえないのだと断定している。こうしたアロウの断定に対する擁護論としてこの章の第 1 節でもふれたように「市場機構が社会的厚生関数として不満足であるというアロウの断定は、言葉をかえていえば、所得の異なった分配を含むさまざまな社会状態に対して、それが最終的な社会的評価序列を形成しえない」（熊谷［185］p.364）ためだという主張がある。これは、一応なるほどと考えられる解釈であるが、市場機構が導くパレート効率状況では、現実にどの分配状況になるか決定するのを決める力（すなわち、一種の社会的厚生関数）が、市場機構にはないという周知の結論にすぎないのであり、アロウの定理にはパレート原理という条件がはいっていることから、当然、こうした周知の結論を含んでいるわけで、特に新しい擁護となる解釈とはなりえないと我々は考える。

　投票と市場機構とは、社会的厚生関数として、全く別の性質を持つもの

であると主張するのはBuchanan [24] [194] である。[24] では、市場は、経済環境の変化があっても、無理をして社会的一貫性（連結性と推移性）のある選択を考えなくても、1つの社会状態から別の社会状態へ移っていく手段——ポラリーによる市場の「自然秩序」と呼ばれるもの——を持っているため、市場機構に内在している個人的選好からは満足できる社会的厚生関数を導き出せないという事実にかかわらず、一貫性のある社会的選択を生み出すことができるとしている。[194] では、投票と市場機構の違いとして、次の6点を挙げている。

①確実性の違い
②社会的参加の程度の違い
③責任を負うことの違い
④議論される選択対象の性質の違い
⑤強制力の違い
⑥個人間の力関係の違い

　こうした違いにもかかわらず、市場機構を投票と同じ性質（2つの公理と4ないし5つの条件）をもつ社会的厚生関数ととらえることをブキャナンは批判する。こうして、ブキャナンはアロウの断定以前に、市場機構を社会的厚生関数とするかどうかという問題設定そのものがおかしいと批判している。ブキャナンの批判はここでもアロウの社会観の弱点をついている。

g．終わりに

　第2節では、アロウへの批判が理念（社会観、政治観）による違いによる批判になり、まさしく「公理」に対する批判であった。このため、アロウのこれらの批判に対する反批判も全く非妥協的な表現をとっている。この第3節では、アロウの、4ないし5つの諸条件の抽象的な面と、現実におこなわれていることの違いという観点から批判者達は矛盾を指摘している。そして、アロウの諸条件と現実との乖離が大きいほど疑問視して批判

していく形をとっている。Arrow［1］の第8章では、ここで述べた形の批判に対しては、アロウの定理のより現実化を目指すものと、アロウ自身もやや好意的に批判を受け取っている場合が多い。我々は、Inada［37］が条件1、条件3もそのままにして条件2を取り除き、条件4を全員一致条件（パレート原理）に変え、条件5をより弱い非独裁制に変えても、やはりアロウの一般不可能性定理が成立するということを明快な証明で示しているように、少なくとも条件1、条件3は現実性から見ても厳しすぎる条件であり、上記のa、cの批判は的をついている批判であると考える。また、fでの市場機構と投票とのアロウの同一視は、ブキャナンの批判には不明確な点があるが、アロウが、深く考えることなく、勢いにまかせて、市場機構も投票と同じであると速断しすぎた面があると我々は考えている。

　第7章の第4節で少しふれているが、投票のパラドックスが、われわれの社会で起きる確率を求めて、もし、この確率が小さいならば、アロウの一般不可能性定理の現実的重要性も小さいと考え、アロウの定理を確率論的に批判する研究方向もある。

第9章 「複雑系」と 「アロウの一般不可能性定理」批判[注]

　現代経済学の理論体系を現実の経済へ説明力を喪失しているとして、現代の理工医学系の成果を導入して現代経済学の現実の経済への説明力を高めようとする試みが「複雑系」経済学の目的である。

　こうした試みが西山［228］［229］［230］、塩沢［223］［224］［225］である。

　この第9章は、今までの章で検討してきた「アロウの一般不可能性定理」批判を、理工医学系の成果の中での「複雑系」で使われる概念により考察しようとする章である。この「アロウの定理」は、ミクロの動き（各構成員）をマクロの組織（制度）とどう関係づけるかをテーマとしたもの、ととらえることができる。

　理工医学系の中で、ミクロとマクロの問題に注目しているのが、物理・化学系では相転移現象、生物・医学系では自己組織化現象である。

　「アロウの定理」での各構成員は、相転移現象の中では原子・分子のように、自己組織化現象では細胞のように動くという前提を、この章ではしている。また、以下の第1節、第2節では「アロウの定理」へ「相転移」「自己組織化」という概念で比較静学分析を、第3節では「多様性」という概念で動学分析を試みている。

第1節　相転移現象と「アロウの定理」批判

　相転移現象とは「物質の性質は、温度や圧力が変わるのにしたがって連続に変わるだけでなく、特別な温度あるいは圧力で急に変わる」（［233］p.128）現象をさす。例えば、圧力一定の下で水が、温度の変化によって

水から氷に、または水蒸気に変わる現象、常磁性体（鉄など）が温度の変化によって磁性を失ったり、強磁性を回復したりする現象をさす。この相転移現象は「ゆらぎ」（定義としては、「エネルギーや物質の流出入が行われ、安定していないシステムの秩序や構造の動揺のこと」）（[231] p.183）が生じた後に生じ、新しい状態に落ち着いていく。そして、水、鉄という物質に対してだけでなく、「生体の機能にも相転移という立場でみられることが多い」（[227] p.129）とされている。一般的には、この「ゆらぎ」の大きいものは、たまにしか起こらず、小さな「ゆらぎ」はよく起こる。この時、ある大きさの「ゆらぎ」が出現する確率は、その大きさに反比例する（物理学でいう[１／ｆノイズ]現象の一種である）。そして、この大小の「ゆらぎ」は時間的（株式市場の株価の波の変化などに）、空間的（海岸線の形状など）にそれぞれ相似しており、いわゆる「フラクタル現象」といわれるものになっている。

　この相転移現象を、「アロウの定理」に適用してみると、以下のように考えられる。ある社会の各構成員の選好が、ある社会・政治・経済状況の変化の度合に応じて「ゆらぎ」、「カオス」（定義としては「初期値に敏感に依存する予測不可能な運動」（[232] pp.31～32）が生じ、「フラクタル」現象をおこし、「アロウの定理」の条件１の定義域（各構成員の選好順序）の無制約性が崩れ、かなり特徴のある傾向をもった選好順序になっていく。たとえば第３章の第２節で証明したように、各構成員の選好順序が「価値制限性」か「正反対の選択性」か「部分的な合意性」を持つようになれば「各構成員の選好順序を制約することによるアロウの修正定理」が成立する状況が生じる。

　条件２（パレート原理）についても、相転移現象の影響を受け、今までの異なった選好順序が、ある傾向を持った選好順序に整理されていき、より条件２が妥当するケースが増えていく。また、条件３（無関係な選択対象からの独立性）についても、第３の選択対象を考える必要がなくなりやすく、第８章で検討したような、４つの条件の中で、成立しにくい条件であ

第9章 「複雑系」と「アロウの一般不可能性定理」批判

るという批判に対し、成立しやすい条件に変わっていくと考えられる。

こうして、「アロウの定理」が証明される時の、条件4（非独裁制）が否定されることがなくなり、「アロウの定理」の証明が否定される。物理・化学での相転移現象を「アロウの定理」に適用すれば、「アロウの定理」批判に帰結する。

第2節　自己組織化現象と「アロウの定理」批判

Ａ．マーシャルが「経済学原理」の中で、経済現象には物理学の概念よりも生物学の概念の利用する方が妥当する現象が多いとしたのは有名である。この節では、生物・医学系で使われる「自己組織化」という概念によって「アロウの定理」を考えてみる。

自己組織化現象とは「混沌とした状況の中から、ひとりでに秩序や構造が生まれてくること」（[231] p.135）である。ここでは、具体的にはミクロの構成分子（たとえば細胞）が属する組織が、ある目的（たとえば、生命誕生や、病原菌を攻撃したりすること）を実現するため「ゆらぎ」や「カオス」を引き起こす。そして「カオスの縁（ふち）」でミクロの構成分子がネットワークを形成したりしながら、その組織の自己安定機能を示すことになる。この自己組織化現象は、第1節での相転移現象よりも、組織の内部のより激しいダイナミックな動きによって内生的に引き起こされる現象である。この時のネットワークは、身近な範囲内での「スモールワールド・ネットワーク」であることが多いとされる（[217] 第1部）。

自己組織化現象を「アロウの定理」に適用してみると、各構成員が各細胞になり、ある目的を達成するために自己組織化していき、新しい運動を引き起こし、新しい組織（制度）を形成していくことになる。こうして、前の第1節での「アロウの定理」への適用よりも、よりダイナミックスな形で、条件1（定義域の無制約性）が修正され、条件2（パレート原理）の適用範囲が広がり、条件3（無関係な選択対象からの独立性）も成立しやすく

なる。こうして、第1節でみたように条件4（非独裁制）は問題にされることなく成立し、「アロウの定理」の証明は否定され、結果として、生物・医学系での「自己組織化現象」を「アロウの定理」に適用すれば、第1節と同様に、「アロウの定理」批判に帰結する。

　この第1節、第2節は、ある社会・政治・経済状況に急激な変化が起きた時、どのように「アロウの定理」の結論が変わるかという比較静学分析になっている。

第3節　「複雑系」概念を「アロウの定理」に適用することから得られる2つの結論

（第1の結論）

　第1節、第2節でみたように「アロウの定理」の枠内ではあるが、各構成員の選好順序にある種の傾向性を持つことになると、（条件4）が成立しやすくなり、「アロウの定理」の成立が否定される。こうして現実の世界は意外と「独裁制」を採る国が少ないという現実に合致してくる。ここで、この選好順序がある傾向性を持つというのは、その国の伝統・歴史・習俗などから、一種の価値観のまとまりが各構成員の間で生じるためと考えられる。これは「多様性を持たない価値観の集団」の存在を意味し、この集団に、批判精神や客観的、大局的にみる思考力が欠如している場合、オルテガ、トクヴィル、勝田吉太郎、西部邁などがいう、現代社会は「愚かな多数者の独裁」である大衆社会になる。

（第2の結論）

　「複雑系」の概念である「多様性」を社会や組織の存続や持続的発展の前提条件とする「アシュビーの法則」（「必要多様度の法則」ともいわれる、[230] pp.91〜93）を、新しい条件として「アロウの定理」に加えてダイナミックにする。

　この場合には(a)「アロウの定理」を肯定する場合には、「多様性」を認める独裁者の出現の場合か、(b)「アロウの定理」を否定する場合には、

第 9 章 「複雑系」と「アロウの一般不可能性定理」批判

「多様性」を持つ、ある傾向性を持つ集団の出現の場合という結論になる。社会の存続・発展のためには、いずれの場合も、「多様性を認める独裁者」の存在（不思議な歴史的存在である啓蒙君主のような）か、「多様性を持つ多数者の独裁」の存在という「多様性」と形容矛盾するような存在か、が必要となる。こうして、アメリカの民主主義政治モデルから導かれた「アロウの定理」を現実的に、かつダイナミックにすると現実世界と矛盾してくるという結論になる。結論として、「アロウの定理」は、現実世界から考えると、そもそも「矛盾を本来的に内包している定理」であるといえる。第2の結論として「複雑系」の概念である「多様性」を、「アロウの定理」にとり入れ時間概念を導入する形で動学分析にすると、「アロウの定理」が成立する、しないにかかわらず矛盾する存在が必要となるという結論になる。

　（注）この章は、著者が高校時代理数科にいたことと大学院時代の恩師である柴山幸治先生、大川勉先生が社会システム理論研究をされていたことから影響されたこととが、執筆の動機である。

補 論 書評：Collected Papers of Kenneth J. Arrow Vol. 1 & 2

The Belknap Press of Harvard U.P.,
Cambridge, Massachusetts, 1983, 229+ⅷpp., 307+ⅵpp.

　ノーベル経済学賞の存在自体と受賞者の妥当性については、平和賞、文学賞についで、価値観によって左右されやすい経済学賞であるため、経済学者によって、いろいろと異論が生じているが、1972年の受賞者の1人であるこの論文集の著者Arrowの場合は、妥当な1例であると思える。

　新古典派総合論者の一方の旗手が、思想性を表面的にはできるだけ排除しているSamuelsonとすれば、思想性、もしくは理想主義を全面に掲げて議論していく新古典派総合論者の他方の旗手は、このArrowであろう。

　Arrowの思想性は、初期の著作 "Social Choice and Individual Values" [8] から、すでに行間ににじみでており、機械的、物理学的なSamuelsonの初期の著作 "Foundations of Economic Analysis" [181] と、好対照をなしている。

　さて、この書評の対象であるCollected Papers of Kenneth J. Arrowは、全6巻の形で1983年から1985年にわたって刊行された。全6巻の表題は次のとおりである。

　　Vol. 1, Social Choice and Justice (1983)…収録論文数15篇
　　Vol. 2, General Equilibrium (1983)…収録論文数14篇
　　Vol. 3, Individual Choice under Certainty and Uncertainty (1984)…
　　　　　収録論文数13篇
　　Vol. 4, The Economics of Information (1984)…収録論文数18篇

Vol. 5, Production and Capital (1985)…収録論文数24篇
Vol. 6, Applied Economics (1985)…収録論文数17篇

　この論文集全6巻の全収録論文は101篇にのぼる。この論文集には発表時期でみれば1948年～1982年の35年間にわたるものが収録されている。この論文集には収録されていないArrowの論文は、Arrow & Hurwicz [205]の共同論文集に収録されており、この共同論文集と、Collected Papers Vol. 1～6で、Arrowの論文はほぼfollowできる。

　この書評は、この全6巻のうち、我々の現在の問題意識に最も関連の深いVol. 1とVol. 2についておこなっている。

a. Vol. 1, "Social Choice and Justice" について [176]

このVol. 1は次のような論文から構成されている。

1. A Difficulty in the Concept of Social Welfare (1950)
2. Little's Critique of Welfare Economics (1951)
3. The Principle of Rationality in Collective Decision (1952)
4. Value and Collective Decision Making (1967)
5. The Place of Moral Obligation in Preferrence Systems (1967)
6. Tullock and an Existence Theorem (1969)
7. A Utilitarian Approach to the Concept of Equality in Public Expenditures (1971)
8. Some Ordinalist-Utiliarian Note on Rawls's Theory of Justice (1973)
9. Formal Theories of Social Welfare (1973)
10. Rawls's Principle of Just Saving (1973)
11. Expended sympathy and the Possibility of Social Choice (1977)
12. Current Developments in the Theory of Social Choice (1977)

13. Nozick's Entitlement Theory of Justice (1978)
14. The Trade-off between Growth and Equity (1979)
15. Optimal and Voluntary Income Distribution (1981)

　上記のように、発表時の順に並べてあり、これは、他の5巻についても同じである。第1、第3、第4、第9、第12の論文は、社会的選択論とアロウの一般不可能性定理についての解説論文であるが、我々にとって最もわかりやすいのは第4の論文である。最新の成果まで解説していることから本来のSurvey論文といえるのは第12論文であり、Arrow自身がアロウの一般不可能性定理を回避しようという議論の最新のところまで検討している点は興味深い。第2、第6、第8、第13、の論文は、それぞれリットル、タロック、ロールズ、ノヴィク（Nozick）の書いた本についての書評であるが、Arrow自身のSocial ChoiceとJusticeとについての考えを深めるための草稿のような形をとっており、Arrowの思索の原点がみられる。厚生経済学者として、Arrowはそれぞれを批判・検討しているが、第8、第13と発表時が後半になるほど、論点が未整理になっている。年齢とともに社会的視野が円熟するほど、理論的には、逆にすっきりしなくなるという人間の成長過程一般にいえることがArrowの論文にも表れている。こうした人間的成長の面からと、もう1つの未整理の原因は、Arrow自身の関心が、しだいに社会的選択論から離れていったことにもあると思える。第5、第10、第11の論文は、この論文集の表題であるJusticeの方にウェイトをおいた論文である。社会的選択が、各個人の選択から作り上げられるためには、各個人の持つ正義観の共通性に注目すべきだとこれらの論文で主張している。この主張はロールズ［71］の著作からArrowが、アロウの一般不可能性定理の回避策としてとり入れたものである。この正義観の基礎は、社会を構成する人々の他人への思いやり、いいかえると、相手の身になって考えることから生じる利他的行為にあるとする。第7、第14、第15の論文では、利他的行為が、各人に共通にある正義観とす

れば、ここから公共性について各人が、同じように考え、それが経済の2つの大きな問題である、効率と公正との二律背反問題、最適な所得分配問題の解決の糸口になるとしている。

　最後に、Vol.1全体への我々の感想について述べる。Arrowは、自分自身の初期のSocial Choiceについての業績である、社会的厚生関数が一般的には存在しえないというアロウの一般不可能性定理を検討することについての関心が、しだいに薄れていたことが、このVol.1の論文集を読むとわかる。そして、後にロールズ［71］の著作からの影響と、ベトナム戦争によるアメリカ社会の荒廃から、アロウの一般不可能性定理の回避策として、他人への思いやりというJustice概念の導入を試みたのではないかと我々には思える。このことは、道徳哲学の重要性を主張する人々は、賛成するだろうが、近代合理主義によって、現代経済学に貢献しようとするArrowの退歩ではないかと、我々は残念でならない。Arrowの鋭い知性が近代合理主義の弱点を見抜いた結果としてJusticeというつかみどころのない概念を導入したとしても、社会的選択論がJusticeという概念に頼らざるを得ないのなら、すべての経済学の問題の基礎は、道徳・哲学・法律問題に帰属し、アダム・スミスが道徳哲学と経済学との分離したことから、独立・発展していった経済学が、元にもどることになる。反証できることが近代科学の根本であるとする科学観が適用できない哲学概念Justiceによって、経済学の議論を展開しようとするのは、近代科学である経済学の発展への妨害行為とさえ思える。理性主義をきわめていけば、結局非合理的なものを対象にせざるをえないということだろうか。しかし、Arrowの一般不可能性定理が近代科学の、現在の極限的な方法論である合理主義的方法に基づいていることを考えても、Justiceという方向ではなしに、確率論や「複雑系」概念などの合理主義的方法をとり入れた形で、Social Choiceそのものを検討・発展させる方向が、展望のある方向ではなかろうかと我々は考える。我々は、ArrowのいうJusticeの方向ではなく、現在すすめられているSen［4］、Fishburn［14］、Kelly［11］、

Suzumura [59] を中心とするアロウの不可能性定理の内容の精緻な検討と第9章で試みた「複雑系」概念を取り入れる方向が妥当な方向だと考える。

b．Vol. 2, "General Equilibrium" について [238]

このVol. 2 は次のような論文から構成されている。

1. Alternative Proof of the Substitution Theorem for Leontief Models in the General Case (1951)
2. An Extension of the Basic Theorems of Classical Welfare Economics (1951)
3. The Role of Securities in the Optimal Allocation of Risk Bearing (1953、フランス語による発表)
4. Existence of an Equilibrium for a Competitive Economy (1954)
5. Import Substitution in Leontief Models (1954)
6. Economic Equilibrium (1968)
7. The Organization of Economic Activity : Issues Pertinent to the Choice of Market Versus Nonmarket Allocation (1969)
8. The Firm in the General Equilibrium Theory (1971)
9. General Economic Equilibrium : Purpose, Analytic Techniques, Collective Choice (1973)
10. Cost-theoretical and Demand-theoretical Approaches to the Theory of Price Determination (1973)
11. The Genesis of Dynamic Systems Governed by Metzler Matrices (1976)
12. Quantity Adjustments in Resource Allocation : A Statistical Interpretation (1976)
13. The Furture and the Present in Economic Life (1978)

14. Pareto Efficiency with Costly Transfers (1981)

　第1、第5、第10の論文は、レオンティエフ、スラッファ流の線型モデルの形をとる一般均衡論について、代替定理の議論を展開している。第2、第13、第14は厚生経済学と一般均衡論との関連性を問う論文である。第2、第14とはすこしちがって、第13は将来割引率をどう考えるかを、マクロ経済政策との関係で問う。第3、第7、の論文は、「市場の失敗」現象を、一般均衡論のわく内でどの位取り扱えるか、いいかえれば、一般均衡論の説明力の有効性を問う論文である。Arrow は、Social Choice、General Equiliorium の研究の後は、この「市場の失敗」のいろいろな経済現象研究に力をそいでおり、Vol.1、Vol.2 以外の他の4巻に、この「市場の失敗」についての論文が散在している。第4、第8、第11、第12は、Arrow-Debru 型一般均衡論として完成されたモデル構成の一部をなす論文である。このうち、第12はややこの巻では異質の数量調整の場合の均衡解の計算方法について議論している。第6、第9は、Arrow の頭脳の明晰さを示す絶好の例となる Survey 論文の白眉であろう。

　最後に、Vol.2 全体への我々の感想について述べる。Arrow の明晰な頭脳には、一般均衡論のエレガントさがぴったりと合ったのか、この Vol.2 は、明晰そのものの論文の集まりである。しかし、我々の問題意識である一般均衡論が社会的厚生関数を形成する能力についての論文は、この Vol.2 全体に散在しているが、まとまった記述はなくわずかに意識的に項目を挙げて書かれているのは、第9にすぎない。Arrow と我々との問題意識のちがいといえば、それまでであるが、Social Choice についての論文に一般均衡論との関連がふれられていることを思えば、Arrow 自身にも、我々に近い問題意識があることは確実であるのに残念でならない。最後に、Vol.1、Vol.2 以外の他の4巻に散在している「市場の失敗」についての論文を、別の巻として編集することができなかったものかと思う。Arrow は、一般均衡論のわく内に「市場の失敗」現象をとりこむ研究に業績を挙げており、ミクロ経済学の側から、資本主義体制内での修正主義的方法

に展望を与え、新古典派経済学に新しい息吹きをいれた。そして、この業績の大きいことを考えると "General Eqilibrium and Market Failure" というような表題のVol.7があってしかるべきだと思うが、どうであろうか。そうすれば、Arrowの論文から多くを学ぼうとする者にとって、新しい研究の方向がすっきりとすると思う。編集者のミステークではないか。

c．結び

我々が、Vol.1 & 2を特に書評の対象にしたのは、Vol.1、Vol.2という順番からではない。我々の問題意識である「資本主義経済の一次近似として、かなりの説明力を持つ一般均衡論は、資本主義経済のもとで生活している人々の経済面について、その経済社会全体としての合理的な社会的合意を作り出せるのか」ということが、このVol.1 & 2に対応しているためである。

資本主義経済に批判的であったマルクス、ケインズなどの経済学者は、我々の解釈によれば、実は、当時の資本主義経済では、経済的な面での社会的合意が不可能であると感じ、この不可能性を示すために、それぞれ資本の有機的構成の高度化、2部門間の不均等などによる資本主義崩壊理論、有効需要不足による資本主義崩壊理論を展開していったともいえる。

ソ連崩壊後、経済体制の評価が混沌としつつある現在、新しい経済体制の研究の端緒としてVol.1 & 2の論文の検討から、資本主義経済の性能と限界の検討ができると我々は考える。今後、「社会的選択論もしくは社会的厚生関数と資本主義経済との関連性」を問う議論は、いろいろな形をとろうが、必要となってくると我々は考える。

参考文献

（注）引用などではじめて登場した順にならべてある。
このため、必ずしも、その章に関係あるものすべてではない。

全体に関係するもの

[1] Arrow, K. J, Social Choice and Individual Values, 2 nd (Cowles Foundation, 1963). 邦訳あり。
[2] Feldman, A. M, Welfare Economics and Social Choice Theory (Martinus Nijhoff, 1980). 邦訳あり。
[3] Kelly, K. S, "An Interview with K. J. Arrow", Social Choice and Welfare, Vol. 4, No. 1, 1987, pp.43〜62.
[4] Sen, A. K, Collective Choice and Social Welfare (Holden-Day, 1970).
[5] ——, "Social Choice Theory", Handbook of Mathematical Economics, Vol. Ⅲ (Arrow, K. J and M. D. Intriligator (ed), North-Holland, 1986), ch. 22, pp.1073〜1181.
[5 b] Arrow, K. J, Sen, A and Suzumura. K (eds), Handbook of Social Choice and Welfare, Vol. 1 (North-Holland, 2002)
[6] 鈴村興太郎『経済計画理論』（筑摩書房、1982年）
[6 b] 高橋昌一郎『理性の限界』（講談社現代新書1948、2008年）

第1章（第1節、第2節）

[7] Arrow, K. J, "A Difficulty in the Concept of Social Welfare", Journal of Political Economy, Vol.58, No. 4, August, 1950, pp.328〜346.

[8] ──, Social Choice and Individual Values, 1 st (Cowles Foundation, 1951).
[9] Feldman, A. M, "A Very Unsubtle Version of Arrow's Impossibility Theorem", Economic Inquiry, Vol.12, No. 4 , Dec, 1974, pp.534〜546.
[10] ──, "Manipulating Voting Procedures", Economic Inquiry, Vol.17, No. 3 , July, 1979, pp.452〜474.
[11] Kelly, J. S, Arrow Impossibility Theorems, (Academic Press, 1978).
[12] 柴田弘文、「アローの「一般不可能性定理」の図形的証明」1991年10月30日、大阪大学木曜研究会での発表。

第2章 (第1節)

[13] Fishburn, P. C, "Intrasitive Individual Indifference and Transitive Majorities", Econometrica, Vol.38, No. 3 , May, 1970, pp.482〜489.
[14] ──, The Theory of Social Choice, (Princeton U. P, 1973).
[15] May, K. O, "A Set of Independent, Necessary and Sufficient Conditions for Simple Majority Decision", Econometrica, Vol.20, No. 4 , Oct, 1952, pp.680〜684.
[16] ──, "A Note on the Complete Independence of the Conditions for Simple Majority Decision", Econometrica, Vol.21, No. 1 , Jan, 1953, pp.172〜173.
[17] Pattanaik, P. K, "A Note on Democratic Decision and the Existence of Choice Set", Review of Economic Studies, Vol.35 (1), No.101, Jan, 1968, pp.1〜9.
[18] Sen, A. K, "A Possibility Theorem on Majority Decisions", Econometrica, Vol.34, No. 2 , April, 1966, pp.491〜499.
[19] ──, "Quasi-Transitivity, Rational Choice, and Collective Decisions", Review of Economic Studies, Vol.36 (3), No.107, July, 1969, pp. 381〜393.
[20] ──, and Pattanaik, P. K, "Necessary and Sufficient Conditions for Rational Choice under Majority Decision", Journal of Economic Theory, Vol. 1 , No. 2 , August, 1969, pp.178〜202.

[21] 福岡正夫『ゼミナール経済学入門』（日本経済新聞社、1986）第11章。

(第2節、第3節)

[22] Blair, D. H, Bordes, G, Kelly, J. S and Suzumura, K, "Impossibility Theorem without Collective Rationality", Journal of Economic Theory, Vol.13, No. 3, Dec, 1976, pp.361〜379.
[23] Blair, D. H and Pollak, R. A, "Collective Rationality and Dictatorship: The Scope of the Arrow Theorem", Journal of Economic Theory, Vol.21, No. 2, August, 1979, pp.186〜194.
[24] Buchanan, J. M, "Social Choice, Democracy and Free Market", Journal of Political Economy, Vol.62, No. 2, April, 1954, pp.114〜123.
[25] Mas-Colell, A and Sonnenshein, H, "General Possibility Theorems for Group Decisions", Review of Economic Studies, Vol.39 (2), No.118, April, 1972, pp.185〜192.
[26] Sen, A. K, "Social Choice Theory: A Re-Examination", Econometrica, Vol.45, No. 1, Jan, 1977, pp.53〜89.
[27] Suzumura, K, "Remarks on the theory of Collective Choice", Economica, Vol.43, No.172, Nov, 1976, pp.381〜390.
[28] 伊賀隆「書評: A. K. Sen, Collective Choice and Social Welfare」『国民経済雑誌』(神戸大学)、Vol.125、No. 6、昭和47年6月、pp.133〜138。

第3章 (第1節、第2節、第3節)

[29] Black, D, "On the Rationale of Group Decision-Making", Journal of Political Economy, Vol.56, No. 1, Feb, 1948, pp.23〜34.
[30] ──, The Theory of Committees and Elections (Cambrige U. P., 1958).
[31] Blau, J. H, "The Existence of Social Welfare Functions", Econometrica, Vol.25, No. 2, April, 1957, pp.302〜313.
[32] Bloch, F, "Nondictatorial Social Welfer Functions with different discrimination Structure", Theory and Decision, Vol.34, No. 2, March,

1993, pp.163〜173.
[33] Davis, O. A, Hinich, M. J, and Ordeshook, P. C, "An Expository Development of a Mathematical Model of the Electrical Process", American Political Science Review, Vol.64, No. 2 , June, 1970, pp. 426〜448.
[34] Downs, A, An Economic Theory of Democracy (Harper and Row, 1956). 邦訳あり。
[35] Humes, B. D, "Majority Rule Outcomes and the Choice of germaneness Rules", Public Choice, Vol.75, No. 4 , April, 1993, pp.301〜316.
[36] Inada, K, "Elementary Proofs of Some Theorems about the Social Welfare Function", Annals of the Institute of Statistical Mathematics, Vol. 6 , No. 1 , 1954, pp.115〜122.
[37] ───, "Alternative Incompatible Conditions for a Social Welfare Function", Econometrica, Vol.23, No. 4 , Oct, 1955, pp.396〜399.
[38] ───, "A Note on the Simple Majority Decision Rule", Econometrica, Vol.32, No. 4 , Oct, 1964, pp.525〜531.
[39] ───, "The Simple Majority Decision Rule", Econometrica, Vol.37, No. 3 , July, 1969, pp.490〜506.
[40] ───, "Majority Rule and Rationality", Journal of Economic Theory, Vol. 2 , No. 1 , March, 1970, pp.27〜40.
[41] Kramer, G. H, "On a Class of Equilibrium Conditions for Majority Rule", Econometrica, Vol.41, No. 2 , March, 1973, pp.285〜297.
[42] Murakami, Y, "A Note on the Genera Possibility Theorem of the Social Welfare Function", Econometrica, Vol.29, No. 2 , April, 1961, pp.244〜246.
[43] ───, "Formal Structure of Majority Decision", Econometrica, Vol. 34, No. 3 , July, 1966, pp.709〜718.
[44] Plott, C. R, "A Notion of Equilibrium and Its Possibility under Majority Rule", American Economic Review, Vol.57, No. 4 , Sept, 1967, pp.787〜806.
[45] Redekop, J, "Social Welfare Function on Restricted Economic Decisions", Journal of Economic Theory, Vol.53, No. 2 , April, 1991, pp.396〜427.

[46] 稲田献一『新しい経済学』(日本経済新聞社、1965年)
[47] 惣宇利紀男「政党間競争と企業行動」、『経済学雑誌』(大阪市立大学) Vol.86、No. 1・2、1985年7月、pp.76〜94。

第4章 (第1節)

[48] Buchanan, J. M and Tullock, G, The Calculus of Consent (University of Michigan Press, 1962), Appendix 2. 邦訳あり。
[49] バーク「フランス革命についての省察」水田訳 (中央公論社、『世界の名著』、34巻、昭和44年)
[50] プラトン『国家』(上・下) 藤沢訳 (岩波文庫、1979年)
[51] トクヴィル「アメリカにおけるデモクラシーについて」(抄訳) 岩永訳 (中央公論社、『世界の名著』、33巻、昭和45年)、「アメリカの民主政治 (上)(中)(下)」井伊訳 (講談社学術文庫、1987年)
[52] 勝田吉太郎『近代ロシア政治思想史』(創文社、1961年)、(ミネルヴァ書房、著作集1・2、1993年)
[53] ──『現代社会と自由の運命』(木鐸社、1978年) 第2章。
[53b] ──『核の論理再論』(ミネルヴァ書房、2006年)
[53c] 西部邁『大衆の病理』(NHKブックス、昭和62年)

(第2節)

[54] Binmore, K. G, "Social Choice and Parties", Review of Economic Studies, Vol.46, No.135, Oct, 1976, pp.459〜464.
[55] Cambell, D, "Intergenerational Social Choice without Pareto Principle", Journal of Economic Theory, Vol.50, No. 2, 1990, pp.414〜423.
[56] Fountain, J and Suzumura, K, "Collective Choice Rules without the Pareto Principle", International Economic Review, Vol.23, No. 2, June, 1982, pp.299〜308.
[57] Malwski, M and Zhou, L, "A Note on Social Choice Theory without the Pareto Principle", Social Choice and Welfare, Vol.11, No. 2,

1994, pp.103〜108.
[58] Naganisa, R, "Acyclic and Continuous Social Choice in T Connected Space", Social Choice and Welfare, Vol. 8, No. 4, 1991, pp.319〜332.
[59] Suzumura, K, Rational Choice, Collective Decisions and Social Welfare, (Cambridge U. P., 1983).
[60] Wilson, R, "Social Choice Theory without the Pareto Principle", Journal of Economic Theory, Vol. 5, No. 3, Dec, 1972, pp.478〜486.

(第 3 節)

[61] D'Aspremont, C and Gevers, L, "Equity and the Informational Basis of Collective Choice", Review of Economic Studies, Vol.44 (2), No.137, June, 1977, pp.199〜209.
[62] Feldman, A and Kirman, A, "Fairness and Envy", American Economic Review, Vol.64, No. 6, Dec, 1974, pp.995〜1005.
[63] Goldman, S and Sussangkan, C, "On the Concept of Fairness", Journal of Economic Theory, Vol.19, No. 1, pp.210〜216.
[64] Pazner, E. A, "Pitfall in the Theory of Fairness", Journal of Economic Theory, Vol.14, No. 2, April, 1977, pp.458〜466.
[65] ――, E. A and Schmeidler, D, "A Difficulty in the Concept of Fairness", Review of Economic Studies, Vol.41 (3), No.127, July, 1974, pp.441〜443.
[66] Stvasnick, S, "Extended Sympathy Comparisions and the Basic of Social Choice", Theory and Decision, Vol.10, 1979, pp.311〜328.
[67] Suzumura, K, "On the Possibility of "Fair" Collective Choice Rule", International Economic Review, Vol.22, No. 2, June, 1981, pp.351〜364.
[68] ――, "On Pareto-Efficiency and the No-envy Concept of Equity", Journal of Economic Theory, Vol.25, No. 3, Dec, 1981, pp.367〜379.
[69] ――, "Resolving Conflicting Views of justice in Social Choice", (eds, Pattanik, P. K and Salles, M, Social Choice and Welfare, North-Holland, 1983, ch, 8).

[70] Varian, H. R, "Two Problems in the Theory of Fairness", Journal of Public Economics, Vol. 5, No. 3, 4, April, 1976, pp.249～260.

[71] ロールズ・J、田中成明編訳『公正としての正義』(木鐸社、昭和54年)

[72] 内海洋一「自由・競争およびデモクラシー」『大阪大学経済学』、Vol.26, No. 3, 4, March, 1977, pp.22～29.

第5章 (第1節)

[73] Allen, T, "The Impossibility of the Paretian Liberal and Its Relevance to Welfare Economics", Theory and Decision, Vol.24, No. 1, Jan, 1988, pp.57～76.

[74] Austen-Smith, D, "Restricted Pareto and Rights", Journal of Economic Theory, Vol.26, No. 1, Feb, 1982, pp.89～99.

[75] Berlin, I, Four Essays on Liberty, (Oxford U. P., 1969). 邦訳あり。

[76] Blau, J. H, "Liberal Values and Independence", Review of Economic Studies, Vol.42 (3), No.131, July, 1975, pp.395～401.

[77] Breyer, F, "The Liberal Paradox, Decisiveness over Issues, and Domain Restrictions", Zeitschrift für Nationalökonomie, Vol.37, No. 1, 2, 1977, pp.45～60.

[78] Chapman, B, "Rights as Constrains : Nozick versus Sen", Theory and Decision, Vol.15, No. 1, March, 1983, pp. 1～10.

[79] Cranston, M, Freedom, (Longmans, 1967). 邦訳あり。

[80] Farrell, M, "Liberalism in the Theory of Social Choice", Review of Economic Studies, Vol.43 (1), No.133, Feb, 1976, pp. 3～10.

[81] Gaertner, W and Kruger, L, "Self-Supporting Preference and Individual Rights : The possibility of Paretian Libertarianism", Economica, Vol. 48, No.189, Feb, 1981, pp.17～28.

[82] Gardenfors, P and Pettit, P, "The Impossibility of a Paretian Loyalist", Theory and Decision, Vol.27, No. 3, Nov, 1989, pp.207～216.

[83] Gibbard, A, "A Pareto-Consistent Libertarian Claim", Journal of Economic Theory, Vol. 7, No. 4, April, 1974, pp.388～410.

[84] Hayek, F. A, The Constitution of Liberty, (University of Chicago Press,

1960). 邦訳あり。

[85] Kelly, J. S, "Right Exercising and Pareto-Consistent Liberarian Claim", Journal of Economic Theory, Vol.13, No. 1 , August, 1976, pp.138〜153.

[86] Nozick, R, Anarchy, State and Utopia, (Blackwell, 1974).

[87] Seidle, C, "On Liberal Values", Zeitschrift für Nationalökonomie, vol.35, 1975, pp.257〜292.

[88] Sen, A. K, "The Impossibility of Paretian Liberal", Journal of Political Economy, Vol.78, No. 1 , Jan-Feb, 1970, pp.152〜157.

[89] ──, "Liberty, Unanimity and Rights", Economica, Vol.43, No.171, August, 1976, pp.217〜245.

[90] Suzumura, K, "On the Consistency of Libertarian Claims", Review of Economic Studies, Vol.45 (2), No.140, June, 1978, pp.329〜342.

[91] ──, "Liberal Paradox and the Voluntary Exchange of Right Exercising", Journal of Economic Theory, Vol.22, No. 3 , June, 1980, pp.407〜422.

[92] ──, "On the Voluntary exchange of Libertarian Rights", Social Choice and Welfare, Vol. 8 , No. 3 , 1991, pp.199〜206.

[93] Vallentyne, P, "How to combine Pareto Optimality with Liberty Consideration", Theory and Decision, Vol.27, No. 3 , Nov, 1989, pp. 217〜240.

[94] Wriglesworth, J. L, Libertarian Conflicts in Social Choice, (Cambridge U. P., 1985).

[95] ミル・J・S、「自由論」早坂訳（中央公論社、『世界の名著』、38巻、昭和42年）

（第 2 節）

[96] Campbell, C. D and Tullock, G, "A Measure of the Importance of Cyclical Majorities", Economic Journal, Vol.75, No.300, Dec, 1965, pp. 853〜856.

[97] Demeys, F and Plott, C. R, "The Probability of A Cyclical Majority", Econometrica, Vol.38, No. 2 , March, 1976, pp.345〜354.

[98] Fishburn, P. C, "Voter Concordance, Simple Majorities and Group Decision Methods", Behavioral Science, Vol.18, No. 5 , Sept, pp.364～376.

[99] Garman, M. B and Kamien, M. I, "The Paradox of Voting : Probability Calculations", Behavioral Science, Vol.13, No. 4 , July, 1968, pp.306～316.

[100] Gehrlein, W. V and Fishburn, P. C, "The Probability of the Paradox of Voting : A Computable Solution", Journal of Economic Theory, Vol.13, No. 1 , August, 1976, pp.14～25.

[101] Gleser, L. J, "The Paradox of Voting : Some Probalistic Results", Public Choice, Vol. 7 , Fall, 1969, pp.47～63.

[102] Jamison, D and Luce, E, "Some Homogeneity and the Probability of Intransive Majority Rule", Journal of Economic Theory, Vol. 5 , No. 1 , August, 1972, pp.79～87.

[103] Kelly, J. S, "Voting Anomalies, the Number of Voters, and the Number of Alternatives", Econometrica, Vol.42, No. 2 , March, 1974, pp.239～251.

[104] Kim, K and Roush, F. W, "The Liberal Paradox and the Pareto Set", Mathematical Social Science, Vol. 9 , No. 1 , Feb, 1985, pp.45～51.

[105] Klahr, D, "A Computer Solution of the Paradox of Voting", Behavioral Science, Vol.36, No. 2 , June, 1966, pp.384～390.

[106] Kuga, K and Nagatani, H, "Voter Autagonism and the Paradox of Voting", Econometrica, Vol.42, No. 6 , Nov, 1974, pp.1045～1067.

[107] May, R. M, "Some Mathematical Remarks on the Paradox of Voting", Behavioral Science, Vol.36, No. 2 , March, 1971, pp.143～151.

[108] Niemi, R. G and Weisberg, H. F, "A Mathmatical Solution for the Probability of the Paradox of Voting", Behavioral Science, Vol. 13, No.4, July, 1968, pp.317～323.

[109] ——, "Majority Decision Making with Partial Undimensionality", American Political Science Review, Vol.63, No. 2 , June, 1969, pp.488～497.

[110] Riker, W, "Voting and the Summation of Preferrrences", <u>American Political Science Review</u>, Vol.55, No. 4 , Dec, 1961, pp.900〜911.

[111] Williamson, O. E and Sargent, T, "Social Choice : A Probabilistic Approach", <u>Economic Journal</u>, Vol.77, No.308, Dec, 1967, pp.797〜813.

第6章（第1節、第2節）

[112] Batteau, P and Blin, J. M, "Elements for New Insight into the Gibbard-Satterthwaite Theorem", <u>Aggregation and Revelation of Preferrence</u> (ed. J, J, Laffont, North-Holland, 1979), ch. 12.

[113] Blin, J. M and Satterthwaite, M. A, "Individual Decisions and Group Decisions : The Fundamental Differences", <u>Journal of Public Economics</u>, Vol.10, No. 2 , Oct, 1978, pp.247〜267.

[114] Farquharson, R, <u>Theory of Voting</u>, (Yale U. P., 1969).

[115] Feldman, A, "Manipulation and Pareto Rule", <u>Journal of Economic Theory</u>, Vol.21, No. 3 , Dec, 1979, pp.473〜482.

[116] Gardenfors, P, "A Concise Proof of Theorem on Manipulation of Social Choice Function", <u>Public Choice</u>, Vol.32, Winter, 1977, pp.137〜142.

[117] Gibbard, A, "Manipulation of Voting Schemes : A General Result", <u>Econometrica</u>, Vol.41, No. 4 , July, 1973, pp.587〜601.

[118] MacIntyre, I, "The Pareto Rule and Strategic Voting", <u>Theory and Decision</u>, Vol.31, No. 1 , July, 1991, pp. 1 〜20.

[119] Moreno, D, "Nonmanipulable Decision Mechanism for Economic Environments", <u>Social Choice and Welfare</u>, Vol.11, No. 3 , 1994, pp.225〜240.

[120] Moulin, H, <u>The Strategy of Social Choice</u>, (North-Holland, 1983).

[121] Muller, E and Satterthwaite, M. A, "The Equivalence of Strong Positive Association and Strategy-proofness", <u>Journal of Economic Theory</u>, Vol.14, No. 2 , April, 1977, pp.412〜418.

[122] Pattanaik, K. P, <u>Strategy and Group Choice</u>, (North-Holland, 1979).

[123] Sattterwaite, M. A, "Strategy-Proofness and Arrow's Conditions :

Existence and Correspondence Theorem for Voting Procedures and Social Welfare Functions", Journal of Economic Theory, Vol.10, No. 2, April, 1975, pp.187〜217.

[124] Schmeider, D and Sonnenchein, H, "Two Proofs of the Gibbard-Satterthwaite Theorem on the Possibility of a Strategy Proof Social Choice Function", Decision Theory and Social Ethics (eds. Gottinger, W and Leinfellner, Reidel, 1978) pp.227〜234.

[125] Van den Stel, P. H and Storcker, T, "Pareto Optimality, Anonymity and Strategy-Proofness in Location Problems", International Journal of Game Theory, Vol.21, 1991, Issues 2, pp.221〜235.

(第3節)

[126] Barbera, S, "Manipulation of Social Decision Functions", Journal of Economic Theory, Vol.15, No. 2, Augst, 1977, pp.266〜278.

[127] Dummet, M and Farguharson, R, "Stability in Voting", Econometrica, Vol.29, No. 1, Jan, 1961, pp.33〜43.

[128] Feldman A, "Nonmanipulatable Multi-valued Social Decision Functions", Public Choice, Vol.34, Issues 2, 1979, pp.177〜188.

[129] Gibbard, A, "Manipulations of Schemes that mix Voting with Chance", Econometrica, Vol.45, No. 3, April, 1977, pp.665〜681.

[130] Ishikawa, S and Nakamura, N, "The Strategy-proof Social Choice Functions", Journal of Mathematical Economics, Vol. 6, No. 3, Dec, 1979, pp.283〜295.

[131] ――, "Representation of Characterristic Function Games by Social Choice Functions", International Journal of Game Theory, Vol. 9, Issues 4, 1980, pp.191〜199.

[132] Kelly, J. S, "Strategy-Proofness and Social Choice Function without Singlevaluedness", Econometrica, Vol.45, No. 2, March, 1977, pp.439〜446.

[133] Moulin, H, "Dominance Solvable Voting Schemes", Econometrica, Vol.47, No. 6, Nov, 1979, pp.1337〜1351.

[134] Nakamura, N, "Necessary and Sufficient Conditions on the Existence of a Class of Social Choice Functions", 『理論経済学』、Vol.29, No. 3, Dec, 1978, pp.259〜267.

[135] ——, "The Core of a Simple Game with Ordinal Preferrence", International Journal of Game Theory, Vol. 4, Issues 2, 1975, pp. 95〜104.

[136] Peleg, B, "Representation of Simple Games by Social Choice Functions", International Journal of Game Theory, Vol. 7, Issues 2, 1978, pp.81〜94.

[137] Shapley, L. S, "Simple Games : An Outline of the Descriptive Theory", Behavioral Science, Vol. 7, No. 1, Jan, 1962, pp.59〜66.

[138] 鈴木光男、中村健二郎『社会システム』(共立出版、1976年) 第4章。

[139] 鈴木光男、武藤滋夫『協力ゲームの理論』(東大出版会、1985年) 第8章、第12章。

第7章 (第1節)

[140] Bloomfield, S. D, "A Social Choice Interpretation of the Von Neumann-Morgenstern game", Econometrica, Vol.44, No. 1, Jan, 1976, pp.105〜114.

[141] Ishikawa, S and Nakamura, N, "On the Existence of the Core of a charateristic Function game with Ordinal Preference", Journal of Operation Research Society of Japan, Vol.22, No. 3, Sept, 1979, pp.225〜232. 中村 [146] に所収。

[142] Moulin, H, "The Proportional veto principle", Review of Economic studies, Vol.48, No.153, July, 1981, pp.407〜416.

[143] Nakamura, K, "The Vetoers in a simple game with Ordinal Preferrence", International Journal of Game Theory, Vol. 8, Issues 1, 1978, pp.55〜61. 中村 [146] に所収。

[144] Rouch, F. W, "Retrospective Survey : Kenjiro Nakamura (1947〜1979)", Mathematical Social Science, Vol. 3, No. 4, Dec, 1982, pp. 359〜362.

[145] Wilson, R, "The Game-Theoretic Structure of Arrow's general possibility Theorem", Journal of Economic Theory, Vol. 5, No. 1, Augst, 1972, pp.14～20.

[146] 中村健二郎『ゲーム理論と社会選択』(勁草書房、1981年)

(第 2 節)

[147] Andjiga, N. G and Moulen, J, "Necessary and Sufficient Conditions for 1-stability of Games in Constitutional Form", International Journal of Game Theory, Vol.18, Issues 1, 1989, pp.91～110.

[148] Breton, M. le, "A Note on Balancedness and Nonemptiness of the Core in Voting games", International Journal of Game Theory, Vol.18, Issues 1, 1989, pp.111～117.

[149] Bummett, M and Farquharson, R, "Stability in Voting", Econometrica, Vol.29, No. 1, Jan, 1961, pp.33～43.

[150] Dasgupta, P, Hammond, P and Maskin, E, "The Inplementation of Social Choice Rules ; Some General Results on Incentive Compatibility", Review of Economic Studies, Vol.44 (2), No.143, April, 1979, pp. 185～216.

[151] Dutta, B and Pattanaik, K, "On Nicely Consistent Voting Systems", Econometrica, Vol.29, No. 1, Jan, 1961, pp.33～43.

[152] Holzman, R, "On Strong Representations of Games by Social Choice Functions", Journal of Mathematical Economics, Vol.15, No. 1, 1986, pp.39～57.

[153] ――, "Sub-Core Solutions of the Problem of Strong Implementation", International Journal of Game Theory, Vol.16, Issues 4, 1987, pp. 263～289.

[154] Moulin, H and Peleg, B, "Core of Effectivity Functions and Implementation Theory", Journal of Mathematical Economics, Vol. 10, No. 1, June, 1982, pp.115～145.

[155] Oren, I, "The Structure of Exactly Strongly Consistent Social Choice Functions", Journal of Mathematical Economics, Vol. 8, No.

3 , Oct, 1981, pp.207〜220.
[156] Peleg, B, "Consistent Voting Systems", Econometrica, Vol.46, No. 1 , Jan, 1978, pp.153〜161.
[157] ——, Game theoretic analysis in committees (Cambridge U. P., 1984).
[158] Sen (gupta) , M,"Implementable Social Choice Rules", Journal of Mathematical Economics, Vol.11, No. 1 , Jan, 1983, pp. 1 〜24.
[159] Von Neumann, J and Morgenstern, O, Theory of Games and Economic Behavior, (Princeton, 1944). 邦訳あり。

(第 3 節、第 4 節)

[160] Armstorong, T. E, "Arrow's Theorem with Restricted Coalition Algebras", Journal of Mathematical Economics, Vol. 1 , 7 , No. 1 , March, 1980, pp.55〜75.
[161] Batteau, P, Blin, J. M and Monjardet, B, "Stability Aggregation Procedure, Ultrafilter and Simple Games", Econometrica, Vol.49, No. 2 , March, 1981, pp.527〜534.
[162] ——, "Acyclic Collective Choices Rules", Econometrica, Vol.50, No. 4 , July, 1982, pp.931〜943.
[163] Blau, J. H and Deb, R, "Social Decision Functions and the Veto", Econometrica, Vol.45, No. 4 , May, 1977, pp.871〜879.
[164] ——, "Semiorders and Collective Choice", Journal of Economic Theory, Vol.21, No. 1 , Augst, 1979, pp.195〜206.
[165] Bloomfield, S and Wilson, R, "The Postulates of Game Theory", Journal of Mathematical Sociology, Vol. 2 , July, 1972, pp.221〜234.
[166] Brown, D. J, "An Approximate Solution to Arrow's Problem", Journal of Economic Theory, Vol. 9 , No. 4 , Dec, 1974, pp.375〜383.
[167] ——, "Aggregation of preference", Quaterly Journal of Economics, Vol.89, No. 3 , Augst, 1975, pp.456〜469.
[168] Fishburn, P. C, "Arrow's Impossibility Theorem : Concise Proof and Infinite Voters", Journal of Economic Theory, Vol. 2 , No. 1 , March, 1970, pp.103〜106.

[169] Kelly, J. S, Social Choice Theory, (Springer-Verlag, 1987).

[170] Kirman, A. P and Sonderman, D, "Arrow's theorem, Many Agents and Invisible Dictators", Journal of Economic Theory, Vol. 5, No. 2, Oct, 1972, pp.267〜277.

[171] Monjardet, B, "On the Use of Ultrafilters in social choice theory", Social Choice and Welfare (Pattanik, P. K and Salles, M, (ed), North-Holland, 1983), ch. 5, pp.73〜78.

[172] Pazner, E. A and Wesley, E, "Stability of Social Choices in Infinitely Large Societies", Journal of Economic Theory, Vol.14, No. 2, April, 1977, pp.252〜262.

[173] Schmitz, N, "A Future Note on Arrow's Impossibility Theorem", Journal of Mathematical Economics, Vol. 4, No. 2, Augst, 1977, pp. 189〜196.

[174] 鈴木光男『ゲーム理論入門』(共立全書 239、1981年) pp.215〜220。

[174b] 鈴木光男『ゲーム理論の世界』(勁草書房、1999年)

第8章(第1節)

[175] Arrow K. J, "An Extension of the Basic Theorems of Classical Welfare Theorem", in Jerzy Neyman (ed) Proceedings of the Second Berkeley Symposium on Mathematical Statistics and Probability (Berkeley, 1950), pp.507〜532.

[176] ――, Collected Papers of K. J. Arrow, Vol. 1, Social Choice and Justice, (Harvard U. P., 1983).

[177] Bergson, A, Essays in Normative Economics (Harvard U. P., 1983) ch. 1, 2, 3.

[178] Hicks, J. R, "The Foundations of Welfare Economics", Economic Journal, Vol.49, Dec, 1939, No.196, pp.696〜712.

[179] Kaldor, N, "Welfare Propositions on Economics and Interpersonal Comparisons of Utility", Economic Journal, Vol.49, Sept, 1939, No. 195, pp.549〜552.

[180] Little, I. M. D, A Critique of Welfare Economics (Oxford, 1950)

ch. 6.

[181] Samuelson, P. A, Foundations of Economic Analysis (Harvard U. P., 1949) ch. 8.
[182] Scitovsky, T, "A Note on Welfare Proposition in Economics", Review of Economic Studies, Vol. 9, 1941〜1942, pp.77〜88.
[183] 熊谷尚夫『厚生経済学の基礎理論』(東洋経済新報社、昭和32年)、補論1、2。
[184] ──『経済政策原理』(岩波書店、1964年)
[185] ──『厚生経済学』(創文社、昭和53年)、第2、6、15章。
[186] 村上雅子「厚生経済学」(『ミクロ経済学』塩野谷・水野編、第三出版、1969年)、pp.229〜276。

(第 2 節)

[187] Davis, R. G, "Comment on Arrow and the New Welfare Economics", Economic Journal, Vol.68, No.272, Dec, 1958, pp.834〜835.
[188] Kemp, M. C, "Arrow's General Possibility Theorem", Review of Economic Studies, Vol.21 (3), No.56, 1953〜1954, pp.240〜243.
[189] Little, I. M. D, "Social Choice and Individual Values", Journal of Political Economy, Vol.60, No. 5, Oct, 1952, pp.422〜432.
[190] Mishan, E. J, "An Investigation into Some Alleged Contributions in Welfare Economics", Economic Journal, Vol.67, No.267, Sept, 1957, pp.445〜454.
[191] Samuelson, P. A, "Arrow's Mathematical Politics", (ed. Hook, S, Human Values and Economic Policy, New York U. P., 1967).
[192] ヘーゲル「法の哲学」藤野・赤澤訳(中央公論社、『世界の名著』35巻、昭和42年)

(第 3 節)

[193] Baumol, W. J, "Social Choice and Individual Values", Econometrica, Vol.20, 1952, pp.110〜111.

[194] Buchanan, J. M, "Individual Choice in Voting and Market", Journal of Political Economy, Vol.62, No. 4 , Augst, 1954, pp.334〜343.
[195] Conti, B, "A Note on Arrow's Postulate For a Social Welfare Function", Journal of Political Economy, Vol.74, No. 3 , June, 1966, pp.278〜280.
[196] Hildreth, C, "Alternative Conditions For Social Ordering", Econometrica, Vol.21, No. 1 , Jan, 1953, pp.81〜94.
[197] Kemp, M. C and Asimakopulos, A, "A Note on 'Social Welfare Functions' and Cardinal Utility", Canadian Journal of Economics and Political Science, Vol.18, No. 2 , May, 1952, pp.195〜200.
[198] Leibenstein, H, "Notes on Welfare Economics and the Theory of Democracy", Economic Journal, Vol.72, No.286, June, 1962, pp.299〜319.
[199] Majumdar, T, "A Note on Arrow's Postulates for a Social Welfare Function, a Comment", Journal of Political Economy, Vol.77, No. 4 , Part. 1 , July-August, 1969, pp.528〜531.
[200] May, K. O, "Intransitivity, Utility and the Aggregation of Preference Patterns", Econometrica, Vol.22, No. 1 , Jan, 1954, pp. 1 〜13.
[201] Rothenberg, J, "Conditions for Social Welfare Function", Journal of Political Economy, Vol.61, No. 5 , Oct, 1953, pp.389〜405.
[202] Somers, H. M, "Social Choice and Individual Values", Journal of Political Economy, Vol.60, No. 2 , April, 1952, pp.170〜171.
[203] Tullock, G, "The General Irrelevance of the General Impossibility Theorm", Quaterly Journal of Economics, Vol.81, No. 2 , May, 1967, pp.256〜270.
[203b] 林敏彦『ミクロ経済学』(東洋経済新報社、1984年)
[203c] ロック『市民政府論』鵜飼訳 (岩波文庫、1968年)
[203d] 鈴村興太郎『厚生経済学の基礎』(岩波書店、2009年)
[204] Arrow, K. J and Hahn, F. H, General Competitive Analysis, (Holden-Day, 1971). 邦訳あり。
[205] Arrow, K. J and Hurwicz, L, Studies in Resource Allocation, (Cambridge U. P., 1977).

[206] Debru, G, Theory of Value, (Cowles Foundation, 1959). 邦訳あり。
[207] Weintraub, E. R, Microfoundations, (Cambridge U. P., 1979).
[208] 青木昌彦『組織と計画の経済理論』(岩波書店、1971年)
[209] アロー、ケネス『組織の限界』村上泰亮訳（岩波書店、1976年)
[210] 柴山幸治「最適経済成長と社会福祉関数」、『経済学雑誌』(大阪市立大学) 71巻、6号、1974年12月、4～24頁。
[211] 鈴村興太郎「社会的選択の理論」、『経済学大辞典』(第Ⅰ巻)、(東洋経済新報社、1980年) 561～571頁。
[212] 村上泰亮「訳者あとがき」、[209] の107～114頁。
[213] ルソー『社会契約論』桑原・前川訳（岩波文庫、1954年)

第9章

[214] Akerlof, G. A, "Social Distrace and Social Decisions", Econometrica, Vol.65, No. 5 , Sept, 1997, pp.1005～1027.
[215] Chwe, M.S-Y, "Communication and Coordination in Social Networks", Review of Economic Studies, Vol.67, 2007, pp. 1～16.
[216] Goyal, S, "Connections", (Princeton U. P., 2007).
[217] 合原一幸編『脳はここまで解明された』(ウェッジK.K、2004年)
[218] 井庭、福原『複雑系入門』(NTT出版、1998年)
[219] ウイーナー・N、池原他訳『サイバネックス』第2版（岩波書店、1988年)
[220] カウフマン・S、米沢富美子訳『自己組織化と進化の論理』(日本経済新聞社、1999年)
[221] クラーグマン・P『自己組織化の経済学』(東洋経済新報社、1997年)
[222] 蔵本由紀『ミクロとマクロをつなぐ—熱統計力学の考え方』(岩波書店、2002年)
[223] 塩沢由典『市場の秩序学』(筑摩書房、1990年)
[224] ——『複雑さの帰結』(ＮＴＴ出版、1997年)
[225] ——『複雑系経済学入門』(生産性出版、1997年)
[226] 田中、坪井『複雑系の選択』(ダイヤモンド社、1997年)
[227] 戸田、久保『統計物理学』(岩波書店、1978年)、第4章、第5章。

参考文献

- [228] 西山賢一『企業の適応戦略』(中公新書 786、1985年)
- [229] ──『免疫ネットワークの時代』(NHKブックス、1995年)
- [230] ──『複雑系としての経済』(NHKブックス、1997年)
- [231] 週刊ダイヤモンド編集部『複雑系の経済学』(ダイヤモンド社、1997年) 第4章の多田富雄の発言部分、各定義部分。
- [232] 日垣隆『学問のヒント』(講談社現代新書 1360、1997年)
- [233] 三宅哲『熟力学』(裳華房、1989年)
- [234] 西垣通「ネット集合知、精度向上を」(日本経済新聞、2012年10月31日朝刊、経済教室)
- [234b] ──『集合知とは何か』(中公新書 2203、2013年)
- [235] 松葉育雄『複雑系の数理』(朝倉書店、2004年)
- [236] 北一輝『国体論及び純正社会主義』(みすず書房、1959年、北一輝著作集Ⅰ)
- [237] 大谷和「情報技術の革新といくつかの経済性」研究季報 (奈良県立大学) Vol.16、No.1、2005年7月、pp.15〜17。

補　論

- [238] Arrow, K. J, Collected Papers of Kenneth J. Arrow, Vol. 2, General Equilibrium, (Harvard U. P., 1983).
- [239] ──, Collected Papers of Kenneth J. Arrow, Vol. 3, Individual Choice under Certainty and Uncertainty, (Harvard U. P., 1984).
- [240] ──, Collected Papers of Kenneth J. Arrow, Vol. 4, The Economics of Information, (Harvard U. P., 1984).
- [241] ──, Collected Papers of Kenneth J. Arrow, Vol. 5, Production and Capital, (Harvard U. P., 1985).
- [242] ──, Collected Papers of Kenneth J. Arrow, Vol. 6, Applied Economics, (Harvard U. P., 1985).
- [243] Broom, J, "Collected Papers of Kenneth J. Arrow, Vol. 1", Economic Journal, Vol.95, No.377, March, 1985, pp.210〜211.
- [244] Heathfield, D, "Collected Papers of Kenneth J. Arrow, Vol. 5", Economic Journal, Vol.96, No.383, Sept, 1986, pp.861〜862.

[245] Sen, A, "Social Choice and Justice : A Review Article", Journal of Economic Literature, Vol.23, No. 4, Dec, 1985, pp.1764~1776.

あとがき

　この著作の各章の出所は次の通りである。

　第1章は全てこの著作のために書き下したものである。

　第2章第1節は「アローの一般可能性定理と準推移性」奈良県立短大研究季報 Vol.35、No.4、昭和63年3月をかなり加筆・修正したものである。第2節は「アローの一般可能性定理と独裁制、寡頭支配制、拒否権者存在制」奈良県立短大研究季報 Vol.36、No.1、昭和63年8月を加筆・修正したものである。第3節、第4節はこの著作のために書き下したものである。

　第3章第1節、第2節は「アローの一般可能性定理とその第1条件の検討」奈良県立短大研究季報 Vol.35、No.4、昭和63年3月を全面的に書き直したものである。第3節はこの著作のために書き下したものである。

　第4章第1節、第2節はこの著作のために書き下したもので、第3節は「公平性とパレート原理」奈良県立短大研究季報 Vol.36、No.4、平成元年1月を加筆・修正したものである。なお、第2節についての表による証明は、奈良商大研究季報 Vol.7、No.1、1996年7月の拙稿でおこなったものである。

　第5章第1節は「センのリベラル・パラドックスについて」奈良県立短大研究季報 Vol.36、No.3、平成元年1月を加筆・修正したもので、第2節は「センのリベラル・パラドックスが生じる確率について」奈良商大研究季報 Vol.3、No.1～3合併号、1992年12月を加筆・修正したものである。

　第6章第1節は「アローの一般可能性定理とギバート＝サタースウェイト定理」奈良県立短大研究季報 Vol.37、No.2、平成元年10月を大幅に

削除・修正したもので、第2節は書き下したものである。第3節は「社会的選択関数と戦略的行動の回避」奈良県立短大研究季報 Vol.37、No.3、平成2年1月を加筆・修正したものである。

第7章第1節は「ゲーム理論とアローの一般不可能性定理」奈良商大研究季報 Vol.2、No.2、1991年10月を加筆・修正したものである。第2節は「ゲーム理論とギバート＝サタースウェイト定理」奈良商大研究季報 Vol.1、No.2、No.3、1991年12月を加筆・修正したものである。第3節は「フィルター概念とアローの一般可能性定理」奈良商大研究季報、開学記念号、1990年12月を加筆・修正したものである。第4節はこの著作のために書き下したものである。

第8章第1節は「厚生経済学にしめる『アローの一般不可能性定理』の位置について」奈良商大研究季報 Vol.3、No.4、1993年3月を加筆・修正したものである。第2節は「『アローの一般不可能性定理』批判の検討」奈良商大研究季報 Vol.4、No.1、1993年7月を加筆・修正したものである。第3節は「『アローの一般不可能性定理』批判の検討（2）」奈良商大研究季報 Vol.4、No.2、1993年10月を加筆・修正したものである。

第9章は、この著作のために書き下したものである。少ない分量であるが、この著作の表題の1部になっている「複雑系」概念を使って「アロウの定理」の内在的批判を試みようとした内容になっている。

補論は「書評：Collected Papers of Kenneth, J, Arrow Vol. 1 & 2」奈良県立短大研究季報 Vol.34、No.1、2、3、昭和61年12月を加筆・修正したものである。

著者略歴
大谷 和（おおたに かず）
　1947年7月　福井県小浜市に生まれる
　1971年3月　大阪市立大学経済学部卒業
　1977年6月　大阪市立大学大学院経済学研究科博士課程単位取得後中退
　1982年4月　大阪大学大学院へ内地留学（10月まで）
　1993年7月　イリノイ大学（アメリカ）にて在外研究員（1994年1月まで）
　現　　職　奈良県立大学教授（マクロ経済学、ミクロ経済学、社会的選択論担当）、博士（経済学）
　　　　　　元大阪大学、関西大学非常勤講師

「アロウの一般不可能性定理」批判と「複雑系」

2013年5月27日　第1版第1刷　　定　価＝3300円＋税

著　者　大　谷　　　和　Ⓒ
発行人　相　良　景　行
発行所　㈲　時　潮　社
　　　　〒174-0063　東京都板橋区前野町4-62-15
　　　　電　話　03-5915-9046
　　　　Ｆ Ａ Ｘ　03-5970-4030
　　　　郵便振替　00190-7-741179　時潮社
　　　　Ｕ Ｒ Ｌ　http://www.jichosha.jp
印刷・相良整版印刷　製本・仲佐製本

乱丁本・落丁本はお取り替えします。
ISBN978-4-7888-0687-0

時潮社の本

グローバリゼーション再審
――新しい公共性の獲得に向けて――
平井達也・田上孝一・助川幸逸郎・黒木朋興　編
Ａ５判・並製・304頁・定価3200円（税別）

かつてない混迷の時代に人文科学／社会科学に何が期待され、何が可能か。それぞれ多彩な専門に依拠しつつ、現在と切り結ぶ若き論客たちの咆哮は現実を鋭く切り拓き、未来を照射してやまない。現在に向かって始められる限りなき疾走がいま、ここから始まる。

情報化社会と人間
デジタル時代のインポータントファクター
澁澤健太郎・伊藤昭浩・山口翔・諸伏雅代　共著
Ａ５判・並製・200頁・定価2800円（税別）

情報化―ポイントカードによる顧客管理が進み、交通系カードはついに全国化を果たし、携帯電話は人口を凌駕する勢いで増え続ける…しかし、小学生の「ネットいじめ」をはじめとする負の側面も加速度的に増殖している現在、市民社会はどのように対応すべきか。本書はデジタル社会を多面的に論じる中でこうした問題に確実な一石を投じる。

現代中国の中小企業金融
中国型リレーションシップ・レンディングの展開の実情と課題
范立君　著
Ａ５判・上製・232頁・定価3200円（税別）

現代世界を席巻するのが中国企業であることはもはや世界の常識である。その企業活動の源泉ともいえる金融、とりわけ鍵ともいえる中小企業向け金融の実態に迫り、その歴史と将来的展望を的確に分析した本書は、中国型リレーションシップ・レンディングという視座から企業関係を読み解いてゆく。今後ますます重要になる中国企業の役割を理解する上で必読の書である。

地域物流とグローバル化の諸相
吉岡秀輝　著
Ａ５判・上製・272頁・定価3200円（税別）

交通／物流が大きく変化し、地域の諸相もこれをうけて激変の波に洗われようとしている。世界規模の規制緩和のなかで陸海空の枠が消滅、コンテナヤードも物流に呑み込まれた。本書はこれらの現場を各地にたずね、問題を明確化するとともに近未来を描き出し、併せて地域開発にも鋭く斬り込むことで流通を軸とした社会の変化を活写する。